高等学校公共管理系列教材

管 理 文 秘

（第三版）

主　编　徐顽强
副主编　宋信强

科学出版社

北　京

内 容 简 介

管理文秘作为由管理学与文秘学交叉而形成的一门新的文秘科学，在新时代日益受到管理者、文秘及管理学和文秘学研究者的关注。本书从探究管理文秘的内涵切入，立足于工作技能与沟通管理，构建以辅助决策、信息管理、公共关系管理、会议管理、办公事务管理、文书档案管理、调查研究和公文处理等为支撑的管理文秘工作体系，结合新媒体语境，提出管理文秘素养培育的目标路径和实践方法。

本书适合高等学校文秘类、公共管理等专业的本科生、研究生作为教材使用，也可供党政部门、企事业单位文秘及其他相关人员参考阅读。

图书在版编目（CIP）数据

管理文秘 / 徐顽强主编. —3 版. —北京：科学出版社，2024.1
高等学校公共管理系列教材
ISBN 978-7-03-076061-6

Ⅰ. ①管… Ⅱ. ①徐… Ⅲ. ①秘书学–高等学校–教材 Ⅳ. ①C931.46

中国国家版本馆 CIP 数据核字（2023）第 140053 号

责任编辑：王京苏 / 责任校对：王晓茜
责任印制：赵 博 / 封面设计：有道设计

科 学 出 版 社 出版
北京东黄城根北街 16 号
邮政编码：100717
http://www.sciencep.com

三河市骏杰印刷有限公司印刷
科学出版社发行 各地新华书店经销

*

2014 年 3 月第 一 版　开本：787×1092　1/16
2017 年 7 月第 二 版　印张：13 3/4
2024 年 1 月第 三 版　字数：327 000
2025 年 1 月第二十四次印刷

定价：42.00 元
（如有印装质量问题，我社负责调换）

编 委 会

前　言

　　当前，中国已进入新时代，无论是公共部门还是私人部门，都面临着新的变化和挑战。党的二十大报告指出："从现在起，中国共产党的中心任务就是团结带领全国各族人民全面建成社会主义现代化强国、实现第二个百年奋斗目标，以中国式现代化全面推进中华民族伟大复兴。"实现新时代新征程党的中心任务，对文秘工作提出了新的更高要求。文秘工作作为组织内部极为重要的一环，其职能也在与时俱进，文秘必须在工作角色和内容上积极地适应这种变化。随着互联网、大数据、云计算等技术的进一步发展，各类新环境、新挑战层出不穷，文秘已不再只是负责打印、传送文件等辅助性工作，而是从事更为专业的管理工作。新时代对文秘工作提出了"四个转变"的要求，即从偏重办文办事转变为既办文办事又出谋献策；从单纯收发传递信息转变为综合处理信息；从单纯凭经验办事转变为实行科学化管理；从被动服务转变为主动服务。因此，传统的文秘角色已不再适应新时代的要求，取而代之的将是更广泛的工作、更复杂的环境和更广阔的发展空间，而文秘科学也已经向管理文秘方向进一步发展。

　　那么，管理文秘与传统文秘工作有何区别呢？管理文秘是将原有文秘的事务性工作扩大，增加了沟通性工作和管理性工作。换言之，管理文秘所处理的事务性工作不但没有减少，反而在原有工作基础上，增加了管理工作职能，即组织沟通和协调作用。

　　文秘工作的变化不仅体现在工作内容的变化上，也体现在组织对文秘重视程度的变化上。现在，越来越多的组织更加看重文秘在组织中的作用，对文秘的素质也有了更高的要求，提高管理能力和业务素质是文秘当前的重要任务。如果还停留在旧观念中故步自封，即使资历很深，也终将因视野狭隘而不利于事业的进一步发展。

　　本书针对新时代新形势，结合编者多年来的科研与教学经验编写而成。本书主要着墨于"技能工作"与"沟通管理"，所涵盖的内容适用于各类文秘。与其他教材不同的是，本书着力强调当前文秘工作遇到的新变化与新挑战，并主张以一种全新的视角来看待文秘工作。希望本书不仅能帮助读者提升技能，也可以从观察和看待问题的角度为读者提供一种全新的视角。

　　为适应文秘工作中的新要求和新挑战，文秘必须不断加强学习沟通和管理能力。本书旨在帮助文秘提升沟通和管理技能，成为文秘工作专家，从而获得更广阔的职业发展空间。本书结合新时代特点，提出了一些文秘工作新方法及文秘实际操作的行动标准和方案。若文秘能在实际工作中对这些方法加以灵活运用，发挥实效，最终将能在职场中更上一层楼。

编者在编写本书过程中参考了国内一些著作和教材的有关内容，借鉴了部分网络资料，再次向有关作者表示诚挚的谢意。尽管我们在编写过程中力求准确、完善，但书中难免有不足之处，恳请广大读者批评指正。

编　者

2023 年 2 月

目　　录

第一章　管理文秘概述

本章导言

文秘在各行业中起到了重要作用。进入新时代以来，社会分工日益细化，社会治理体系不断完善，管理体制改革不断深化，学科结构布局不断趋于多元化，学科交叉融合日益深入，管理学与文秘学在理论研究和实践应用方面呈现出了相互关联、彼此交叉的态势，由此形成的新兴学科——管理文秘取得了长足发展。深入探讨和学习管理文秘相关问题，首先要学好管理文秘基本知识。

第一节　管理文秘的内涵

要进一步了解管理文秘的职业特点和工作规律，就需要对管理文秘的内涵进行探讨。管理文秘实质上是由文秘工作发展演变而来的，了解什么是文秘有助于理解管理文秘的内涵。

秦国统一中国后，在全国范围内建立了统一的秘书机构和秘书工作制度，并试图以法令的手段使这些制度稳定下来，由此成为封建社会秘书工作的开端。遗憾的是，这些制度还尚未得到充分发展，秦朝就已灭亡。不过，汉朝对秦朝的秘书工作制度通过增损变通不断进行充实，使之逐步趋于稳定，并最终确定下来，该制度的基本内容为后来历代王朝所仿照、沿袭。因此，秦汉时期是我国秘书工作的确立时期。

文秘多集中在国家机关、企事业单位和社会团体，少数为一定级别的领导干部和专家服务，此类文秘为公共组织工作人员，由公共组织的人事部门选拔，属于公务文秘。这类文秘有时被称为领导的专职秘书，但不同于私人文秘。随着社会的快速发展，文秘工作已遍及很多领域，私人文秘出现并获得发展。这类文秘由个人聘用，主要为私人服务。随着社会的发展，私人文秘从业范围也越来越广泛，在文化、体育、娱乐服务等领域都有私人文秘需求。

管理文秘是由学者根据过去的文秘工作，结合现代文秘工作实践，进行综合研究基础和产生的一门新兴交叉学科，它的内涵可以从学科属性和实践属性两个方面来理解。

从学科属性看，管理文秘是一门新兴学科。管理文秘主要探讨管理文秘活动的内容及其规律。管理文秘工作领域的广泛性决定了管理文秘涉及的学科较多，包括秘书学、管理学、文书学、档案学等。过去，对文秘工作多数从事务性处理的角度理解，对秘书学及其相关的文书学、档案学等学科内容研究较多，而对其职能所蕴含的管理学规律并没有完全挖掘出来。管理文秘这一学科的产生是对过去文秘工作的继承和发展。

从实践属性看，管理文秘是一种基于实践的工作岗位，主要职能是事务处理、辅助管理及综合服务。管理文秘工作的开展紧密围绕着公共活动的需要进行，内容涉及文件收发、分文批注、阅读管理、缮印校对、运转递送、立卷归档、文件起草、拟办核稿、会议记录、政务接洽、信访接待、辅助决策、信息管理、公关工作、会议管理、事务管理等方面。

综上，管理文秘是指，从业人员具备相关专业技能，围绕着公共事务开展的公文处理、事务管理、会议管理、辅助决策等系列活动，以实现组织效率最大化的一项职业。

第二节 管理与文秘的关系

要理解管理与文秘之间的关系，需要阐明领导和管理之间的关系。一般而言，"管理"的狭义概念是指，对某些具体对象进行职能性实务活动，即实际性掌管、治理和安排某种范围内的事务，并为达成任务而通过一定手段做出的技术性处理，手段侧重局部和战术方面。"领导"是在带领、引导层次上，依据情况汇报分析做出计划与决策，在某种范围内为完成任务指挥与使用人员，手段侧重全局和战略方面。管理在广义上包含领导，领导作为组织所赋予的统领组织的权力，其中同样包含管理意涵。在实践中，如果管理与组织所赋予的权力分离，就很难履行组织、指挥、协调和控制等管理职能；同样，如果领导离开了对个人具体活动的组织、指挥、协调和控制，也就无法统领实现组织目标。因此，两者既有区别又有联系。同理，管理与文秘也既有区别又有联系，主要体现在以下两个方面。

一方面，文秘工作是围绕组织管理层和决策层展开的。从历史发展来看，管理文秘活动源于领导者的管理活动。从这一角度看，先有领导者的管理活动，再产生管理文秘的相关活动。对于文秘人员而言，除了做好日常工作，还应在整个领导决策活动中发挥好参谋作用，为领导者决策筛选和提供重要信息，此特性是管理文秘活动的从属性。在参与决策者管理过程时，文秘不能独立地组织各方面资源，而应在领导者授权之下履行职能，尽最大可能为领导者决策活动提供支持。实质上，管理文秘活动与领导管理活动存在从属关系，即文秘工作从属于管理活动。

另一方面，文秘工作中辅助领导所进行的一系列管理实践又升华了管理科学理论。现代文秘工作中科学管理的重要性不断提升，领导者的职能在于全局和战略方面，一般交由文秘处理事务。文秘在处理事务时，需要承担部分领导交代的工作，负责相关的计划、组织、协调等工作，这些都属于领导者的管理活动职能。文秘在收集、整理信息资料基础上，为领导者出谋划策，供领导者参考；文秘在具体工作中需要参与组织活动，如会务、调查及其他事务等；文秘经常依据领导者授权参与协调工作，如领导者之间、上级与下级之间、部门与部门之间、本单位与外单位之间等关系的协调；文秘还经常根据领导者指示与授权参与一定意义的管理控制工作，如对某项任务是否按预定计划或方案进行监督和控制。因此，文秘的职能比较特殊，不仅要处理大量日常事务，还需承担领导者交办的相关管理工作。文秘必须熟悉管理部门工作，了解领导者或管理者的心理特征，在智能、素养及职业道德方面具备服务于领导的条件[①]。

第三节　管理文秘的工作内容

管理文秘的工作内容较多，随着管理实践的需要，文秘工作不断被赋予新的意义和价值，工作范畴也在不断扩大。根据管理文秘行业现状，管理文秘工作一般包括以下内容，具体见图1-1。

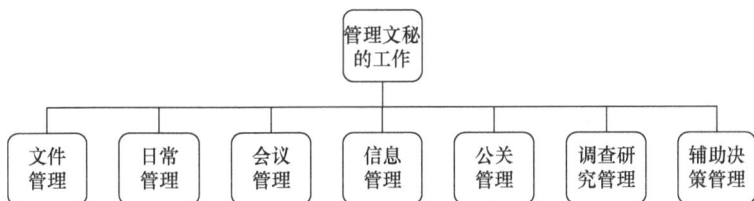

图 1-1　管理文秘工作内容

一、文件管理

文件管理包括文书撰写、文书制作、文书处理和档案管理等工作，具体内容如下：

（1）文书撰写，包括各种公文和其他文稿的起草、修改、审核、校对和发布等工作，以及领导口述或会议录音、会议记录的整理等工作。

（2）文书制作，包括打字、复印、编排、装订等工作。

（3）文书处理，包括各类文件、电报、信函等的收发、传递、登记、办理、保管、立卷等工作。

（4）档案管理，包括各种文书档案的收集、整理、鉴定、管理、提供服务等工作。

二、日常管理

日常管理包括办公室管理、通信管理、日程管理、印信管理及接待管理等，具体内容如下：

（1）办公室管理，主要包括办公室环境、设备、经费等的管理。

（2）通信管理，包括通信事务及各种通信设备（如电话、电传、传真等）管理。

（3）日程管理，包括为领导制作日程表，安排会议、培训、出差、商务活动等事项，协助领导做好日程安排。

（4）印信管理，包括印章、介绍信、证明信等的管理和使用。

（5）接待管理，包括来访接待和安排各项服务，一般接待活动主要有公务接洽、工作接待、视访接待、来宾接待等管理。

三、会议管理

会议管理包括会议安排、会场布置、会议服务、会议文件处理等，具体内容如下：

---

① 方宜，何智蕴. 管理文秘理论与实践[M]. 2版. 北京：科学出版社，2013.

（1）会议安排，包括确定会议议题、安排会议议程、邀请与会者、准备会议文件和发布会议通知等。

（2）会场布置，包括选定会场、布置会场，其中布置会场要注意会场形式及座次安排。

（3）会议服务，包括会议接待、报到、会场服务及会议记录等。

（4）会议文件处理，包括印发会议简报、会议纪要、会议决定事项通知、收回会议文件、汇编会议文件等方面。

四、信息管理

信息管理包括建立信息网络，对各种信息进行收集、筛选、整理、加工、利用、储存以及编印信息刊物等，为领导提供全面、准确、及时的信息服务。

五、公关管理

公关管理包括协调沟通工作和公共关系工作，具体内容如下：

（1）协调沟通工作，在日常工作中妥善处理好上下级和同级各种关系，减少摩擦，调动各方面的工作积极性，以及与各地区、各部门做好人际关系沟通与改善，使之协调一致，密切合作。

（2）公共关系工作，包括协调、加强组织与其他单位、社会团体和公众的联系，通过各种办法和媒介宣传组织情况，扩大组织影响，树立组织良好形象。

六、调查研究管理

调查研究管理包括对组织内部和外部情况进行调查研究，并制订计划、实施计划、分析问题，以及撰写调研报告等。

七、辅助决策管理

辅助决策管理包括辅助和督查，具体内容如下：

（1）辅助，协助领导做好各类事务。

（2）督查，包括决策实施及领导交办事项的检查处理、督促落实。

文秘是服务组织和领导的，工作处于从属地位，应具有默默无闻、埋头苦干的奉献精神。要到位不越位，参谋不决策。要统筹兼顾，合理安排。面对多项工作时，要围绕中心工作，有条不紊、分清主次和轻重缓急，按时保质保量完成各项工作。

第四节　新时代管理文秘的转变

过去，文秘遵照领导者意图，按照既定程序按部就班地处理日常事务，部分存在低效率、工具化的工作状态。因此文秘工作被认为是谁都能做的工作。文秘队伍中也确实有素质低下、知识结构单一、专业技能欠缺、理论与实践脱节、不懂现代化办公技能的人员，具体表现为主动参与、创新意识、参政议政能力不足。大量文秘忙于琐碎的事务性工作，缺乏主动学习和进行必要的专业技能提升意识，部分单位也没有意识到文秘职业的真正价值，对文秘职业存在偏见。

进入新时代以来，文秘面临新的形势：如何积极主动地为领导者决策提供精准信息和周到服务？文秘必须具有更高的政治素养、更强的业务能力、更敏捷的逻辑思维、更有效的工作方法和更优质的服务水平。为适应新时代新形势，文秘工作必须做到高效、求实、创新，本着为领导者服务、为相关人员服务、为人民群众服务的精神，文秘在工作方式和工作方法上应做到如下四个方面的转变（图1-2）。

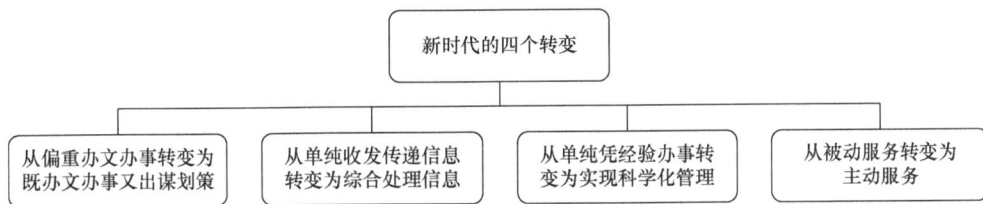

图 1-2　文秘的"四个转变"

（1）从偏重办文办事转变为既办文办事又出谋划策。办文办事是文秘的重要基础工作，包括文书处理、会务、信息资料处理、信访等工作，同时还要随时承办领导者交办的其他工作。这类工作琐细繁杂但又十分重要。作为新时代文秘，更重要的是具有较高的政治站位、思想道德水平，随时注意各个时期、各个领域的最新进展，为领导者出主意、想办法、提议案，充分发挥文秘的参谋和助手作用。

（2）从单纯收发传递信息转变为综合处理信息。文秘是上下沟通的枢纽和桥梁，快速、精准地传递信息无疑是很重要的。随着社会的发展，文秘从业人员不能仅停留在信息的收集和传递上，而应当在信息收集、传递、加工处理和反馈等各环节上积极工作，尽可能地为领导者利用信息做好必要准备，以便领导通过高效使用信息做出科学决断。例如，在领导意图形成之前，文秘要广泛收集相关资料，对信息进行筛选并系统分析提出参谋意见；在决策过程中，要通过调查研究，实事求是地向领导者反馈实施效果，并提出改进方案；在工作告一段落后，要及时总结经验教训，协助领导者改进工作。信息收集要充分、传递要迅速、处理要准确、反馈要及时。

（3）从单纯凭经验办事转变为实现科学化管理。新时代要求更高效率，文秘必须改变过去单凭经验、习惯的办事方式，建立起科学的现代化管理模式和整套规范化、程序化、系统化、科学化的工作流程和工作制度，使内部运转方式和管理办法建立在科学管理基础上。对于过去长期积累的经验、工作程序和方法，应当根据新时代要求重新认识。一切同新形势、新情况、新任务不相适应的旧观念、旧办法、旧思维都要敢于破除，勇于变革；一切同新形势、新情况、新任务相适应的好办法、好经验，都要敢于探索，大胆采用和推广。

文秘工作要进行科学化管理，就必须完善文秘工作制度，规范文秘工作行为。从实际出发，合理调整和设置机构，确定分工，使每个岗位都能各司其职、各尽其责；要建立严格的岗位责任制，使每个人都任务明确、责任清楚；要形成规范化、制度化、科学化的工作程序和工作方法，保证每个环节和每项工作都有章可循；要完善信息系统，形成点面结合的信息网络和畅通的信息环流渠道；要改进工作技术手段，逐步实现办公自动化。

（4）从被动服务转变为主动服务。文秘工作变被动为主动，就要克服那种以为文秘工作就是被动完成交办的事务，凡是领导者没有直接交代的事项就不去办、不想办的片面认识，必须不断提高文秘工作的预见性，充分发挥文秘的积极性、主动性和创造性。例如，文秘可以根据领导活动的意图和指示精神，自觉主动地开展工作，对未来一段时间可能出现的工作任务进行预测，提前做好安排。同时，文秘要善于总结经验、探索规律，根据过去、现在的情况对未来做出预测并提前安排，尽可能地将工作前移。

本章小结

本章主要对管理文秘的概念、内涵、基本内容和发展趋势进行介绍。通过分析管理文秘工作的历史沿革，可以将管理文秘定义为，从业人员具备专业技能并通过相关资格认证，围绕着领导层开展事务管理、服务公关及辅助决策活动，以实现组织效率最大化的一项职业。作为管理科学和文秘实践相结合的一门职业，管理和文秘之间存在一种从属关系，文秘工作在管理活动中产生，文秘活动的开展主要围绕管理活动进行。同时，文秘工作实践升华了管理科学理论，为管理科学的发展提供实践依据。管理文秘的主要内容包括文件管理、日常管理、会议管理、信息管理、公关管理、调查研究管理、辅助决策管理等方面。在新时代，这些工作的内容不断发展革新，文秘逐渐产生了"四个转变"：从偏重办文办事转变为既办文办事又出谋划策；从单纯收发传递信息转变为综合处理信息；从单纯凭经验办事转变为实现科学化管理；从被动服务转变为主动服务。

☞**思考与练习**

1. 什么是管理文秘？试述管理与文秘的关系。
2. 试述管理文秘的工作内容与普通文秘工作有何不同。
3. 试述新时代文秘工作的转变及其原因。

☞**本章推荐阅读书目**

范立荣，2009. 现代秘书学教程[M]. 4 版. 北京：首都经济贸易大学出版社.
方宜，何智蕴，2013. 管理文秘理论与实践[M]. 2 版. 北京：科学出版社.
陆瑜芳，2015. 秘书学概论[M]. 3 版. 上海：复旦大学出版社.

☞**阅读材料**

德西蕾·罗杰斯，成功秘书的典范

德西蕾·罗杰斯，1960 年出生于美国。凭借出众的社交能力和广泛的人脉，她于 2008 年 11 月入职白宫，成为白宫总管家——社交秘书，是白宫第一位非洲裔的社交秘书。

德西蕾·罗杰斯非常擅长建立关系网，被称为是世界级沟通者。入职白宫后，德西蕾·罗杰斯负责打理白宫的大小事务，从普通早餐到国宴，从非正式的小聚到正式的会谈，除了确保每件事都不出差错外，还要确保每个人都开开心心。德西蕾·罗杰斯认为，她的工作就是"推广奥巴马总统"以及确保奥巴马夫妇"所拥有的白宫资产"增值。在任期间，她成功带领整个行政部门，使白宫形象深入民心。例如，为帮助奥巴马夫妇树立亲民形象，德西蕾·罗杰斯说服奥巴马夫妇开放白宫；安排专人负责米歇尔的媒体推广，向知名杂志提供封面照片；负责紧盯奥巴马品牌的运作，让美国人看见奥巴马竞选承诺的实现过程。

　　在德西蕾·罗杰斯的努力之下，奥巴马的民调一直居高不下，使其在任期间享有超过 60% 的民众支持率，米歇尔甚至比他还高 10 个百分点。

（笔者根据相关资料整理）

第二章　管理文秘的素质要求

本章导言

　　随着管理科学在经济活动中的不断应用，组织结构的不断发展，管理文秘已经成为社会上最普遍的职业之一，具备优异素质的管理文秘人才也在各行各业发挥着巨大的作用，成为推动高效管理的重要力量。进入新时代，如何进一步提高管理文秘的自身素质越来越受到关注。本章将分别从管理文秘的角色认知、专业能力、职业形象和职场礼仪四个方面一一介绍。

第一节　角 色 认 知

　　管理文秘是具有资格认证的职业，此类职业具有信息枢纽地位，以实现组织效率最大化为目标，主要围绕管理层开展办文、办会、办事等事务管理，公关服务及辅助决策活动，管理文秘既是决策助手，更是沟通反馈的枢纽。

　　达成以上目标，首先需要管理文秘人员对管理文秘岗位有正确的角色认知，了解管理文秘在组织中的角色定位、作用意义、与其他岗位人员的角色关系，职业素养与行为规范，角色评价，等等。

一、角色定位误区

　　角色定位分为社会定位和血缘定位，社会定位又可分为职责定位和交际定位。这里的角色定位是指社会定位中的前者，即个体对自身在某个社会单位中所担任的职责及所拥有的权利和义务的认识。具体而言，就是文秘对自己在本单位和本部门担当的角色及权利和义务的认识定位。管理文秘是领导的参谋和助手，许多工作都是通过这一角色来完成的，文秘工作的辅助性对领导极其重要。文秘的工作模式容易使其产生角色错位，错误地认为自己可以代替领导决策而忘了自身的参谋助手职能，在现实生活中存在以下几种角色错位现象。

　　（一）以"钦差大臣"自居

　　在开展协调和督办工作时，不深入实际调查研究，不了解事情的原委、进展及有关方面需求，居高临下地发号施令，凭一个电话、一纸公文"派任务""压任务"，这种只行使权力不履行义务的做法，无疑会减弱亲和力，在上下级和同级之间造成隔阂。

　　（二）代别人"种田"

　　为了促使某些部门完成工作任务，从文件起草、会议准备到内外联系统包统揽。这种将义务泛化的结果是办了不该办、办不了、办不好的事,妨碍了其他部门正常工作,也"荒了自家的地",该做的没做好。

(三)上下不分家

代替领导事必躬亲,文秘"以下代上"发号施令。这种权力的过度延伸,一方面导致权力的触角过长过密,使领导在工作中陷入被动,既不利于团结,也不利于发展;另一方面,文秘经常代替领导行使职权,往往会使文秘不能正确评价自己,这是文秘成长道路上最可怕的陷阱,也是文秘不能正确定位的原因。

二、管理文秘的角色定位

要对管理文秘工作进行科学的职业角色定位,就要了解管理文秘工作的基本特点、作用意义、职业素养及基本职业道德。只有综合理解了该岗位的各个要素,才能准确地进行管理文秘工作角色定位。如表 2-1 所示。

表 2-1　管理文秘的角色定位

角色定位	基本特点	作用意义	职业素养	基本职业道德
参谋	机要性	信息枢纽	严谨自制	良好的职业作风;保守机密
助手	辅助性	辅佐辅助	谦虚谨慎	明确的职业意识;不越级越位
组织者、公关者	综合性	统筹协调	沟通合作	正确的职业态度;科学公正
管理技术人员	技术性	高效优化	精益求精	卓越的职业理想;敬业精业

(一)机要性

管理文秘的主要工作是围绕领导和管理层进行的,是"上情下达、下情上报、沟通内外、联系左右"的重要信息枢纽。在工作中接触大量重要且机密的信息,这就要求文秘必须具备严谨的职业素养,养成保守秘密的良好工作作风。在办文过程中,注意提高效率,按程序传递,避免错漏,更要注意保密。

在管理文秘的职业素质中,最基本且最重要的莫过于"嘴严"。作为文秘,一句话、一封邮件、一页文件都不能大意,不能说的话绝对不说,不能透露的信息绝不透露,做到守口如瓶,滴水不漏。

(二)辅助性

管理文秘作为领导工作的直接助手,辅佐和协助领导完成各项具体工作,让领导花最少的精力取得最佳的效果。管理文秘辅助领导进行文书处理、政策决议、事务管理等工作的同时,还要努力帮助领导理清工作思路,要树立为目标服务的意识。

管理文秘更要养成谦虚谨慎的职业素养,明晰自身的"助手"角色,甘当幕后英雄,不能在工作中越级越位。

（三）综合性

管理文秘事务性工作多，在工作过程中，经常既是工作的统筹组织者，又是工作的协调落实者，要正确处理个人及关联部门之间的分工协作关系，科学、有条理地进行工作安排，做好组织者和公关者角色，要具备善于沟通合作的职业素养，具备科学公正的职业道德。

管理文秘需要了解相关联部门具体业务及工作流程，在了解各部门职能的基础上，灵活整合业务资源，与相关部门人员进行有效沟通，依据流程把领导交代的各项任务进行合理分工，以达到事半功倍的效果。

（四）技术性

管理文秘在工作过程中要具备特定的专业技能、技术知识，掌握必要的科学管理方法，文秘工作琐碎繁杂，各个环节大多需要严谨有序的程序，这些程序有的是在工作中总结出来的工作流程，有的是法律规章规定的工作规程，有的是根据上级指令要求制定的程序，有的是必须遵照的技术性操作程序。要科学地完成文秘工作，就要像管理技术人员那样，对工作程序认真学习和实践，具备善于钻研、精益求精的工作素养，不断学习、不断完善，并树立追求卓越的职业理想。

业务能力出众的人，往往是对业务不懈钻研的人。我们每天都在重复着同样的工作，有的人"当一天和尚撞一天钟"，每天只管完成任务，从来不思进取；而有的人则会在工作中不断思考，努力寻求更好的工作方法。久而久之，这两种风格的差距便会显现出来。后者通过对业务的不懈钻研，最终会成为某一方面的专家。

第二节　专业能力

数字经济时代，文秘要掌握一定的信息技术，具备更扎实的专业知识、更丰富的知识结构；数字化、信息化的不断发展，要求新时代文秘具备较强的信息化技能与信息处理能力；办公自动化、数字政务要求文秘善于运用多种现代化办公手段；国际化的不断发展及我国的现实需要都要求文秘具备更高的外语水平、更好的社交与公关能力、更迅速有效地处理突发事件的能力。新形势下对文秘职业提出了更高要求，学校的文秘专业也须回应社会需求，全面提升学生的综合职业素养。

一、职业素养

文秘是为政府机关、企事业单位、社会组织及个人提供辅助管理、综合服务的人员，是决策者和执行者之间的桥梁，是一种特定的社会角色，必须具备良好的职业素养。职业素养是与人们的职业活动紧密联系的、具有自身职业特征的道德准则和行为规范，文秘工作的从属性、服务性、事务性、烦琐性、艰苦性等特点，决定了文秘必须具备高尚的人格，要恪守职业道德。

（一）要埋头苦干，乐于奉献

文秘工作是一项服务性工作，劳动成果往往通过领导机关、领导同志的工作成绩体现出来，不能独立显示自身的成绩。文秘工作机密性强，许多工作只能埋头去做，不能公开宣扬。文秘工作非常繁忙，无论是起草文稿、处理文件、调查研究还是会务接待、督查督办，常常需要加班加点，夜以继日，很少出头露面，留名得利。因此，文秘必须具有甘于奉献、不计个人得失的宽广胸怀。

（二）要严守纪律，克己奉公

文秘虽然权力不大，但用权方便，用权的渠道和方式比较多，因此要自尊自重，不能以自己的特殊地位谋取私利，处理各种问题也不能掺杂私心，更不能擅用领导的名义办各种私事，搞不正之风。此外，文秘作为领导的参谋和助手，要经常提醒领导坚持原则，秉公办事。

（三）要谦虚谨慎，平等待人

文秘对上接触领导，常常替领导办理各种事情；对下接触各方面的人员，往往被看作机关的代表、领导的代言人。文秘待人接物的态度往往影响到单位或领导的形象和声誉。因此，文秘必须做到谦和正直，有同理心，尊重他人人格[1]。对上要态度尊敬，向领导汇报工作要实实在在，不可弄虚作假；评论干部要实事求是，不可挟私褒贬；在领导成员之间协调，不可涉及他们之间的关系问题，不可左右倾斜，更不能搬弄是非，挑拨离间。对下要热情有礼，不摆架子，不盛气凌人；听到不同意见不急躁、不反感；遇到困难不气馁、不埋怨；工作中出现差错不推诿，勇于负责，迅速改正。

（四）要严守机密，提高警惕

文秘处于核心要害部门，接近领导核心，处理要务，管理文件，涉密范围很深很宽，失密泄密的危险极大。因此，文秘要时刻提高警惕、增强保密观念，严格遵守保密纪律，做到不该看的不看、不该听的不听、不该说的不说、不该写的不写；不在公共场所、私人通信中涉及机密。

（五）要慎思明辨，系统思维

文秘支持与辅助领导完成各项工作，需要处理和协调各种工作关系。每项任务都是一个系统工作。任何系统都包括三个构成要件：要素、连接、功能或目标。因此在工作过程中需要慎思明辨，理清与工作目标相关的各项要素及要素之间的关系，不断发展自身的系统思维能力，拓展全局观，真正优化思路，辅助领导达成目标[2]。

---

[1] 苏佩芬，张媛媛. 学会关怀：同理心与责任感的养成[M]. 北京：科学普及出版社，2015.
[2] 德内拉·梅多斯. 系统之美：决策者的系统思考[M]. 邱昭良，译. 杭州：浙江人民出版社，2012.

二、知识素养

文秘作为领导的参谋、助手，应具备广博的知识。

（一）基础知识

基础知识是指作为文秘所必须具备的基本知识。基础知识越扎实、越丰富，文秘的潜力发挥就越大。文秘的基础知识包括自然科学基础知识和社会科学基础知识。

1. 自然科学基础知识

自然科学基础知识是指数学、生物、天文和地理等知识。在对文秘工作研究和实践中，人们认识到数学知识在文秘工作中的巨大作用，如辅佐决策中的对策论和运筹学方法、经济分析中的抽象方法和定量分析方法、市场预测中的坐标象限法及导数概念的运用、公文研究中的模型方法等。同数学一样，其他自然科学如生物、天文和地理也都不能忽视。

2. 社会科学基础知识

社会科学基础知识包括历史、政治、哲学、法律等。一方面，文秘不但要了解自己学科的发展历程，还要懂得中外文明演进历程，借鉴历史经验，避免重蹈覆辙，使各项事业都立足于科学决策的基础之上，在现实工作和生活中变得更加理智。另一方面，掌握丰富的历史知识可以帮助文秘弘扬中华民族的传统美德，同时对文秘良好美德的形成也有极大的塑造作用。不管是"先天下之忧而忧，后天下之乐而乐"的情怀，还是"天下兴亡匹夫有责"的气概、"苟利国家生死以，岂因祸福避趋之"的境界，都为文秘奠定了人格基础。文秘只有对祖国的发展变化、璀璨文化有基本了解，才能在工作上维护国家利益，发扬民族传统，继承优秀的思想文化。当然，在打开世界之窗放眼世界时，文秘也要对世界几千年的历史文化，特别是对主要往来国家的历史变迁、民族文化有大概的了解，才能准确把握不同国家的特点，有利于文秘工作的开展。

（二）专业知识

文秘的专业知识就是办文、办会、办事。办文就是要学会写材料，各类公文写作，如请示、批复、报告、通知、通告、意见、合同等；办会就是要能组织和策划各种会议；办事就是有一般办公室管理知识，能很好地处理办公室日常事务。

文秘的专业知识同样可分为两大部分：一是专业基础知识；二是行业专业知识。

1. 专业基础知识

文秘的专业基础知识包括文秘学、写作学、信息学等。

（1）文秘学是主要研究文秘工作的特性、一般规律和基本原则的一门学科。内容一般包括文秘部门的职责范围、任务要求、机构体制，文秘工作的实践经验和工作方法、指导理论，文秘的思想修养、知识结构和各种能力的要求，古今中外文秘工作的发展史，文秘学与其他相关学科的关系，文秘工作的改革和未来发展方向，等等。对于文秘来说，文秘学是专业中的根本，是从事文秘职业的入门学科、基础之基础。

（2）写作学对文秘来说非常重要，属于关键学科。文秘的一项重要任务就是承担大量的文字写作工作。因此，写作是综合能力的表现。一篇好文章，既要有好的表现形式，又要有充实的内容。做到内容与形式统一并不是一件容易的事情。因此，文秘必须加强写作实践，具备扎实的文字功底，不仅要精通语法、修辞和逻辑知识，还要掌握写作规律，熟练掌握各类文章的特点、写作要求和语言表达技巧，随时注意积累资料，勤学苦练，不断提高写作水平。要善于找到工作中的"点睛之笔"，善于总结所在单位的管理经验，善于总结领导的管理精华，对所掌握的本单位管理方面的大量素材及时进行提炼和升华。

（3）信息学是研究信息的获取、处理、传递和利用的规律性及网络化服务方面的一门学科。文秘要树立信息意识，要素包括信息需求目的意识、信息内容意识、信息源意识、信息渠道意识、信息服务项目意识、信息质量意识和信息障碍认知意识。与此同时，文秘还要在不断地学习信息学的过程中掌握新兴的数字技术和信息技术。

除了以上专业基础知识外，档案学、逻辑学、速记等也是文秘知识结构中不可或缺的。档案学专门阐述档案的形成、作用、收集、鉴别、整理、加工及利用，对于文秘处理文件的签收、保存、发送等工作具有很好的指导作用。逻辑学重在研究人的思维形式、思维方式以提高思辨能力、逻辑水平。文秘掌握逻辑学，不但要学会运用逻辑去表达，还要学会用逻辑去思考。速记是一种快速记录的方式，文秘能通过这种方式提高工作效率。

2. 行业专业知识

行业专业知识是指行业要求文秘必须具备的知识，是"第二专业知识"。例如，在企业，它包括企业的生产、销售概况、人事变动情况，以及本企业在同行中的地位、作用，最重要的是本企业所从事的行业基本常识，在从事服装经营的企业就职就需要掌握服饰学、美学等知识。文秘学研究发现，人们越来越重视第二专业知识的重要性。在国外，对文秘职业早已按第二专业进行分类，如法律文秘、商务文秘、外事文秘、技术文秘、医务文秘等。文秘的第二专业知识已成为谋职的重要因素。

（三）辅助知识

辅助知识既不像基础知识那样具有"根基"作用，也不同于专业知识那样起"标志"作用。它对文秘的作用是丰富头脑、开阔视野、扩大思路、提高工作效率。文秘需掌握的辅助知识主要包括以下内容。

1. 管理学知识

文秘工作是管理工作中不可或缺的一部分。学习和掌握管理学知识，有助于文秘自觉运用管理工作规律，协助领导实施管理。

2. 心理学知识

文秘的辅助管理活动总是通过文秘与领导、文秘与公众之间的交往实现的。在交往过程中，文秘、领导、公众都会表现出一定的心理现象和心理特征。学习和掌握心理学知识，不仅有助于文秘科学地分析自己的心理过程及特征，克服心理障碍、提高心理素质，也有助于观察和了解领导以及公众的心理过程和特征，掌握他们的心理活动规律，并用这些规律来指导文秘与领导和公众之间的交往，以提高交往的质量和效果。

此外，文秘还应掌握决策学、咨询学、新闻学、传播学等方面的知识，扩大自己的知识面，以便使自己在工作中更加得心应手。

（四）管理文秘必备能力

能力是指顺利完成某一活动所必需的主观条件，它是直接提高活动效率并使活动顺利完成的个性心理特征。能力总是和人完成一定的活动相联系。离开了具体活动既不能表现人的能力，也不能发展人的能力。做好管理文秘也是一门技术活，那么需要具备什么样的能力呢？

1. 沟通协调能力

沟通和协调是文秘的重要工作形式，要确保各项工作高效运转，就需要各部门的同事互相支持，团结协作，而文秘就像一座桥梁，处于领导和业务部门之间。文秘必须及时将领导的意图传达给业务部门，并予以督办，而且要及时地将业务部门对事件的办理情况反馈给领导。因此，文秘在工作的同时应注意同各部门保持良好沟通。沟通协调能力还体现在科学合理地安排领导的时间，对于哪些活动或会议需要领导出席，做到心中有数。

2. 洞察能力

洞察能力是指深入事物或问题的能力，是人们对个人认知、情感、行为的动机与相互关系的透彻分析。通俗地讲，洞察力就是透过现象看本质，就是变无意识为有意识。洞察力就是"开心眼"，学会用心理学原理和视角来归纳总结人的行为表现。文秘要拥有敏锐的洞察力，掌握必要的破译方法和技巧，领会领导意图，掌握大众心理，掌握人际交往主动权，做人际博弈中的赢家。

3. 应变能力

应变能力是指人在外界事物发生改变时所做出的反应，可能是本能的，也可能是经过深入思考后所做出的决策。应变能力是文秘应具有的基本能力之一。在当今社会中，每个人每天都要面对比过去成倍增长的信息，如何迅速地分析这些信息是人们把握时代脉搏、跟上时代潮流的关键。文秘工作涉及面广，接触的人较多，遇到的事情也较多。如何帮助领导把诸多的事情处理好，把复杂的关系理顺，既让领导放心，又能使同事和下属满意，一个很重要的问题就是要有较强的工作应变能力。这种应变能力就是善于根据不同的工作环境、不同性质的事情采取相应的处理方法。处理问题要灵活变通，工作上要因"事"制宜，同时对领导的提议也要注重时机和方法策略，做到随机应变。

4. 学习能力

首先，要加强政治理论和政策学习，不断提高自己的思想素质和政策水平，与时俱进，切实提高理论水平，把贯彻党的路线方针政策体现在日常工作中。其次，要加强业务知识学习，通过学习单位内部文件及会议精神，并结合自己的思考，尽快熟悉本单位中心工作。同时要在了解全局前提下，熟悉领导分管范围内的工作，深入调查研究，多渠道获取信息，为更好地发挥参谋助手作用做好准备。此外，在领导身边工作时，对领导的思想品格、政治经验和领导艺术也要认真学习和细心体会。

5. 文字写作能力

良好的文字写作能力是文秘应具备的基本素质。"常看心中有本，常写笔下生花。"文字写作能力不是一朝一夕就可以提高的，要不断锻炼和积累。要勤于学习，善于思考，培养扎实的文字功底，不断适应新形势对文秘工作的要求。在材料收集、信息综合、调查研究、公文写作等方面，力求写出高质量的文章。要不断研究单位中心工作的特点和规律，结合自己的思考，尽快熟悉工作。要广泛阅读有关文秘工作的相关资料，借鉴同行的工作经验，对好的做法要认真地记录领会。要经常写，坚持写，对起草的公文要尽可能地多找同事或领导帮助润色和修改。

6. 运用现代化办公软件、硬件的能力

科学技术的飞速发展，尤其是办公自动化系统和设备的广泛应用，为文秘进一步提高工作质量和效率创造了良好的条件。文秘必须提高技能，熟练操作办公自动化系统及各种文字处理工具、声像信息工具、通信工具，以适应工作需要。

第三节　职业形象

职业形象是从业者在他人眼中基本的"职业印象"，可直接影响他人对从业者的专业性评价，因此我们需要塑造专业的职业形象。

管理文秘的职业形象以尊重工作活动中的基本规范为原则，无论是仪容仪表的修饰还是穿衣搭配的选择都要维护职业形象。在不同的场合和地点可以有不同的选择和打扮，但都必须符合工作活动的基本需要，体现出规范的专业形象。

良好的文秘形象也体现在每个细节中。关注细节就要培养好的习惯，没有人天生具备管理文秘的专业形象，都是依靠后天不断的锻炼，才能完成"从勉强到习惯，从习惯到素质"的飞跃。

职业形象的塑造要坚持外塑与内修相结合，外表塑造是保证，内在修养是根本，缺一不可。要修炼出文秘工作所需要的专业气质，善于自我剖析、模仿典范，主动学习和践行规范礼仪。多阅读文秘人员的心得体会，以及完善自身知识结构的人文书籍，陶冶性情、提升气质，成为领导的得力参谋助手。文秘气质的基本类型见表2-2。

表2-2　文秘气质的基本类型

气质特点	多血质文秘	黏液质文秘	胆汁质文秘	抑郁质文秘
优势	思维敏锐，擅长交际，对于维护组织的形象有自己的办法	踏实肯干，沉默寡言，不喜空谈、不爱显山露水、展示自己的才华，适合办公室工作	坦诚直率，容易接受他人观点，处理问题大胆、泼辣	观察细致，感受力强
不足	活泼好动，略显轻浮，交际浅薄，工作能力强，但不踏实，注意力易转移，易见异思迁，往往不安于枯燥的办公室文秘工作	办事不求新，缺乏生气	易冲动，办事急躁，感情用事，不善于处理人际关系，常与同事甚至领导发生争吵	办事拖拉，孤僻多疑，缺乏信心，办公室文秘工作往往给自己造成心理上的压力

气质特点	多血质文秘	黏液质文秘	胆汁质文秘	抑郁质文秘
改进方向	自我意识强，宜宽容、谦虚；稳定性差，宜培养坚定意志及耐心	克服盲从心理，增强沟通，更加自信、乐观，勇于创新	克服盲目急躁，宜平和，建立共赢思维	克服悲观，宜培养坚强肯定的自我形象；克服犹豫，宜自信果断，要更加宽容
完善措施	言谈时谨慎自制、注意办事分寸和举止得体，培养坚忍不拔的毅力	增强工作中的主动表达和创新，养成精益求精地钻研和探索的工作习惯	学习欣赏他人，耐心合作；开放沟通、凡事多商量、请示汇报	增强责任心，培养忠诚敬业意识，养成未雨绸缪的计划性和乐观积极的个性品质
学识内涵	（1）多读：文学作品；文秘工作经验类；历史、传记等			
	（2）多问：多请教有经验的前辈和同事，养成追根溯源、善于钻研的品质			
	（3）多记：多做读书笔记、工作笔记，培养博闻强记的习惯			
	（4）多思：对工作方法、善于总结归纳工作经验并进行深入思考，总结其中的规律和方法，养成善于思考的习惯			

　　职业形象的外塑主要体现在个人形象的塑造上。个人形象指一个人的外表或容貌。从心理学的角度来看，他人通过观察、聆听、气味和接触等各种感觉形成对某个人的整体印象。得体地塑造和维护个人形象，会给初次见面的人留下良好的第一印象。一个人外在形象的得体与否，很大程度上决定了他能否在社交活动中取得成功。个人形象从构成上主要包括六个方面，即个人形象六要素，包括仪容、表情、服饰、举止、谈吐、待人接物。在职业形象的外塑上则主要包含仪容、表情与服饰。

一、仪容

　　仪容，是一个人个人形体的基本外观。长相是天生的，但是后天的美化和修饰也同样重要。在人际交往中，每个人的仪容都会引起对方的特别关注并影响到对方对自己的整体评价。依照规范与个人条件，对仪容进行必要的修饰，扬长避短，既能显示对他人的尊重，也能衬托出自己的气质，让自己更加自信。

　　（一）发型

　　头发整洁、发型大方是个人礼仪对发型的最基本要求。"发型是人的第二面孔"，恰当的发型会使人容光焕发、风度翩翩。男士在发型选择上最为常见的是分头，平头虽显得精神有活力，但过短的发型也会显得不够庄重和成熟。男士需经常理发，露出眉毛和耳朵，同时也要注意鬓角不宜过长或过厚，后部的头发不应长过西装衬衫衣领的上部。女士在发型选择上最好为短发，长发需要盘起来，不宜披散。男女的发色都应保持为黑色，文秘的工作性质决定了文秘应保持清爽、干练的发型。

　　（二）面容

　　面容是仪容之首。个人良好的面部仪容，给人以端庄、稳重、大方的印象，既能体现自尊自爱，又能表示对他人的尊重与礼貌。保持面部干净，男士应养成每天剃须洁面的习惯，尤其在出席重要活动前；女士除了日常的清洁之外，可以适当化妆，但不宜浓妆艳抹，要避免使用气味浓烈的化妆品，以大方、自然的淡妆最为合适。

（三）手

手在肢体中是使用最频繁的部位，文秘在与人交往、执行公务时都会展示出自己的双手，形成一种印象，因此手是不可忽视的一部分。保持双手清洁，男女均不得留长指甲，女士不得涂颜色艳丽的指甲油。在正式场合中，手臂与肩部不应裸露在外，即不宜穿半袖装或无袖装，汗毛过长过浓的应注意避免显露出来。

（四）腿部

在正式场合中忌光脚穿鞋，不穿使脚部过于暴露的鞋子（如拖鞋、凉鞋、镂空鞋），同时女士不能穿无跟鞋。女士可以穿长裤或裙装，裙装必须过膝，切忌露出大腿或是袜子之外的部分暴露在裙子之外。

二、表情

表情是人的思想感情和内在情绪的外露。脸部是最能传达情感的部位，将喜、怒、哀、乐的思想感情告知身边人。其中，构成表情的主要因素是眼神和笑容。

（一）眼神

眼睛是心灵之窗，能够明显、自然、准确地展示一个人的心理活动。有的人因为紧张而不敢对视或死盯着对方，这样都是不礼貌的。在交际中，目光应该是坦然、亲切、有神。把目光放虚一些，不要聚焦在对方脸上的某个部位，而是用目光笼罩对方整个人，尤其是对对方讲话感兴趣时，要用柔和、友善的目光正视对方的眼睛。

在交往中要灵活地应用"眼语"，方式包括直视、对视、凝视、盯视、虚视、扫视、环视，适当地运用不同的方式表达出友好、重视、感兴趣等情绪，否则会带来不必要的误解。斜视、眯视、瞥视等方式少用为妙。

（二）笑容

"微笑是生活中的一剂良药。"笑容通常表现为脸上露出喜悦的神情，有时伴以口中发出欢快的声音，是一种悦己又悦人的感觉。适当地运用笑容可以表现出心境良好、充满自信、真诚友善、乐于敬业的状态。

笑容包括含笑、微笑、轻笑、浅笑、大笑和狂笑。在交际中，不宜大笑和狂笑。微笑是最常见的、用途最广的。笑容必须是发自肺腑的，这样才能显得亲切自然、声情并茂、气质优雅，与你交往的人才会感到轻松愉快。忌假笑、冷笑、怪笑、媚笑、怯笑、窃笑、狞笑。在日常生活中可以口里念普通话"一"字音来练习最常用的微笑。

三、服饰

（一）服装

服装的礼仪是人们在交往过程中为了相互表示尊重与友好，达到交往的和谐而体现在着装上的一种行为规范。

1. 着装原则

通常，服饰搭配主要属于个人喜好，但是文秘的服饰展示不仅仅反映了个人品位和形象，更反映了组织的精神面貌和经营品质。因此仍需遵循一些基本原则，包括整洁原则、和谐原则、TPO 原则。

（1）整洁原则：在任何情况下，服饰都应该是整齐而且干净的，衣领和袖口要尤其注意，不应又折又皱。

（2）和谐原则：正确的着装需要统筹考虑和精心搭配，人的形体、内在气质和服饰的款式、色彩、质地、工艺及着装环境各部分相互适应，多种因素的和谐统一形成了和谐的整体美。

（3）TPO 原则：T、P、O 分别代表着 time（时间）、place（地点）、occasion（场合）。其中，时间原则包含每天的早、中、晚时间的变化；春、夏、秋、冬四季的不同和时代的变化；地点原则是指环境原则，即不同的环境需要与之相适应的服饰打扮；场合原则是指场合气氛的原则，即着装应当与当时当地的气氛融洽协调。TPO 原则也是目前国际上公认的着装标准。

2. 色彩搭配

按照不同季节的特点，可以把色彩分成四组颜色，文秘可以根据不同的社交场合用适当的季节颜色来搭配服装。在选择正装色彩上尽量遵循"三色原则"，即正装色彩最好控制在三种颜色之内。

春：以黄色为基调的各种代表春天明亮轻快的颜色，可采用对比色调，避免穿着黑色、深灰色等冷色调的服装。

夏：以蓝色为基调的各种代表夏天亲切温和的颜色，适合在同一色调里进行浓淡搭配，不宜强烈色彩反差对比。

秋：以棕色为基调的各种代表秋天成熟华丽的颜色，宜采用同一色系的浓淡搭配或是相邻色系的对比搭配。

冬：以纯色为基调的各种代表冬天纯正稳重的颜色，尤其在穿着黑色、白色、灰色时，需要强烈对比搭配，如鲜艳的纯色丝巾或衬衣领。

3. 正装的着装规范

文秘在社交外出中通常需要用到的服装款式包括礼服、便装和职业装等。西装当前已经成为国际上最标准的通用礼服，适合在各种礼仪场合穿着。

选择西服既要考虑颜色、尺码、价格、面料和做工，又不可忽视外形线条和比例。西服不必非要讲究面料高档，但必须裁剪合体，整洁笔挺。选择色彩较暗、沉稳且无明显花纹图案，但面料高档的单色西服套装，适用场合广泛，穿用时间长，利用率较高。

女性西服着装礼仪：女性穿西服套裙时，需要穿肉色的长筒或连裤式丝袜，不宜光腿或穿彩色丝袜、短袜。穿衬衫时，内衣与衬衫色彩要相近、相似；穿面料较为单薄的裙子时，应着衬裙。

（二）饰品搭配

饰品是能够起到装饰作用的物件，文秘在社交场合佩戴饰品时原则上应符合身份，与服装相协调，借饰品表达其知识、阅历、教养和审美品位，达到提升魅力、展示高雅、合理渲染的效果。在较为正规的场合使用饰品，务必要遵守其使用应注意的礼仪。这样做既能让饰品发挥其应有的美化、装饰功能，又能合乎常规。在选择、搭配、使用之中不至于出洋相，被人耻笑。

1. 首饰

通常情况下，首饰一般是女士佩戴，男性不适合在正式场合佩戴过多的首饰。女士往往有更多的选择，但也应该注意以下方面事项。

（1）数量：佩戴首饰时，数量上以少为佳。在必要时，可以一件首饰也不必佩戴。若有意同时佩戴多件首饰，则不应当在总量上超过三件。除耳环、手镯外，佩戴的同类首饰最好不要超过一件。

（2）色彩：色彩上应注意的礼仪是力求同色。若同时佩戴两件或两件以上首饰，应使其色彩一致。佩戴镶嵌首饰时，应使其主色调保持一致，切忌首饰过于色彩斑斓。

（3）质地：佩戴首饰时，质地上应注意的礼仪是争取同质。若同时佩戴两件或两件以上首饰，应使其质地相同。佩戴镶嵌首饰时应使其被镶嵌物质地一致，托架也应力求一致。这样能令首饰总体上显得协调一致。另外还需注意的是，高档饰物，尤其是珠宝饰品，多适用于隆重的社交场合，但不适合在工作、休闲时佩戴。

（4）身份：佩戴首饰时，身份上应注意的礼仪是要令其符合身份。选择佩戴首饰时不仅仅要照顾个人爱好，更应当使之服从于本人身份，要与自己的性别、年龄、职业、工作环境保持大体一致，而不宜使之相去甚远。

（5）季节：所佩戴首饰应与季节相吻合。一般而言，季节不同，所佩戴首饰也应不同。金色、深色首饰适合冷季佩戴，银色、艳色首饰则适合暖季佩戴。

2. 丝巾/围巾

丝巾是女士的钟爱。不管什么场合，利用飘逸柔媚的丝巾稍作点缀都能使女士的气质更为出众。挑选丝巾重点是丝巾的颜色、图案、质地和垂坠感。可以用丝巾调节脸部气息，如红色系可映得面颊红润；或是突出整体打扮，如衣色深巾色浅、衣色冷巾色暖、衣色素巾色艳。

但要注意的是，如果脸色偏黄，不宜选用深红色、绿色、蓝色、黄色丝巾；脸色偏黑，不宜选用白色、有鲜艳大红图案的丝巾。在清洗丝巾时，不能用洗衣机洗，也不能用力搓揉和拧干，只要放入稀释的清洁剂中浸泡一两分钟，轻轻拧出多余水分再晾干就可以了。

围巾一般在春冬季节使用得比较多。它的搭配要和衣服、季节协调。厚重的衣服可以搭配轻柔的围巾，但轻柔的衣服绝不能搭配厚重的围巾。围巾和大衣一般适合室外或部分公共场所穿着，到了室内就要及时摘掉，否则会让人感到压力。

3. 手表

与首饰相同的是，在社交场合人们所戴的手表往往体现其地位、身份和财富状况。对于文秘来说，佩戴手表通常意味着时间观念强、作风谨慎的性格特点。选择手表，往往应注重以下几方面。

（1）手表的种类：根据标准的不同，手表可以分为不同的种类。选择手表的具体种类时，要量力而行，同时还要顾及个人的职业、露面的场合、交往的对象和同时所选用的其他服饰等一系列相关因素。

（2）手表的功能：计时应当精确到时、分，能精确到秒则更好。手表的功能要少而精，并要有实用价值。

（3）手表的形状：手表的造型往往与其身价、档次有关。在正式场合所戴的手表，在造型方面应当庄重、保守，避免怪异、新潮。一般而言，正圆形、椭圆形、正方形、长方形及菱形手表，因其造型庄重、保守，适用范围极广，更加适合在正式场合佩戴。

（4）手表的色彩：一般宜选择单色手表、双色手表，不应选择三色或三种颜色以上的手表。不论是单色手表还是双色手表，其色彩都要清晰、高贵、典雅。金色表、银色表、黑色表，即表盘、表壳、表带均有金色、银色、黑色的手表，是最理想的选择。金色表壳、表带、白色表盘的手表也能经得住时间的考验，不会落伍。

4. 皮包

男士的皮包较为单一，以公文包为主。公文包的面料以牛皮、羊皮为主，黑色、棕色最为正统。公文包的色彩需要与皮鞋的色彩保持一致。除了商标，公文包不需要带有任何图案、文字，否则会有失身份。

女士至少需要两个包：一个大而结实，适合上下班和工作时间用，最好能够放下文件；另一个选择小巧的手包，仅放少量的化妆品、钥匙、零钱等，可以在需要穿晚礼服出席的正式场合时使用。

第四节　职场礼仪

礼仪不仅是礼貌，还是源自内心对他人的关心和尊重，发自内心且表现在外的待人处事方式。职场礼仪通常指在工作岗位上处理日常事务时所应遵循的基本礼仪，又称公务礼仪或行政礼仪。良好的职场礼仪能够体现管理文秘良好的个人修养，建立良好的人际关系，也能让他人心情愉悦，进一步提升组织形象。

一、见面交际

（一）握手

握手是交际的一个重要部分。握手的力量、姿势与时间的长短往往能够表达出对对方的不同礼遇与态度，显露自己的个性，给人留下不同印象，同时也可以通过握手了解对方的个性，从而赢得交际的主动。

1. 握手姿势

握手时，距对方大约一步远，上身稍向前倾，两足立正，伸出右手，四指并拢，虎口相交，拇指张开下滑，向受礼者握手。如戴有手套或帽子，男士需先脱下手套，摘下帽子，女士则可以例外。除了关系亲近的人，握手时间不宜过长，但也不能漫不经心地用手指尖"蜻蜓点水"。一般时间控制在 3～5 秒。

2. 握手次序

长辈与晚辈之间需长辈伸手后，晚辈才能伸手相握；上下级之间需上级伸手后，下级才能接握；男女之间，女方伸手后男方才能伸手相握。当男方为长者时，需要年轻女士先伸手。需要与多人握手时，按照地位或辈分的次序，或是只与相近的人握手，向其他人点头或微微鞠躬示意。客人来访时需要主人先伸手，客人告辞则是客人先伸手。

3. 注意事项

不要用左手去握手；握手时另一只手不要插在衣袋里；不要在握手时面无表情或长篇大论；不要在握手时将对方的手拉来推去。

（二）递接名片

在人际交往中，名片不但能推销自己，也能很快地帮助你与对方熟悉。一般递名片的顺序为地位低的、年轻的先递。向对方递名片时应让文字正对着对方，用双手同时递出，切忌用食指中指夹着给人。接到名片时，应用双手去接，接过后仔细看一遍再认真收好，若有不认识的字词应当场询问，以免在以后的交往中造成误会。

二、交流礼仪

语言交流是人们交流思想情感、传递信息、开展工作、建立友谊、增进了解的最为重要的一种形式。没有交谈几乎不能与人真正沟通。因此，文秘必须掌握这样的沟通技巧，要"会说话"，更要说"好听"的话，尤其在社交场合中言谈礼仪十分重要。

（一）使用敬语、谦语、雅语

（1）敬语，亦称"敬辞"，是表示尊敬礼貌的词语。除了礼貌上的必需，能多使用敬语，还可体现一个人的文化修养。例如，我们日常使用的"请"字，第二人称中的"您"字，代词"阁下""尊夫人""贵方"等。另外还有一些常用的词语用法，如初次见面称"久仰"，很久不见称"久违"，请人指教称"请教"，请人原谅称"包涵"，麻烦别人称"打扰"，托人办事称"拜托"，赞人见解称"高见"，等等。敬语使用的场合包括比较正规的社交场合，与师长或身份、地位较高的人的交谈，与人初次打交道或会见不太熟悉的人，会议、谈判等公务场合，等等。

（2）谦语，亦称"谦辞"，是向人表示谦恭和自谦的一种词语。谦语最常见的用法是在别人面前谦称自己和自己的亲属。例如，称自己为"愚"，称自己的亲属为"家严""家慈""家兄""家嫂"等。

自谦和敬人，是一个不可分割的统一体。日常生活中谦语使用较多，其精神无处不在。只要你在日常用语中表现得谦虚和恳切，人们自然会尊重你。

（3）雅语是指一些比较文雅的词语。雅语常常在一些正规的场合及一些有长辈和女性在场的情况下，被用来替代那些比较随便甚至粗俗的话语。多使用雅语，能体现出一个人的文化素养及尊重他人的个人素质。在待人接物中，假如你正在招待客人，在端茶时，你应该说："请用茶。"如果还用点心招待，可以用"请用一些茶点"。假如你先于别人结束用餐，你应该向其他人打招呼说："请大家慢用。"雅语的使用不是机械的、固定的。只要你的言谈举止彬彬有礼，人们就会对你的个人修养留下较深的印象。

（二）日常场合应对

1. 与人保持适当距离

说话通常是为了与别人沟通思想，要达到这一目的，一方面必须注意说话的内容；另一方面也需注意说话时音量的大小，使对话者能够听明白。这样在说话时必须注意保持与对话者的距离。从礼仪上说，说话时与对方离得过远，会使对话者误认为你不愿向他表示友好和亲近，这显然是失礼的。如果在较近的距离和人交谈，稍有不慎就会把口沫溅在别人脸上，这是令人不快的。有些人因为有凑近和别人交谈的习惯，又明知别人顾忌被自己的口沫溅到，于是先知趣地用手掩住自己的口。这样做形同"交头接耳"，样子难看也不够大方。因此从礼仪角度来讲，一般保持一两个人的距离最为适合。这样做既让对方感到有种亲切的气氛，同时又保持一定的"社交距离"，在常人的主观感受上，这也是最舒服的。

2. 恰当地称呼他人

人与人之间一见面就需要称呼对方，每个人都希望得到他人的尊重，人们比较看重自己业已取得的地位。对有头衔的人称呼他的头衔，就是对他莫大的尊重。直呼其名仅适用于关系密切的人之间。若与有头衔的人关系非同一般，直呼其名来得更亲切，但是在公众和社交场合，称呼对方的头衔会更得体。对于知识界人士，可以直接称呼其职称。但是对于学位，除了博士，其他学位，就不能作为称谓来用。

3. 交谈话题的选择

不管是名流显贵，还是平民百姓，作为交谈的双方，他们都应该是平等的。交谈一般选择大家共同感兴趣的话题，但是，有些不该触及的问题（如对方的年龄、收入、个人物品的价值、婚姻状况、宗教信仰）还是不谈为好，因为打听这些是不礼貌的表现。

（三）四个禁忌

（1）不能训斥别人。

（2）不能挖苦别人，尤其不能拿别人身体的缺陷、日常生活中不足之处来开玩笑。

（3）不随便去质疑别人，尤其不要当众表示怀疑。

（4）不要随便去补充别人的观点。人站的位置不同，对于同一件事的感受是不同的，关心的角度也不一样。

（四）电话礼仪

1. 拨打电话

（1）时间选择：除非有特别紧急的事情，公务通话一般应选择在办公时间内进行，不应在下班之后进行，更不应选择深夜、凌晨及午休、用餐、公休假的时间。

（2）表述得体：在通话中表述应符合礼仪规范，不应高调门，语惊四座；口气应谦恭有礼，热情亲切。

（3）举止得体：在打电话时，应轻拿轻放，不应急不可耐，遇到无法接通的情况，不应有不耐烦的表情，甚至摔电话。

2. 接听电话

（1）及时接听：在办公时听到电话铃声，应及时接听，尽量不要使铃声超过三声，更不要有意拖延，怠慢对方。

（2）文明应答：在接听电话时应先向对方问好，自报家门。如果对方要找的人不在，最好告诉对方不在的原因，或告诉对方联系方法。

（3）做好记录：公务电话通常需要做记录。平时要做好通话记录准备，电话记录簿或记录用纸、笔要准备好，不要通话后放下听筒，再去找纸和笔。

（4）特殊电话的接听：对于打错电话的，不应大声斥责对方，应接受对方的道歉，说声"没关系"后挂机。

三、举止礼仪

心理学家有一个有趣的公式：一条信息的表达=7%的语言+38%的声音+55%的人体动作[①]。我们往往可以从一个人的举止中判断他的品格、学识、能力和其他方面的修养程度。在正式场合中，文秘的站、坐、走的姿势都有着严格规定。

（一）站姿

古人云，"立如松"，站立姿势应该是自然、轻松、优美的。不论站立时摆何种姿势，都应只有脚的姿势及角度在变换，而身体一定要保持绝对的挺直。

标准的站立姿势要求挺胸收腹，两肩平齐，双臂自然下垂。双腿靠拢，脚尖张开约60度，或双脚与肩同宽。站累时，脚可后撤半步，但上体仍须保持垂直，身体重心在两腿正中，精神饱满，表情自然。切忌身体歪斜，两腿分开距离过大，或倚墙靠柱，手扶椅背等不雅与失礼姿态。女性站立的正确姿势最好是一只脚略前，一只脚略后，两腿贴近，双手叠放在下腹部。

与人谈话时，要面向对方站立，保持一定距离，太远或过近都是不礼貌的。双手或下垂或叠放在下腹部，右手放在左手上。不可双臂交叉，更不能两手叉腰，或将手插在裤袋里或下意识地做小动作，如摆弄打火机、香烟盒，玩弄衣带、发辫，咬手指甲等，但可随谈话内容适当做些手势。向长辈、朋友、同事问候或做介绍时，不论握手或鞠躬，双足应当并立，相距10厘米左右，膝盖要挺直。

---

① 张建宏. 态势语言的特点[J]. 秘书，2007，（5）：21-23.

（二）坐姿

坐姿总的要求是舒适自然、大方端庄。文秘在日常工作中以保持坐姿为多，坐姿的稳重沉静、安详优雅是良好修养的重要表现。

入座时动作要轻盈和缓，自然从容。落座要轻，不能猛地坐下，发出响声。女士着裙装时需用手轻拢裙摆再入座。神态从容自如，上身自然挺直，两臂屈曲放在双膝上，或两手半握放在膝上，手心都要向下。谈话时，可以侧坐。侧坐时上体与腿同时向一侧。要把双膝靠拢，脚跟靠紧。起座要端庄稳重。

坐姿要依据不同场合，与环境相适应。例如，坐在椅子上至少应坐满椅座的 2/3，宽座沙发则至少坐 1/2。女士尤其应注意，不能露出衬裙，否则有损美观与风度。不要有摆弄手指、拉衣角、整理头发等姿态。与人谈话时，勿将上身往前倾或以手支撑着下巴。

（三）走姿

走姿是站姿的延续，能展示人的动态美。行走时，步态应该自然平稳，目视前方，身体挺直，双肩自然下垂；两臂摆动协调，幅度不可太大，只能小摆；膝关节与脚尖正对前进方向。行走的步子大小适中，自然稳健，节奏与着地的重力一致。与女士同行，男士步子应与女士保持一致。女士在穿裙装、旗袍时步幅不宜过大，穿高跟鞋行走时要注意膝关节的挺直。

多人一起行走时，不要排成横队，不勾肩搭背；遇急事可加快步伐，但不可慌张奔跑；上下楼梯时注意"右上右下"原则，进出电梯时注意"先出后进"原则，与他人一起出入房门时注意自己要后入后出。

四、拜访礼仪

（1）拜访应选择适宜的时间，已提前预约的需准时赴约，如因故迟到或取消拜访应尽早告知对方。

（2）如果接待者因故不能马上接待，应表示理解并安静等待；等待时间过久时可向相关人员说明并另定时间，切忌露出不耐烦的情绪。

（3）谈话时开门见山，不要高谈阔论，浪费双方的时间。

（4）注意观察接待者的举止表情，适可而止；对方显露不耐烦的情绪时应及时转换话题或口气，对方有结束会见的表现时应立即起身告辞。

本章小结

本章主要分别从管理文秘的角色定位、专业能力、职业形象和职场礼仪四个方面介绍了文秘的素质要求，文秘只有具备了过硬的素质和能力，才能出色地完成领导交办的事情。文秘必须走出角色定位的误区，积极地找到正确的角色位置，做好领导的助手和参谋；用高标准要求自己，培养自己的专业素质和专业能力，不断学习，不断提高自己的洞察能力、统筹能力、应变能力等，时刻注意自己的职业形象，用专业的态度对待每一件办公事务。

☞**思考与练习**

  1. 文秘在整个工作中扮演着什么样的角色？

  2. 文秘应该具备什么样的职业素质？

  3. 简述文秘的电话礼仪。

☞**本章推荐阅读书目**

  刘丽娜，2016. 做最好的秘书：资深老秘书高效工作实录（机关秘书专用版）[M]. 北京：中国法制出版社.

  唐得之，2016. 秘书工作实谈[M]. 长沙：湖南大学出版社.

  徐宪江，2015. 秘书的秘密 1：领导为什么重用你[M]. 增订 3 版. 北京：中国法制出版社.

  严华，2016. 高级秘书与行政助理[M]. 广州：暨南大学出版社.

  杨剑宇，2015. 秘书礼仪[M]. 上海：华东师范大学出版社.

☞**阅读材料**

不要出风头

  一位在商场享有较高声誉的，在美国公司驻中国香港分公司担任第一秘书的×女士，前些天因一件小事而被迫辞职，让大家感到十分惊讶。具体情况是这样的：美国总公司决定在中国香港举行一场盛大的宴会，参加人员有美国总公司的高管、中国香港分公司的总经理和部分要员及一些大客户。分公司总经理是一位好好先生，在不损害自己利益的情况下，大多场合都会让她发言。总公司与分公司很少举办联合宴会，×女士也是首次经历如此大场面。从筹备宴会开始，她都很认真很谨慎地做着每一件事情，以期能获得总公司高管的赞许。宴会当晚，×女士周旋于各宾客间，现场气氛颇为愉快，直到总公司的高管及分公司的总经理致辞环节时，她在旁边逐一为他们介绍出场，轮到自己的上司即分公司的总经理时，竟自己先致感谢辞，对在场客户一直以来的支持表示感谢。虽然话不多，却让总公司的高管表示不满，因为她今天的主要任务是只能为各位领导的出场做介绍而不能进行独立发言。在宴会中，×女士与总公司高管谈到公司事务时，常以个人意见发表看法，完全未提及其所在分公司总经理的意见。给人的感觉是她才是分公司的最高主管。以致该分公司总经理被上级领导约谈，了解他是否忠于本职工作，是否怠工到由秘书代为处理日常业务。此后，总经理对×女士的态度有所转变。最后，她认为自己的职权被分公司总经理削弱，却不知是自己锋芒太露、喧宾夺主所致。

（笔者根据相关资料整理）

第三章 辅助决策

本章导言

随着经济社会发展的进一步深入，文秘职能也在逐渐发生变化，"辅助决策"日益成为现代文秘的重要职能。辅助决策指的是在决策的全过程中，在知识（包括理论）、能力（包括技术）、经验和经历等方面给予决策主体全面的补充，以提高决策的科学性和时效性。文秘由于其特定的职业性质，以及与领导的特殊关系，要真正实现辅助决策职能，充分发挥参谋作用，就必须掌握恰当的方法。文秘在辅助决策过程中的角色如何准确定位是本章首要解释的问题。具体到事务中，文秘又应采取哪些与自身角色相一致的方法，并注意哪些准则也是必须讨论的。因此，本章将从辅助决策概述、辅助决策路径和辅助决策实施三个方面对文秘的辅助决策工作进行阐述。

第一节 辅助决策概述

一、辅助决策的含义及特点

（一）辅助决策的含义

文秘工作的性质和特点，决定了文秘参谋活动内容广泛，涉及文秘职责范围内与领导活动事务相关的一切领域。从大的方面分，主要有两个方面：与决策活动有关的参谋内容；与领导日常事务有关的参谋内容。文秘在这两个方面都应发挥参谋作用。然而，同任何工作都必须有中心和重点一样，文秘参谋活动在内容上也不能漫无中心，而必须有一个主旋律。文秘参谋活动的内容应侧重满足决策的需要，围绕决策开展参谋活动。

辅助决策是文秘部门和文秘的重要职责，也是文秘参谋活动的根本出发点。新时代要求决策必须由经验决策转变为科学决策，由个人决策转变为民主决策。决策的科学化、民主化，直接导致文秘参谋职能的强化和参谋内容的扩展，使辅助决策成为规定文秘参谋活动内容的根本出发点。例如，决策需要以及时、全面、准确的信息为依据，文秘部门便开展信息工作；决策需要提出问题和建议、方案，文秘部门便加强调研工作；决策需要对决策前后的矛盾进行协调，文秘部门便加强协调工作；决策后需要贯彻落实，文秘部门便开展督查工作。

决策作为决策学的科学概念，有狭义与广义之分。狭义的决策，是指人们确定未来行动，并从两个以上实现目标的可行方案中，选择一个最佳方案的分析、判断过程。广义的决策，是指人们为达到一定目标而决定行动并付诸实施的过程。本书所研究的决策，是广义上的决策，它既包括决策的制定，又包括决策的实施。在现代管理中，决策是领导机关和领导的基本职能和权力。也就是说，领导机关和领导是决策的主体。

领导过程是一个不断制定并实施决策的过程。然而，现代管理中的决策，一刻也离不开辅助力量的支持。一旦失去这种支持，就很可能导致管理系统信息失灵、决策失误、目标失控。

辅助决策就是在决策的全过程中，在知识（包括理论）、能力（包括技术）、经验和经历等方面给予决策主体全面的补充以提高决策的科学性和时效性。文秘部门作为多功能的综合办事机构，在其职业活动过程中，必然要发挥辅助决策的职能。尽管目前各类研究机构、咨询机构的大量出现成为现代决策的一支不可忽视的辅助力量，但现代文秘系统辅助决策活动的经常性、综合性及全过程性是其他智囊系统所无法取代的。因此，文秘应具备辅助决策的意识，提高辅助决策的能力，做综合辅助领导的参谋和助手。

（二）文秘辅助决策的特点

1. 时效性

信息是决策的依据和基础。科学的决策过程就是一个对信息进行处理、分析并做出判断的过程。决策是否正确取决于所获信息的正确性和实用性。决策信息的收集和初步加工、归纳、整理、提炼正是文秘重要的工作内容。信息的时效性，决定了文秘辅助决策的时效性特点。因此，文秘辅助决策必须注重时效性，讲究高效率，尽可能快捷地提供正确的"加工信息"，以便及时地做出正确的决策。

辅助决策的时效性客观上要求文秘在从信息的获得到整理、归纳、分析形成决策信息素材的过程中尽可能缩短时间，文秘必须具备敏锐的感触信息能力和了解掌握信息的能力，把获取的有价值的信息快速提供给决策者；文秘推动决策快速地由一个阶段向另一个阶段转化和深化，使决策的每个阶段环环相扣，避免出现"中断"现象而贻误时机；文秘提供的信息要有较强的针对性和方向性，因此，文秘必须具有敏锐的目光、较强的洞察力，并能深刻体会决策的意图、明确决策方向。

2. 同层次性

所谓辅助的同层次性，是指文秘对决策的辅助是与决策者站在同一层次上的全局性辅助，区别在于一个是辅助工作，一个是决断工作。职能部门对决策的辅助，一般是从业务的角度提供有关资料和建议。上层单位一般只从本单位实际的角度，提出对决策的要求和意见。咨询、智囊机构的辅助，也不免存在这样或那样的局限性。

文秘和文秘部门则不然，由于其特殊的地位和职能，他们不能只考虑某一方面或某一具体单位的情况，而应当站在全局的高度，在高层次上为决策提供直接全面的辅助。这种同层次性的角色特点，要求文秘具有强烈的战略意识和全局观念，善于总揽全局，全面辅助。有人说，文秘是"小官想大事"，这就是对辅助的同层次性特点的生动反映。如果文秘认为自己"官职低""人微言轻"，而不去想领导工作的大事，不站在全局高度去提供高层次的辅助，就是一种失职的表现。这就要求文秘注意达到辅助的同层次性的前提，即不断从理论和实践上考虑各个事件的全过程。

3. 全过程性

决策是一个动态的过程，一般包括选定目标、设计方案、优选决断和实施活动等四个大的阶段。所谓文秘对决策辅助的全过程性，就是说文秘对决策的辅助，不只是参与决策的某一活动，而是参与从决策意图的萌发到决策的实施、总结的全过程。这是文秘辅助决策的又一个重要的角色特点。其他部门或机构，对决策的参谋辅助，往往只限于某一活动阶段，一般都不参与全过程的辅助。

全过程性对文秘施展才华和学习领导科学提供了优越的条件，也提出了更高的要求。文秘应当具有强烈的参与意识和全面负责的观念，以及瞻前顾后、连续作战的作风，要善于捕捉决策意向，善于从调查研究、信息分析中主动向领导提供决策方向，善于辅助领导选定正确的决策目标，并参与组织设计、评估、优选方案，以及辅助组织决策的实施、调整、控制与总结等。文秘应当掌握辅助决策的全过程的特点，提高系统思维能力，有条不紊地做好决策各个阶段的辅助工作，使决策的全过程都在规划之中。

4. 综合协调性

科学决策都是集团决策，对重大问题的决策往往不是只依靠一个智囊班子，而是依靠各方面的决策辅助力量，进行综合决策。在众多决策辅助机构和部门中，文秘和文秘部门担当着综合协调的辅助角色。在决策中，综合协调这个角色是十分重要的。这个角色"表演"得好坏，对决策的效率和质量都有很大影响。综合协调搞得好就能集思广益，把正确意见集中起来，分清真伪、精粗；就能在交流信息中，引起思维共振、观点碰撞、启迪心智、激发灵感，使认识越来越准确，思想越来越深化，以保证决策的正确、完善。文秘在辅助决策中，要有开放意识和协调观念，充分发挥在决策中的综合协调作用：一是发挥联系作用，加强同有关智囊、咨询、研究机关和有关业务部门的联系，了解其特点和长处，建立起开放式的辅助决策网络，根据领导意图，及时向他们提要求，收集意见；二是发挥综合评估作用，对各方面的意见加以分析综合，对各种方案加以比较评估，以供领导参考，或反馈给有关部门，引起争论，引导深化；三是发挥组织协调作用，组织有关方面参加评审、论证，组织各种意见的背靠背或面对面辩论，以增强领导对各种情况的认识，从而选定正确方案；四是发挥控制校正作用，协调下层单位正确实施决策，调整各种矛盾，推广先进经验，校正发展方向，使决策实施过程始终指向决策目标。

二、辅助决策的原则

（一）定位原则

文秘在辅助决策过程中要把握好尺度，即牢记自己是"辅助"而不是领导，是帮助"谋划"而不是决断。文秘只是在本职位内，辅助领导科学、快速地形成决策，顺利、有效地施行决策。在此进程中拾遗补阙，发挥职能综合、获取全局情况的职能优势，向领导提供情况、提出见解、参谋建议。

（二）超前原则

在科学预测的基础上做好超前决策，以防问题的发生，或者尽可能地在问题初露端倪时便及时予以解决。文秘人员要做好以下三方面的工作：认真做好信息的预测工作；积极向领导系统提供超前性、防范性决策的课题及方案；做好领导决策活动的各项事务性准备工作，以保证决策活动的顺利进行。

（三）信息原则

信息是决策的基础和依据，科学决策的过程就是信息环流的过程。文秘人员要实现辅助决策的职能，就应当做好信息工作，为决策提供及时、准确和适用的信息，起到领导系统的"耳目"和"喉舌"作用。文秘人员要善于发现领导决策中的偏差或失误，实事求是地向领导提供情况，提出调节或修正原来决策的意见、建议，供领导参考。

三、辅助决策的类型

文秘的辅助决策主要分为两类：程序辅助和随机辅助。

（1）程序辅助是指文秘根据决策需要，按照正常的程序对领导进行辅助。一般情况下，程序辅助分为以下几个步骤：一是明确领导的决策意图，了解领导的辅助需要；二是收集整理相关信息，组织提供辅助内容；三是听取领导的评价和建议，修改完善决策内容。程序辅助多用于重大政务的决策辅助。文秘在辅助决策时要胸怀大局，对决策问题进行缜密思考，文秘只有全面了解情况，才能统一规划，尽心思考，最大限度地为领导出谋划策。

（2）随机辅助是指视情势变化随机进行辅助。决策的实施是在环境不断变化的条件下进行的，领导需要根据目标系统和实际需要进行决策上的动态调整。文秘作为领导的"左右手"，应充分发挥职位优势、独特的视角优势、明显的层次优势和突出的沟通优势等，及时有效地给领导提供随机帮助，主动灵活地帮助领导分析解决问题。

四、辅助决策的意义

文秘的首要职责就是为领导科学决策提供多方位的服务。领导的基本责任就是决策，领导决策前的大量工作都是由文秘来做的，所以说，文秘在辅助决策过程中起着十分重要的作用。

文秘要参"谋"，而不要参"断"，参谋的目的在于为领导决策服务。文秘的参谋工作，同其他部门一样，都对领导具有从属性，都是为领导服务，只不过它更直接从属于领导的决策行为，是在决策行为全过程中提供参谋性质的服务。

为领导决策服务的参谋工作要努力适应建立健全决策的程序，一般而言有以下步骤：一是确定决策目标；二是拟订备选决策方案，进行论证评估；三是确定决策；四是决策实施过程中的控制与反馈。具体地说，文秘部门参谋工作有以下程序。

当领导选择决策目标时，文秘部门要依据领导解决问题的意向，通过信息和调研，广泛深入地了解有关真实情况，分析和发现工作中的问题，为领导确定决策目标提供参考。当领导酝酿决策方案时，文秘部门要围绕领导制定的决策目标，收集和处理有关信息，充分调查研究，广泛听取各方面意见，准确及时地向领导反映，对各种备选决策方案反复比较、鉴别并提出自己的建设性意见，供领导决策时参考。当领导审定决策方案时，文秘部门要为领导集体的决策会议做好会前准备和会中服务工作，同时还要做好有关文件的起草、校核等工作，准确地将领导做出的决策表述出来并及时下达。领导的决策下达后，文秘部门要通过信息收集、调研、督促检查等手段，及时了解和反馈决策的贯彻落实情况，总结经验，找出典型，促进决策的最后落实。

综上所述，现代文秘在科学决策过程中的辅助作用是十分重要而且广泛的。在文秘职业逐步社会化的今天，要做一名称职的文秘，应当从以上所分析的几个方面，不断加强自身的综合素质修养，提高文秘工作服务水平，改变社会上对文秘工作的误解，改变文秘职能的传统观念，使自己不仅能在科学化决策的过程中发挥更大的作用，也使文秘工作进入一个崭新的发展阶段。

第二节　辅助决策路径

一、参谋活动与辅助决策

文秘参谋的质量直接影响决策效果。一方面，领导决策的科学性要求提高了、决策难度增大了，如果文秘参谋质量不提高，就不能满足领导决策的需要；另一方面，科学化决策需要科学的决策体制，包括科学的参谋体制。文秘部门在辅助决策中具有特殊的地位和作用，它的参谋功能能否得到充分发挥，直接影响决策效果的好坏。

文秘参谋活动方法必须"直""曲"相济。"直"与"曲"是文秘参谋活动的两种主要方法。所谓"直"，指的是参谋活动中所运用的直接方法；所谓"曲"，指的是参谋活动中所运用的间接方法。上述参谋方法的采用，应与领导的决策特征相适应，对不同的领导采取不同的参谋方法。对同一领导，因参谋内容不同而采用的参谋方法也应有区别。一般情况下，凡属参谋方向与领导决策意图相一致的赞同式参谋建议，都可采用直接参谋方法；凡属参谋方向与领导决策意图相悖的劝谏式参谋建议，宜采用间接参谋方法。在实践中，文秘为了达到某一参谋目的，往往通过采取"直""曲"兼施、互补互辅的方法来提高参谋活动的艺术性和实效性。总之，"直""曲"参谋方法的灵活运用，应以提高参谋效率为目标，以适应参谋对象为原则。

文秘参谋活动方法必须"谋""咨"相承。"谋"与"咨"是文秘参谋活动中采用的两种方式。所谓"谋"，指的是计谋运筹；所谓"咨"，指的是咨询活动。"谋""咨"相承，反映了文秘参谋活动方式上的基本特点。计谋运筹与咨询活动之间的依附性很强。通常情况下，计谋运筹是借助咨询活动中获得的参考性、指导性信息来进行的；咨询活动的开展又是以计谋运筹过程中所取得的实际成果为依托的。咨询工作质量的优劣，最终还取决于谋略活动的科学程度和运筹水平的发挥。在文秘参谋活动中，"咨"和"谋"相辅相成，共同发挥着参谋功能。但它们毕竟是两种不同的参谋方式，具体运用时也须因时、因地、因人、因事而加以选择。

文秘参谋作用的发挥，必须不断优化参谋环境。参谋作用，既包括参谋者参谋能量的大小，也包括对参谋对象的影响力的大小。这都由参谋者的智能素质、思维方法、知识水平、工作态度及个人品质所决定。文秘作用的发挥，与参谋环境的优劣有直接关系。在参谋活动中，文秘与领导是一种互动关系。不过，通常先由领导向文秘发出参谋需求信息，再由文秘向领导传递参谋建议信息，从而形成双向信息沟通模式。参谋环境对文秘与领导的相互沟通和交流有着重要影响。当参谋环境不优越时，将影响文秘参谋作用的发挥。因此，文秘要有效地发挥参谋作用，首先必须优化参谋环境。

文秘参谋作用的发挥，与领导对文秘的信赖程度成正比关系。领导对文秘的信赖程度越高，对文秘的激励作用越大，文秘参谋的积极性越高，参谋作用发挥得越好，领导对文秘参谋建议的采纳率越高。反之，如果文秘得不到领导的信任，那么，在领导心目中，"能参善谋"也会变成"多嘴多舌"，无论文秘有多大参谋作用，都不可能得到有效的发挥。因此，获取领导的信任，是文秘发挥参谋作用的前提条件。

文秘参谋作用的发挥，与文秘同领导的配合状况也有很大关系。文秘与领导之间的关系融洽，工作中配合默契，思想上相互沟通，文秘的参谋作用就能得到充分发挥；相反，文秘与领导关系紧张，相互缺乏信任感，甚至文秘有某种不安全感，在这样的环境压力下，文秘很难向领导提出有价值的参谋建议。因此，处理好文秘与领导之间的关系，对文秘发挥参谋作用十分重要。

二、辅助决策的体现方式

（一）在领导发言稿中体现

起草领导的发言稿是文秘的一项重要任务。多数领导的日程安排非常紧凑，因此根本没有办法静下心来思考和动笔，这就需要文秘发挥自身的文字能力了。因此，文秘有更多地为领导提供辅助决策的机会，可以更多地参与领导活动，文秘工作的重要性也就凸显出来。

结合实际，领导讲话的内容多种多样，但大体上可归纳为三个方面：一是通过目前的形势来讲清道理；二是表明自己的态度取向；三是提出要求。这些都需要文秘事先设计发言框架，选择论点和确定态度。为了实现上述任务，文秘要依据宏观形势和既定方针政策，遵照相关法律法规，结合组织的根本利益、长远发展目标、具体情况和任务进行系统的思考，并对讲话的时机、场合、对象做出通盘考虑，尤其要对使用发言稿的领导的职务、性格特征、文化水平、教育背景、一贯的讲话风格和语气特点等做出认真的分析，使上述诸要素形成和谐、统一的有机体，从而使讲话得体、圆满、精彩，使发言稿既能体现领导独特的讲话风格，又能取得最佳效果。当然，这项参谋活动也是以忠实领导的意志为前提的，领导一般会对文秘起草发言稿提出纲要。但文秘起草发言稿仍可看作文秘在代替领导的思维而立言，因此是一项直接的参谋工作。

（二）在计划方案中渗透

拟制计划方案是文秘的一项重要任务。要拟制计划和方案，就必须对计划的对象进行筹划。筹划得如何，关系到计划和方案科学与否、全面与否，进而关系到领导的决策能否顺利实施、能否最终收到预期成效。一般而言，在实际工作中，领导向文秘交代如何拟制计划和方案等任务时，大多侧重宏观指导和原则层面，对微观操作和具体事项则很少做出具体要求，最多提出几个重点，剩下的工作全靠文秘独立构思，文秘在完成阶段性工作后，领导一般只是在审阅草稿时指出哪些地方需要修改，但不一定会明确指出应该如何修改，因此，这就需要文秘把这些宏观指导和原则要求具体化、明细化，同时，对其中的疏漏应该做出必要的改进和补充，使其尽量科学化、合理化，使领导的要求最终能够明确地付诸实施。文秘在拟制计划、方案时，既要统一筹划，又要精心安排，使各个组织在共同完成任务的过程中有机地结合起来，最大限度地发挥整体效应。这就意味着，文秘拟制计划、方案的过程其实就是出谋划策的过程，只不过这些出谋划策暗含在完成任务的过程之中罢了。

（三）在请示或汇报中展示

向领导请示、汇报工作及相关事项是文秘最常见的工作方式，这是由文秘地位的从属性、被动性决定的，更重要的是，这也是由文秘工作的授权性决定的。从常规意义上理解，请示和汇报似乎和参与决策无明显的关联。但是，作为一名称职的文秘，请示绝不能仅限于询问式，而应该掺加一些建议式的方式。换句话说，文秘在请示某一事项时，要先对该事项进行创造性的思考，预先设计出几种解决问题的方案，请示时提交给领导，作为决策参考甚至依据。称职的文秘绝不能问领导某事该如何处理，而应该问某事这样或那样处理可不可以或哪种处理办法更好些。

文秘向领导汇报工作有三种情形，分别是事前汇报、事中汇报、事后汇报。事前汇报，汇报内容主要是自己对工作的预设方案；事中汇报，汇报内容主要是针对在工作执行过程中遇到的新问题、原计划中的疏漏等，这同样需要提出自己的意见和建议，表明自己的看法；事后汇报，汇报内容主要是对任务完成情况的总结，这不仅需要总结自己的认识和体会，还要提炼出工作中得到的经验和教训，目的是为领导在决策中提供参考。无论是请示还是汇报，文秘其实都是潜移默化地履行了辅助决策的职能。

（四）在暗示性提醒中表达

一般来说，领导都是很自信的，这就使文秘的暗示性提醒显得异常重要。由于文秘工作本身的性质，如果采用直接的方式指出领导的差错，恐怕不易被接受，甚至容易有"越位"之嫌，这就需要文秘在"进谏"时采用暗示性提醒的方式，或言古及今，或言彼及此，设法引起领导的注意，让领导思考、反省，然后自行改正。当然，这种提醒要选准时机、把握好分寸，尤其要注意场合并注意措辞和语气。

文秘应该树立起这样的观念：对领导的暗示性提醒是文秘工作的分内之事，是参谋职能的具体体现。相对于前述三种参谋方式，暗示性提醒的方式更具主动性，辅助决策的意愿和动机更为明显，相应地，实现的难度也就更大，不同性格的领导哪怕面对相同的暗示性提醒，也会产生不同的反应。因此，暗示性提醒的具体做法，还需要从实际出发。

（五）在工作日程安排中融入

领导的工作日程通常需要由文秘统筹协调后具体安排。文秘在安排工作日程时，重点并不在于设计出活动的项目及其内容，而侧重对既定的活动进行合理的安排。文秘的创造性活动主要表现在如何保证各项活动有序、高效地进行，保证各种资源的合理分配和利用。这种安排的成果，被领导认可、采用的概率要比拟制计划、方案和起草发言稿大得多，除确有明显不妥外，领导一般会遵循这种安排。这种安排的合理性，不但关系到日常活动的开展，而且关系到单位尤其是领导机关的日常运行秩序。这种安排类似于指挥调度，其辅助决策的属性十分明显。

（六）在调研报告中建议

提交调研报告是最直接的辅助决策方式，也是力度最大的参谋方式。无论是经验总结性调研报告、揭露问题性调研报告还是反映一般情况的调研报告，都是领导决策的重要参考。在调研报告中，一般会涉及归纳情况、总结经验、分析解决问题、提出建议，这些都暗含调研者的主观认识，由于调研报告往往针对特定的、重要的、现实的问题，容易引起领导的重视，它的参谋性是非常明显的。

由于文秘的主要任务是协助领导处理日常事务，无法集中较多的时间进行专项调研，文秘通过这种方式实现辅助决策职能的机会并不多。如果文秘未经授权，自主开展调查并主动提交调查报告，也略显唐突。比较合理的途径是，文秘认为某一事项确实有调研的必要，应该首先请示领导，经领导认可并授权后，文秘就可以充分发挥出自己的创造性，顺利完成这一任务。

三、辅助决策的方法

（一）随机提醒法

随机提醒法，就是随时随地抓住机会向领导提出创新建议。文秘常在领导身边，遇到问题，有成熟的想法，都可以讲出来。随机提醒法的关键是"随机"二字。无论在什么时候、什么问题上，发现什么问题，或者领导突然问起某个问题，文秘都可以根据自己的思考，提出一些新的见解。这就要求文秘：一要注意收集有关信息。随机提醒并不是文秘仅靠自己聪明的头脑灵机一动，就能拿出锦囊妙计，而主要靠的是知识与信息的储备。二要巧妙掌握时机。在运用随机提醒法时，要想使自己的创新设想和创新建议被领导采纳，就要特别注意选择时机。文秘应经常密切关注领导关注的热点，发现不好的苗头，就能立即提醒领导注意，并协助领导分析潜在的危险。在引起领导重视之后，能立即拿出可靠的改进方案。三要胸中有全局。有些文秘只负责或参与某一方面的工作，所以仅能从某一个具体工作环节发现问题，提出建议。这些建议尽管是可行的，但从全局来衡量，就显得分量太轻，或过于片面，对需要统筹全局的领导来说，可能是"杯水车薪"。所以，文秘只有了解全面的情况，才能在随机提醒中产生出积极的效果。

（二）预测导向法

所谓预测导向法，就是全方位搜集信息，预测多种结果，提出有远见、有价值的建议，引导领导做出正确的决策判断。文秘的预测性建议，从某种意义上讲，在决策过程中起着一种战略导向作用，如果文秘的预测导向失误，以此为依据进行决策，后果将不堪设想。预测建议的水平越高，决策的科学化水平也越高，也就越能使事业兴旺发达。文秘在预测活动中，要特别慎重。在预测之前，只有全方位收集信息，才可能对未来可能发生的变化做出客观描绘和判断，并针对实际情况和未来发展提出相应对策，争取把失误减少到最低限度。

（三）咨询建议法

咨询建议法，就是对领导即将付诸实施的决策，通过调查研究，以充足的事实，提出可行性或补充性意见。在咨询过程中，文秘要特别注意几点：一是防止按图索骥。认为领导的方案是经过深思熟虑的，最好不要动摇和否定它。文秘不应该受这些因素的影响，应实事求是地对方案进行正确的评估。二是注意客观全面。在收集资料信息时，要到现场考察，及时发现问题，综合分析研究相关的变化，设计各种方案和模型，进行各种计算和比较，从中选择最佳方案。三是写出咨询报告。文秘在进行了一段调查研究之后，先提出初步的报告，与领导交换意见，取得领导的支持，并在听取了各方面的意见之后，再写出正式的咨询报告，请领导考虑采纳。

（四）提供资料法

提供资料法，是将有关历史的、现实的、国内的、国外的，以及同行业的资料，提供给领导阅读，使领导从中得到启示。提供资料法的主要内容包括主动提供和被动提供，即领导索要某个资料，文秘马上能够提供；领导没有主动索要，文秘已经明白领导意图，能顺势提供。有意提供和无意提供，即文秘给领导提供某种资料，是专门为领导的某个决策服务的；文秘为领导提供某些资料，是仅供领导参阅的，为以后的某个决策备用的。

（五）比较选优法

比较选优法，是指在决策时提出多种方案，供领导从中选出最佳的方案。决策中的最佳方案并不是显而易见、一眼看穿的，它往往掩盖在纷繁复杂的现象之中，这就需要通过比较加以鉴别。比较的方法很多，有纵向比较法、横向比较法、纵横交错比较法等。在应用比较选优法时，文秘要注意以下几点：一是思路要清晰。要将最管用的、最有效的方案交给领导选择，即现代管理学上提倡的"议决分离"。二是分析要透彻。文秘应尽可能地对所有参与比较的事物进行透彻的分析，不仅要分析参与比较的各相关事物的整体情况，还要分析事物各方面的内部结构；不仅要分析各个环节的有利因素和不利条件，还要从整体上分析它们的利弊得失，从而在比较中得出较为可靠的结论。三是比较要全面。在进行比较中，要把参与比较的诸事物，从起因、经过到结局进行全面和客观的比较。在比较时，文秘要特别注意防止加入个人感情因素。

（六）补充完善法

补充完善法，是指对认为有局部缺陷的已经确定的方案，或者因多种因素的变化产生了某些缺陷的正在执行中的方案，进行修订和调整。任何领导制订的方案，都不可能是至善至美的。这就涉及修订、补充和完善的问题。补充完善法可适用于初期方案、正在执行的方案和已经使用过的原有方案等。文秘在使用补充完善法时要特别注意：一是慎出异言。当领导将自己的想法和确定的方案向身边的人员征求意见时，领导一般是很有把握的，文秘首先要确认该方案的合理性和可行性。在总体肯定这个方案的基础上，指出不足和需要补充的部分。不能略加思索或者不假思索就大论特论，使领导决心动摇，思路混乱。文秘要正确地分析和理解原方案，才能起到补充和完善的作用。二是抓住重点。领导的有些决心和已定方案在文秘看来，可能问题很多，但不必从头议起，而应经过缜密的分析，抓住问题的核心，把存在的主要问题准确迅速地指出来，为领导决策提供参考。

四、辅助决策中的注意事项

（一）摆正"辅助"的位置

决策是领导部门的主要职能之一，决策方案的选择、判断等关键性步骤，必须由决策者完成，最后的决策也还是需要领导做出。文秘只是领导决策的参谋、助手，必须摆正自己的"辅助"位置，才能保证文秘辅助作用的正常发挥。

（二）遵循科学决策的程序

科学的决策要求领导的主观随意性随时受到规范化决策程序的约束和限制，文秘在辅助决策的过程中，不仅自身要遵循科学决策的程序要求，还要随时提醒领导注意科学决策的程序，做好"谏诤"工作。

（三）不滥用决策的概念

文秘在实际工作中要学会划分决策与非决策问题的界限，具体工作按照分工的范围，由职能部门解决，不要把所有的问题都划入决策程序系统。

（四）注意做好机要保密工作

文秘在参与决策的过程中，往往会接触到许多机要保密事项，因此必须树立高度的责任感和使命感，注意机要保密，不随意谈论、泄露决策中的涉密内容，维护国家和集体的利益安全，并同一切不遵守保密纪律的人和行为做斗争。

第三节　辅助决策实施

文秘在决策实施中起着至关重要的作用，扮演着辅助决策的重要角色。本节将介绍文秘如何参与和辅助决策的实施。

一、辅助决策实施前期

找准定位——辅助性。这是一切工作开始的前提，必须明白文秘的定位，是一个辅助性的部门，而不是决策的决定者，文秘需要做的，就是辅助。具体而言，就是文秘为领导呈现制定决策所需要的相关资料，帮助分析领导面临的一些情况，决策执行的可能后果，协助领导周全地考虑事情可能的路线，罗列各种因素，考虑事情的突发情况的应急预案，积极地提出自己的意见和建议。

与此同时，注重平时积累。文秘工作充满着被动性，没有主动发起的活动，大都是接受领导的指示、执行任务、处理突发情况，所以必须注重平时的积累，能准确了解领导所要处理的相关领域的基本概况、所需资料、最新动态。

二、辅助决策实施中期

文秘工作明确强调要迅速，衍生出来就是要求高执行力，既然无法未雨绸缪，就应该反应迅速，接到任务命令，马上着手调查，翻阅资料，收集信息，以最快速度完成前期准备，并向领导汇报，让领导掌握最新动态。对于可能出现以及可以预见的问题，要及早与领导进行沟通和反馈，切不可任务截至完成之时再说，否则会耽误事情甚至产生不良后果。

在收集信息过程中，无疑会收到各方面的意见，他们代表的是不同的需求，其中甚至某些意见和信息截然相反，这就要求文秘务必客观公正、不带私人利益和感情色彩，处理信息，向上汇报，并积极提醒领导综合考虑各方面利益需求。

文秘还会收集到来自不同学科领域专家的意见和建议，基于学科背景及专业出身不同，这些信息对于同一件事考虑的角度、方法、价值观、结论可能是不尽相同甚至有所冲突的，这也要求文秘在进行资料收集时，应注意综合各方面的信息，给领导递呈完整客观的信息。

经过详细及深入现实的调查，文秘掌握了一定的信息及资料，领导是要在短期内接收资料，文秘必须简单、准确、客观、有条理地为领导呈现及罗列各种复杂的情况，让领导有清晰的认识和清醒的思考。与此同时，文秘还要事先为领导想到一些可能出现的突发情况和应急预案，使领导的决策更加完善、详尽和周全。

文秘要认真做好笔记，记录各方面的意见方法，面对制定决策过程中的讨论内容，甚至是争执内容，要充分详尽地记录。除了最终领导采纳的意见，对于那些领导没有采纳的意见和方法，以及领导对这些意见方法的判断、态度、意见，也要详尽记录，以便向下传达，作为日后方法的备案。

三、辅助决策实施后期

文秘除了起到耳目作用外，还起着重要的门面作用。文秘必须为领导协调好人员可能出现的状况，耐心地为各方面人员解释清楚，做好人员沟通与协调工作，传达好领导的意见，避免人员冲突及对政策的不理解、不支持。同时，对于下级的情绪及对待决策的意见和建议，文秘也要及时做好反馈工作，做到上情下达，下情上达。

决策只有实施，并且长时间到位地实施才有效果。作为文秘，应帮助领导做好监督工作，对于突发情况及执行不到位，或者决策执行遇到的新问题新情况，都要做好及时汇报，让领导掌握最新动向，以便采取有效而及时的措施进行补救及改进。

本章小结

管理文秘是一个富有挑战性的职位，是关于管理文秘工作规律及其应用的科学，是为领导机关、社会团体或个人提供辅助管理、综合服务的人员。上传下达，不仅要将情况向上级传递，也要辅助上级做好决策。决策事关重大，这就非常讲究技巧和尺度了。因此，文秘应具备辅助决策的意识，提高辅助决策的能力，做好综合辅助领导的参谋和助手。

在改革开放和社会主义现代化建设的大潮中，领导决策的责任必然越来越重。作为辅助领导决策的文秘，要紧紧围绕经济建设这个中心，在政治大方向上做好领导的辅助工作。衡量和考核一个文秘部门的辅助工作，首先就看为这个中心服务得怎么样，工作是否有助于领导的决策，是否有利于社会发展的潮流。

☞**思考与练习**

1. 简述文秘辅助决策类型。
2. 文秘该如何进行辅助决策？

☞**本章推荐阅读书目**

陈大裕，2013. 浅谈当代秘书的辅助决策意识[J]. 经营管理者，（24）：121-122.

吴雨平，李正春，2013. 秘书学与秘书实务教程[M]. 2 版. 广州：暨南大学出版社.

中国核工业集团有限公司党组办公室，2021. 当好参谋助手服务科学决策[J]. 秘书工作，（1）：37-38.

☞**阅读材料**

"帝王人镜"魏徵直言敢谏故事

在中国历史长河中，盛世唐朝的"贞观之治"取得了举世瞩目的成功。这个朝代的辉煌并非唐太宗李世民一人之功，忠心辅国的谏官魏徵功不可没。

魏徵是世人口中的"千秋金鉴"。他足智多谋，敢言直谏，被李世民尊为雕琢"美玉"的良工、矫正己过的"人镜"，是李世民最信任的谋士之一。李世民常对身边的大臣说："夫以铜为镜，可以正衣冠；以古为镜，可以见兴替；以人为镜，可以知得失。"魏徵去世后，李世民深切地感慨自己失去了一面绝好的镜子。

堪为"帝王人镜"的魏徵，其谏言有如下特点：一是数量丰富，形式多样，质量上佳。二是观点鲜明，文辞犀利，富有哲理性。在其所有谏言中，《谏太宗十思疏》和《十渐不克终疏》最为著名。三是蕴含许多言之有物的箴言警句，如"兼听则明，偏信则暗""居安思危，戒奢以俭""载舟覆舟，所宜深慎"等。这些警句不仅表达了对治理的建议，更成为后人广泛传颂的经典名言，深入人心。四是魏徵不仅敢于直言，更善于运用谏技。在辅佐唐太宗的岁月中，魏徵不是轻率地挑战和冒犯皇帝，而是通过高效的进谏方式，将其中道理讲透说明，使得唐太宗能够理解并采纳他的建议。

千古谏臣魏徵的谏言如一面明镜，矫正了君主的过失，为盛世唐朝的"贞观之治"做出了杰出的贡献。魏徵虽已离世，但他的思想和谏言对后世形成了深刻的影响，成为后人学习的楷模。

（笔者根据相关资料整理）

第四章 信 息 管 理

本章导言

　　本章将对信息的概念，信息的收集、传递、整理，以及信息的保存、保密等内容进行简要阐述。本章讲述基础理论知识，在实践中有一定的指导意义。作为文秘，需要熟练掌握本章介绍的相关内容和方法，并在实践中进行运用，这样才能在信息管理事务中做到得心应手。

第一节 信息与信息工作

一、信息的定义和特点

　　（一）信息的定义

　　信息就是包含新知识、新内容的消息。信息是物质存在的一种方式、形态和运动状态，也是事物的一种普遍属性，一般指数据、消息中所包含的意义，可以使消息中所描述的事件的不确定性减少。

　　办公室可谓信息的集散地，对信息的收集整理是文秘的必修课。

　　（二）信息的特点

　　（1）客观性。信息产生于事物的运动变化和发展中，客观存在是信息产生的前提。因此，客观性是信息的基本特性，是信息的价值基础和灵魂。

　　（2）传递性。信息可以通过一定的媒介或载体进行传递。信息的获取必须依赖信息的传递，信息在传递过程中可以根据需要改变其载体和形式，如将文字转换成代码、图形等。

　　（3）时效性。如果没有及时传达地震灾情，则会加剧人员财产损失；如果没有及时反馈病情，可能会延误最佳治疗时机。客观世界是不断变化发展的，信息如果不能及时地反映事物的存在方式和状态，便可能会导致信息失去效用和价值。

　　（4）共享性。信息的共享性是指同一内容的信息可以在同一时间被两个以上的用户使用，并且信息的提供者并不因为将信息提供给别人共用而失去原有的信息内容和信息量。信息可以借助网络、广播、电视、报纸、杂志等载体进行传递和扩散，人们可以从不同方面反复共享信息并实现其价值。

　　（5）可塑性。信息可以被用来归纳整理、提炼并进行不同形式的转换，从而成为人们所需要的形式，以便人们利用。

　　（6）无限性。客观世界分分秒秒都处在运动变幻之中，信息的产生和发展是永不停歇的。

二、文秘的信息工作

（一）信息工作的重要性

文秘部门作为各级领导机构的综合办事机构，在为领导充当参谋助手的过程中，始终离不开提供信息服务。在当前社会主义市场经济体制下，信息工作能够为各级领导机关和各级领导进行科学决策提供可靠的依据，因此在文秘工作中的地位越来越重要。信息工作的重要性，主要表现在以下三个方面。

（1）加强信息工作，是科学决策的需要。决策是领导工作中最重要、最关键的环节（进行科学预测，确定决策目标，拟订决策方案，确定决策方略），整个过程实际上就是一个收集信息和处理信息的过程。文秘部门不是决策机关，不参与决策，但必须为领导决策服务，为领导决策提供及时、准确、有参考价值的信息。在信息时代，信息爆炸，传播速度也越来越快，信息对于领导工作的重要性、迫切性更加凸显出来，原来的报告制度是不能满足需要的。在新的历史条件下，新情况、新问题、新经验层出不穷，这就对领导的决策提出了更高的要求，这一要求促使文秘部门必须协助领导处理好决策与信息之间的关系，把决策的制定和实施同收集和处理信息结合起来。领导在做决策时掌握的信息越广泛、越精确，决策的基础就会越牢固，也就越具有科学性。

（2）落实信息工作，是文件拟写的前提。文秘撰拟公文，不能凭空臆造，而是要在掌握各种信息的基础上，根据领导意图，经过分析、综合，形成更系统、更准确的新的书面信息。可以说，文秘撰拟公文，就是运用信息为机关服务。

（3）推进信息工作，是科学管理的要求。对于党政机关来说，管理就是通过领导有组织、有计划地控制和调节工作，合理地安排各项政治活动和行政活动；正确处理干部、职工在工作中形成的相互关系，减少内耗，提高工作效率。也就是说，党政机关要实行科学的民主管理，必须以信息为基础。

（二）信息工作的特点

（1）综合性。领导决策，拟订计划，制定措施，大多需要带有全局性或综合性的信息。领导层次越高，对信息综合性的广度与深度的要求也越高。综合性信息不是多种信息的堆砌拼凑，而是将多种有用的信息融合成一个有机整体。提供综合性的信息服务一般由文秘部门或文秘部门组织有关部门共同完成。

（2）时效性。文秘信息工作要特别注意时效性。时效性有及时性和适时性两种形式。及时性强调信息要保持新鲜度，适时性讲究提供信息要选择最佳时机。

（3）经常性。文秘信息工作经常性的特点主要体现在起草文件和撰写各种文字材料，包括现在已广泛使用的网上电子邮件。

（4）针对性。文秘信息工作的针对性主要包括结合业务，即注意信息工作的专业性；围绕中心，即围绕政策的贯彻落实与中心工作进行；针对问题，即按领导的指示和意图进行专题调查。

（三）文秘信息工作的原则

（1）追踪原则。决策方案在实施过程中会不断出现新变化，文秘应及时追踪反馈不断变化的信息从而使决策机构和决策者准确掌握情况，及时调整、修订、完善决策方案。

（2）超前原则。任何信息总是在事物及其状态变化之后才产生、传递，再新的信息也有滞后性；此外，领导必须有所预见，走在事物运动的前面。这就要求文秘争取主动，超前收集信息，向领导提供预测性信息。

（3）选优原则。从客观上讲，凡是信息都有其作用。但文秘必须针对工作需要，利用信息分类标准，对所接触的信息迅速准确地加以判别，分出哪些是有效信息，哪些是无效信息，哪些是干扰信息，从而对信息选优。

（四）文秘信息工作的基本要求

（1）准确。真实、准确是信息的生命，只有真实、准确的信息才能使领导决策建立在科学的基础上。文秘收集到的原始信息要可靠、真实，处理信息要坚持主观倾向性与客观真实性相统一，如实地进行反映和描述。

（2）及时。信息的收集、处理、传递、反馈要及时迅速，讲究时效。社会主义市场经济对文秘信息工作的时效性提出了更高要求，不仅信息传递要快，而且收集、加工、检索、输出都要高效率。

（3）全面。信息的收集和处理要注意广泛性，真实地反映事物各方面的情况。只有全面地反映情况，才能使各级领导根据各方面的信息，权衡利弊，做出正确的判断和决策。

（4）适用。服务于中心工作，弄清本地区、本单位、本部门的工作进展情况和亟须解决的问题，要及时摸清领导的思想方向，突出重点，帮助领导集中主要精力考虑重点问题，兼顾一般问题，以免发生不应有的疏漏；要根据不同领导机关和不同领导的不同要求提供信息。一条信息对于不同层次、不同部门的领导，其参考价值并不相同。需要注意的是，只要是新发生的带有重要动向性、倾向性、苗头性、政策性、突发性的问题，都有较强的适用性，应及时采报。

第二节 信息收集与传递及注意事项和要求

文秘通过各种渠道将信息汇总的事务称为信息收集。社会事务是不断发展变化的，所以信息的收集也是动态的，贯穿于信息处理全过程，要依据需求随时补充收集和跟踪收集。

一般信息收集的操作流程如图4-1所示。

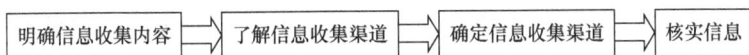

图4-1　信息收集的操作流程

（1）明确信息收集内容。该环节要求文秘制作的信息材料要有针对性和参考性。

（2）了解信息收集渠道。先了解信息收集渠道，明确领导意图，从而确定要收集信息的内容，只有这样，才能在选择收集信息的渠道和制作信息材料准备工作时有针对性。

（3）确定信息收集渠道。该环节是信息工作的基础。向领导了解情况，明确收集信息的内容后，文秘可根据收集信息的目的来确定信息的收集渠道。

从不同信息渠道收集到的信息具有不同的特征。例如，通过各种传媒方式获取到的信息量大，角度多元，方便快捷，但很可能因为信息不对称而落入失真信息和恶意信息的陷阱，这需要文秘有很强的辨别能力；调查渠道所需成本较高，时间也相对较长，所涉及的范围也较广。在众多渠道中找到最优方法极大考验了文秘的能力。

（4）核实信息。信息的特征决定了信息的收集结束后，要对收集到的信息材料进行归纳整理，比较鉴别，复查核实，以确保信息的准确性。信息的准确性是决定信息价值的重要因素，也是文秘在收集信息时要确保的首要任务。

一、信息收集

信息收集的方法概括起来有两种：系统检索和访问调研。

（一）系统检索

系统检索是利用手工检索工具和计算机检索系统，查找已经公开的信息，包括记录信息的文献，也就是现实的信息资源。

依据需求的性质和要求，有以下四种更有针对性的具体方法。

（1）带技术攻关性质的信息。这类信息的重点通常是科技报告、专利、会议文献和期刊论文。步骤是首先使用相关的专门检索刊物或数据库查找一批相关信息资源；再根据这批信息资源找出核心的分类号、主题词、作者姓名及主要的相关期刊或会议记录等，利用这些线索再使用检索刊物、数据库，或者专业期刊、会议记录，尽量完全地找出参考信息。

（2）带仿制性质的信息。这类信息的重点是同类产品的说明书、专利说明书和标准资料。步骤是首先通过各种手册、指南了解有关公司的名称和情况，进而利用检索刊物或数据库普查相关的专利和标准，掌握专利占有和标准公布情况，摸清主要公司厂商。然后通过各种途径向这些公司、厂商索取产品样本和说明书。

（3）带综述性质的信息。这类信息的重点是近期发表的各种期刊论文、会议文献、专著丛书、年鉴手册和科技报告等。收集方法则以检索刊物或数据库为主，以查阅有关期刊、图书、手册为辅。

（4）带成果水平鉴定性质的信息。这类信息的重点是专利文献，包括相关的科技成果公报类期刊、专业期刊和专业会议文献。收集步骤一般分为手工检索和计算机检索两部分。手工检索可用来摸清基本情况，计算机检索利用手工检索所得到的线索予以扩充和完善。这类信息需求对相关信息的查全率和查准率都有较高的要求，收集时要注意原文的获取和分析比较。

（二）访问调研

访问调研是有目标地进行专访、座谈、实地参观调研，或者参加有关会议，以进行沟通交流等方式来收集未公开的信息资源，从而弥补系统检索的缺漏。这是非常具有利用价值的潜在信息资源。

管理文秘部门及文秘收集信息是多渠道、多方面、多层次的，在搜集信息之后，信息的保存也非常重要，在实践中有以下四个操作方式。

（1）摘记。利用手册或卡片，将想保存的信息资料整理摘录下来。采用摘记的方法收集资料要注意摘抄准确、内容简要、妥善保存、便于查找。

（2）标记重点。文秘收集的信息内容是一般性的，领导有时只是浏览，文秘应该把重要内容用记号笔画上重点线，以引起领导注意。

（3）说明和注释。对于那些篇幅较长的文章，特别是国外杂志上与本公司有关的最新报道，一定要在文章旁边加几行提纲挈领的说明文字，遇到一些新名词和英文缩写，要加以必要的注释。

（4）记录。文秘在日常的工作中要注意领导或有关人士的代表性的发言、指示、建议或意见，将这些内容记录下来，加以分析整理，也可以提炼出有价值的信息。

二、信息传递

（一）信息传递的概念

信息传递是以信息提供者（信源）为起点，通过传播媒介（信道），传递给信息接收者（信宿）的过程。也就是说，把筛选和加工后的信息，通过各种传播途径提供给接收者和使用者。

（二）信息传递的制度

信息传递的制度是指为保证信息传递正常运行而制定的相关制度。信息稿件须经过主管领导审核。当确认信息稿件的内容、发送单位准确无误后，方可签发。限时传递，对拟传递的信息，应确定传出时间，以保证信息的时效性。此外，信息传递还要有安全保障。拟传递信息，应明确是否具有机密性，凡属机密信息，应由主管领导划出密级，选配正确传递方式，确定发送范围，然后才能传递。如果通过机要交换或邮寄，在装封、投递中应进行登记。

（三）信息传递的方法

（1）口头传递。口头传递，即通过口说把信息传递给接收者。这种方法的优点是直接、简便、迅速、经济、可解释、可询问，是文秘在单位内部传递信息时常用的一种方式；缺点是容易因语音不清出现失误，除录音外，不便储存只能一次性使用，发生差错也查而无据。

（2）书面传递。书面传递是把信息用文字、数据或图表表示出来，借助一定的载体进行传递。这种方法的优点是规范、清晰、易于储存、核查、可重复使用；缺点是环节多（如编写、打印、分发、技术操作、投送等），传递速度受到一定影响。

（3）影像传递。影像传递是利用摄影和录像技术传递信息，具有真实性、直观性和感染力强等优点；缺点是通过影像传递的信息不够具体。

（4）电子计算机系统传递。电子计算机能够自动高速地进行大量计算和逻辑分析判断，是一种信息资料传输功能比较齐全的综合性电子设备。利用电子计算机，人们可以将双方收集、存储在计算机内的信息资料直接进行交换和联网（包括脱机联网和在线联网），从而实现信息传递。电子计算机系统传递信息的优点是传递的知识量大，速度快，而且能够保存很长时间；缺点是设备成本高，维护费用高，对人员要求也比较高。

（5）机要交换。凡上报、下发或横向传递信息材料，都可以通过机要交换部门进行传递。这种方法的优点是传递范围广，适合传递篇幅较长的信息材料；缺点是速度较慢，不适合紧急情况相关信息的传递。

（6）专人传送。对于绝密的、紧急的信息材料，可以采取派专人传送的方式。专人传送既可运用于横向部间的信息传递，也可运用于纵向部门间的传递。专人传送优点是时间短，更安全高效；缺点是传送成本高。

三、注意事项和要求

不同的信息性质和内容有不同的信息传递要求。迅速、适用、准确、保密是各种信息传递的共同要求。迅速，不仅是传递效率上的要求，而且是关系信息时效性的根本性要求，信息必须及时迅速传递，否则就会使信息的价值降低甚至失去使用价值。适用，也就是传递的信息要对路，要针对不同信息服务对象的需求，提供相对应的信息。一般来说，信息的价值由其本身的价值和对使用者的应用价值所决定。信息本身的价值是固有的，而其应用价值则因人因时因事因地而异，对某一方面具有很重要应用价值的信息，传递给不相关的方面则不一定适用。准确，要求信息内容在传递中不变形扭曲，准确无误。保密，要求传递者根据信息内容的秘密程度，选择适当的传递方式并严格控制传递范围，建立健全必要的保密制度，采取必要的保密措施。

第三节　信息整理加工

信息的整理加工，是整个信息工作的核心。它是对收集到的原始信息在数量上加以浓缩，在质量上加以提高，在形式上加以优化，使之便于储存、利用和转递的过程，即去粗取精、去伪存真、由此及彼、由表及里的改造制作过程。整理加工的产物是信息资料。信息成为信息资料有五道程序，即筛选、分类、校核、加工、编制。

一、筛选

信息的筛选是信息处理的首要环节。筛选工作，对于提高信息的利用率起着至关重要的作用。信息筛选就是对收集到的大量信息进行甄别，经过初步分析和研究，淘汰内容贫乏的，选出内容新颖、有价值的。概括地说，就是力求选出的每条信息都符合"实、新、精、准"的要求。这就是筛选的基本任务。

（一）筛选的步骤

（1）看来源。不同来源的信息，重要性不尽相同。上级形成的信息带有全局性、综合性和权威性，而同级和下级形成的信息主要起参考作用。文秘要从多种信息来源中把握重点单位、部门和人员的信息。

（2）看标题。信息的标题一般可以反映信息的内容和价值，文秘要认真分析标题，把握信息的主题，根据信息的标题确定信息价值的大小。

（3）看正文。首先，进行初选，即先浏览正文，了解其主要内容，初步确定是全部选用还是部分选用，甚至不用。其次，对拟用信息再认真阅读，判断是否有价值。最后，对经过筛选的信息分别处理，即对选中的，分轻重缓急进行信息的加工处理；对暂时不用但可以备查的，进行暂存；对不用的，按有关规定进行暂存、移交或销毁。

（4）定取舍。对信息进行严格的选择，从中挑出能满足需求的信息，对工作具有借鉴作用、参考作用的信息，舍去无用的信息。需要注意以下几点：一是突出主题思想，凡是与反映主题无关的资料要剔除；二是注意典型性，从大量原始信息中发掘出能揭示事物本质的典型信息；三是富有新意，尽可能地抓住反映客观事物新变化的信息；四是要具有特点，从各种事物的实际出发，有所侧重地开发信息。

（二）筛选的方法

（1）比较法。对同类信息进行比较，将信息含量大、时差小，并具有深度的信息选择出来；把虚假的、过时的、雷同的、缺少实际内容的信息剔除掉。

（2）查重法。剔除内容重复的信息，留存有用的信息。

（3）时序法。按实际顺序对信息进行取舍，在信息内容相同的情况下，留存较新的信息，剔除旧的信息。

（4）评估法。对某些专业化程度较高、技术较为专深的信息，向有关专家学者咨询，请他们进行评估，以判断信息的可利用价值。

（5）调查法。对某些价值及其实用性一时难分辨清楚的信息，通过调查了解以判断其可利用价值。

二、分类

分类是根据信息所反映的内容性质和其他特征的异同，将其分门别类地组织起来的一种科学方法。分类的方法很多，常见的分类方法有以下五种。

（1）字母分类法。字母分类法通常是按作者姓名、单位名称、信息标题等的字母顺序分类组合。排列的规则是按第一个字母顺序排列先后次序，如第一个字母相同则按第二个字母顺序排列，依此类推。例如，工作简报可以用字母分类法写成 GZJB，市场调查报告则可以写成 SCDC，排在工作简报之后。

（2）地区分类法。地区分类法又称为地理分类法或地域分类法，是按信息产生所涉及的地区或行政区域等，将信息分为各个类别，按字母的先后顺序排列。例如，华东地区、华南地区、东北地区等。

（3）主题分类法。主题分类法是按信息内容进行分类的方法，主要根据信息内容的主题和标题分类。例如，电脑类、手机类。

（4）数字分类法。数字分类法是将信息以数字排列，每一通信或每一专题给定一个数字，用索引卡标出数字所代表的类别。例如，企业登记注册类型代码中，"100"表示"内资企业"，"110"表示"国有企业"，"120"表示"集体企业"，"130"表示"股份合作企业"。

（5）时间分类法。时间分类法是按信息形成日期先后顺序分类的方法，以年、月、日的自然顺序排列。

三、校核

校核是对经过初步甄别的信息进行进一步的校验核实。任何信息都内含自身的价值，其价值的大小在于是否真实反映了客观事物发展的状况，即是否具有真实性。由于信息的来源、信息的传播渠道中难免有客观的杂质和主观的因素干扰，因此文秘接触到的信息往往带有一定的模糊度、多余度、滞后度，有的含有虚假成分，有的可能完全是假象。信息中的不真实因素，一般表现为偏颇、夸张、拼凑、添枝加叶、捕风捉影等几种情况。经过筛选后的信息可能因表面有用而漏网，这就需要校核，好比是再过一遍细筛子，确保信息的真实、准确。

最常见校核的方法有以下六种。

（1）分析法，即对原始信息中所表述的事实和叙述方法进行逻辑分析，发现其中的破绽和疑点，从而辨别其真伪。例如，同一材料中前后矛盾，就可以判断其中必有一个有错，或者两个都有错。分析法的长处在于一般不需要借助其他手段，仅从原始信息就能发现某些错误。

（2）核对法，即依据权威性的信息对材料进行对照分析，发现和纠正原始信息中的某些差错。所谓权威性材料，即其本身的正确性是毋庸置疑的。例如，用《中国统计年鉴》来对照某一单位的年终统计材料；用国家颁布的现行标准化规定来对照某些产品的标准程度等。这就是核对法的具体运用。此方法的关键是要掌握直接的、最新的权威性材料。

（3）调查法，即对原始信息中所表达的事物的运动变化情况，通过现场调查来验证它的真实性和准确性。这种方法需要花费较多的人力和时间，一般只对重要的原始信息进行现场调查鉴别。

（4）溯源法，即对收集到的信息中涉及的有关问题进行溯本求源的审核查对，看是否存在错漏。

（5）比较法，即对那些由于主客观条件所限难以溯源的信息进行比较，判断说法、结论是否一致。

（6）数理统计法，即运用数理模式对原始信息资料的数据进行计算鉴定和定量分析。

四、加工

加工是更具创造性的整理阶段。加工后的信息应有利于领导把握全局情况，有利于领导发现规律性的变化或倾向性问题，有利于领导预测未来，适时做出科学决策。加工的范围非常广泛，涉及信息的内容和形式两个方面。在信息的加工过程中要注意以下四个问题。

（1）充实内容。对于零碎、肤浅、杂乱而又有价值的信息，要明确它的性质、范围、意义和发展趋势，充实、丰富它的内容。一般采用纵深法对此类信息进行加工。所谓纵深法，即按原始信息资料提供的某一主题层层逼近，或按某一活动的时间顺序，或按某一事件的历史进程逐步整理，以摸清问题的来龙去脉。这种方法既需要利用各种最新信息资料，也需要充分利用早已储存的信息资料进行对比分析，以揭示某一事物发展变化的特征。

（2）综合分析，即对一段时间内获得的信息，从整体上进行系统的归纳、分类，做出定性、定量的分析和判断。通过对同类或相关信息进行综合分析，可以发现带有规律性的变化和倾向性的问题，这对领导掌握全局情况、预测未来、指导工作，有着重要的参考价值。一般采用归纳法对信息进行此类加工。所谓归纳法，是将反映某一主题的原始信息材料集中在一起，加以系统地综合、归纳，以完整地、明晰地说明某一方面的工作状态。归纳法要求分类合理，线条清楚，综合准确，因而要求文秘有较强的逻辑思维能力和文字表达能力，防止信息在归纳中产生变异。

（3）提出意见，即对经过整理的一些重要信息资料提出相应的处理意见，供领导参考。这是信息整理中的重要一环，也是文秘信息工作与其他部门信息工作的显著区别之一。文秘在信息整理的过程中，要有的放矢地提出参考性建议、办法、观点、方案，才能发挥参谋助手的作用。

（4）修饰润色，即对信息材料的语言文字、篇章结构等方面进行认真推敲，反复修改，使之趋于完善。

五、编制

编制是对信息进行有序化的处理，是信息整理的最后步骤。编制的质量如何，直接影响到信息作用的发挥。信息的编制方法除了在"加工"中涉及，还有以下方法。

（1）转换法。对于原始信息资料中的数据，应把不易理解的数据转换成容易理解的数据。使用转换法要注意两点：一是找出合适的转换对象，且转换对象之间要有可比性；二是转换的结果要通俗易懂，不能越转换越深奥，使人不得要领。

（2）对比法。对比法，就是用比较的方法强烈地反映出事物变化的特征，有纵向对比和横向对比两种。纵向对比就是将某一事物自身变化的今昔进行对比；横向对比就是将某一事物的某一阶段发展状况与同类事物同阶段发展状况进行对比。

（3）图表法。如果原始信息资料中的数据有一定的规律性，就可以将数据制成图表，使人一目了然，既便于传达，也便于利用。

文秘通过各种渠道，采用各种方法收集的信息只能算是原始信息，只有对原始信息进行加工整理，才能加以利用。相较于信息收集工作而言，信息整理难度更大。文秘必须通读选择出各条信息，确定这些信息与组织和领导的需求相一致，再根据轻重缓急进行加工处理，最后得出有质量的信息内容。

第四节　信息的保存与保密

一、信息的保存

信息保存是指将已收集、加工处理完毕的信息以文字、图像等形式，并借助计算机手段和各种媒介记录存储下来，脱机保管的过程。保存下来的信息能够方便、迅速地查找，日后能起到历史资料的作用。

为了做好信息保存工作，文秘应该了解信息保存的方式、掌握信息保存的步骤，熟悉信息保存的要求和注意事项，只有这样，才能将处理后的信息以多种形式进行存储，并按照需要进行信息传递。

（一）信息保存系统

每个单位可根据信息量的大小、信息使用的频率和便利程度来决定信息保存的方式，即信息保存系统。每种方式各有优劣，各单位可根据需要自行选择。

1. 信息分散管理系统

信息分散管理系统是指所有信息都由单位内各个部门分别保管的信息管理系统。这种信息保存方式可根据实际情况采用合适的立档方式，具有灵活性，可提高文档质量和使用效率。但是由于各部门分开管理，不利于建立统一的分类体系，不利于信息的综合管理和利用。

2. 信息集中管理系统

信息集中管理系统是指将所有类型的信息集中在一起保存管理，形成完整、标准的信息系统，建立高效信息服务体系和案卷借调系统。信息集中管理系统具有整体性的特点，能有效利用存储空间，减少信息的重复，使用标准化的分类系统，实行有序的存储检索。但是集中管理使归档和查阅不太方便，不利于满足各部门的特殊需求。

3. 计算机辅助管理系统

计算机辅助管理系统是指在手工管理的基础上，用计算机对信息保存等工作进行辅助管理，用计算机进行数据处理。它的功能有信息扫描、信息录入、信息加工处理及存储、信息目录或全文检索、信息传递等，便于信息的查找和使用。

（二）信息保存的步骤

信息保存的步骤一般包括登记、编码、排列、存储等，文秘应熟悉每个步骤的操作方法。

1. 登记

保存信息首先要进行登记，以建立信息的完整记录，系统地反映信息存储情况。信息登记有总体登记和个别登记两种类型。总体登记反映存储信息的全貌，一般登记记录存入册数、种类及总量等。个别登记是按照信息存储的顺序逐件登记，便于掌握各类信息的具体情况。

2. 编码

对登记存储的信息要进行科学的编码。信息编码的方法有顺序编码法和分组编号法。顺序编码法，即按信息发生的先后顺序或规定统一的标准编码，这种方法简单明确、用途广泛，追加新号方便，可用于不太重要或无须分类的信息资料的保存，可按数字、字母、内容的顺序排列编号。分组编号法，利用十进位阿拉伯数字，按后续数字来区分信息的大、小类，进行单独的编码。左边的数码表示大类，而向右排列的第一个数码，则标志着更细的小类。例如，10 华天公司、101 华天公司财务报表、102 华天公司职工名册。

3. 排列

编码后的信息要进行有序的存放排列。常用的排列方法有时序排列法，按照接收信息的时间先后顺序存放排列；来源排列法，按信息来源的地区或部门，结合时间顺序依次排列；内容排列法，按信息所反映的内容分类排列；字顺排列法，按信息名称的字母顺序排列。

4. 存储

（1）手工存储。手工存储是通过手工将信息保存在信息存储设备（文件夹、文件盒、文件袋等）中。手工存储便于阅读、利用信息，存储设备便宜。但存储设备占用空间大，信息可能受到火、潮湿、蛀虫等的破坏，信息排放错误会影响查找效率。

（2）计算机存储。计算机存储是将以电子表格、文字处理或其他应用程序的形式形成的信息用计算机存储。计算机存储的信息量大，节省存储空间，查找方便，容易编辑或更新，但设备稍贵。此外，信息可能被病毒破坏，因此要对信息定期备份，并将备份另行存放；重要信息要进行书面备份。

（3）电子化存储。电子化存储是指将文档存储在 CD-ROM 盘（只读光盘，一次写入，多次读出）中。电子化存储节省空间，容易制作备份，方便查找，用户能直接从自己的计算机中访问保存在网络系统上的信息，查找信息的质量和使用程度取决于系统初始设置。

（三）信息保存的要求和注意事项

信息保存要求选择有使用价值的信息，按信息内容确定存储期，及时调整和清理过期的信息；分类要恰当，防止信息受到损坏、失密；要便于查找和利用。

信息保存中要注意选择质量好的存储载体，加强存储载体的日常保管，注意调节存储场所的温度和湿度，防尘、防磁场，勿折、勿触碰磁盘表面，定期检查、复制。对于采用计算机存储的，应该采取必要的保护措施，备份信息，重要信息应制作书面备份；磁盘存放在磁盘盒中，尽量不使用外来磁盘，以防带来病毒。

二、信息的保密

信息资源涉及面广，做好保密工作十分重要。管理部门和文秘要认真做好信息保密工作，保障信息安全。

（一）泄密的主要原因

1. "黑客"入侵

一些组织在公共网上传输的信息是可以内部共享的。共享时，计算机系统实行用户识别口令，计算机系统在分辨用户时，认"码"不认"人"，这样那些未经授权的非法用户或不法分子就可能通过冒名顶替、长期试探等方式获取用户口令，然后进入联网的信息系统进行窃密。联网时，通过收集涉密计算机的电磁辐射信号，加以还原来窃取重要信息。另外，还有的以电子邮件等方式将病毒输送到涉密计算机上，造成整个网络系统瘫痪，将涉密数据全部丢失或传输出去。不法分子还可以在网络设备上安装监听程序，从而达到窃取组织在网络上传输的秘密信息的目的。

2. 内部泄密

内部泄密者清楚哪些数据信息关系组织生存与发展的命脉，并且知道这些数据的确切存储位置。"黑客"进入组织内部网络时需要突破重重防护，并且要做到不留任何痕迹。内部泄密者完全不需要考虑这些，因为大多数组织内部基本上没有任何信息安全防范手段。在泄密者轻松得手的背后，给组织带来的却是严重的经济和竞争能力损失。如果这些安全事件发生在与国家战略相关的组织中，还将造成难以弥补的损失，甚至影响到国家的战略安全体系。

（二）文秘在保密工作中的重要作用

文秘由于工作性质的关系，能够接触到很多秘密信息，主要体现在以下三个方面。

1. 文秘接触秘密的时间早

组织高层领导在提出发展规划或制定重大决策时，会召开带有秘密性质的会议，出席人员的范围有严格控制，但一般情况下会安排文秘做会议记录。一份秘密文件的起草、修改和办理大多也由文秘承担。在很多涉外的组织里，尽管采取领导和文秘"一对一"的工作模式，但由于领导责任的加重和决策权的扩大，管理工作也很大程度上依赖文秘的协助。因此，文秘知道秘密的时间一般较早，当组织的一个决策、一个方案、一项措施尚处在萌芽阶段时，文秘已经全盘了解。

2. 文秘接触秘密的内容多

作为领导身边的助手，文秘工作的范围几乎涉及组织的各个方面，而他们在工作中所接触的基本上是组织高层领导和决策者，领导议论的事情，大至思考、酝酿中的决策，小至组织基层的人事、生产等机密，有时甚至是决策的出台过程、领导的分歧等，他们大多知悉，所了解的秘密内容和范围是比较广泛的。

3. 文秘接触秘密的程度高

组织的内部秘密文件及上级单位下发的带有密级的文件一般是由文秘清点保管的，

所以文秘不但知晓组织自身的核心秘密，也能接触到上级组织的重要秘密，尤其是组织高层领导的个人文秘，他们更有可能直接处理秘密事项，因而知密程度非常高。由此可见，组织的重要秘密如果不被文秘加以保守或保护，就很容易泄露，或被他人窃取，将给组织造成难以估量的损失。

（三）信息保密的内容

1. 计算机保密

涉密的计算机应放置于专门的机房内，机房应选择在有安全保障的地方，还应加装屏蔽网或电子干扰器，以防止电磁信号泄密；在安装使用计算机前应请专业部门人员进行安全技术检查；机房通道应有专人把守，禁止闲杂人员进入；秘密信息资源或数据软件，应建立和健全使用、借用、复制、移交、保管等保密制度。

2. 文件保密

凡秘密文件在印制前应按规定标明密级，确定发放范围，并应由机要人员打印或由专门印刷厂印刷。同时，应及时销毁秘密文件的校样、废页、蜡纸、衬纸、胶版等；秘密文件的草稿、修改稿、清样应和正式文件一样进行保管。复制秘密文件必须履行审批、登记手续；文件的发放应使用专门的封袋和封条，由专人递送，不能通过普通邮政传递，更不能在普通传真机上传送。秘密文件的收发、传阅、借阅都要有严格的登记手续；应有专人专柜保管秘密文件，并经常清理、检查。

3. 通信保密

秘密的信息资源不准通过普通邮政部门传递，必须由机要通信部门或派专人送达；密码、密码机及电报译稿必须严加保密；不得在普通电话上传递秘密信息资源，更不能在网上传递秘密信息资源。

4. 会议保密

会前应强调保密纪律，对与会者进行保密宣传和教育；应选择具有保密条件的会场，并采取相应的保密措施。例如，不得使用无线话筒扩音，不得录音等；严格控制与会者，要求本人签到，验证入场；统一发放、回收或管理会议文件；领导讲话，未经本人同意，不得印发；与会者不得以任何形式对外泄露会议内容。需要传达的相关内容按会议要求有组织、有范围地进行传达；文秘所做会议记录，应同秘密文件一样严加保管。

5. 涉外保密

涉外活动应注意内外有别，友好归友好，保密归保密；涉密部门不能擅自接待外国人参观访问；参加外事活动以及出国的人员，未经批准不得携带任何秘密的信息资源；凡有外国人常驻的组织，包括中外合资、合作企业等，不得让外国人接触我方秘密文件或参与秘密会议，我方人员不得在外国人面前谈论秘密事项。

（四）信息保密对文秘的要求

1. 树立保密意识，保证不泄密

文秘作为组织秘密信息的重要掌握者，必须充分认识到组织信息保密工作的重要性，时刻提高警觉，绝不可丧失人格出卖组织秘密，走上违法犯罪的道路。由于文秘地位和身份特殊，一些人总想从他们口中获悉内部信息。人常说"言多必失"，文秘要严防"祸从口出"。文秘在人际交往中首先要弄清对方的身份，确定哪些内容该说，哪些内容不该说。在某些场合中，为不损友谊，则需要以礼拒绝或转移话题。对那些旨在套取组织秘密者，要采取对策，防止落入圈套。对一般好奇者，应告知对方不要打听。文秘只有遵守工作纪律，严防一切失密、泄密和窃密事件的发生，领导才能顺利地开展工作；否则，会导致领导工作处于被动，严重影响领导工作的成效。文秘严守秘密并不只是工作时的规范，文秘在离岗、离职后也不得泄露所知的秘密信息，这应该被视作为人处世的基本道德。

2. 加强对秘密载体的管理

秘密载体包括以文字、数据、符号、图形、图像、声音等方式记载组织重要秘密信息的纸介质、磁介质、光盘等各类物品。文秘要严格履行秘密载体的清点、登记、编号、签收、借阅、传阅等手续，随时掌握秘密载体的去向。发放秘密载体时，应严格按照限定的接触范围发放，发放前必须认真清点并登记，发出的数量和剩余的数量相加要与总数量一致。传递秘密载体时，应当包装密封，并选择安全的交通工具和交通路线。

文秘应当在符合保密要求的办公场所安排相关人员阅读或使用秘密载体，借阅或复制秘密载体须先征得领导同意，并按规定办理有关手续。不得使用计算机网络传输秘密载体信息。

秘密载体应当保存在公司规定的密码文件柜中，文秘应定期对秘密载体进行清查、核对，发现问题及时上报处理。销毁超过保密期限的秘密载体，应当确保秘密信息无法还原。

本章小结

信息是普遍存在的，但并非所有的信息都是信息资源，只有经过收集与整理，能够被人利用的信息才可称为信息资源。信息资源的作用巨大，它能够成为领导决策的依据，也是管理文秘部门做好其他事务的重要条件。信息资源的收集主要靠系统检索和访问调研；信息资源的整理着重于寻求有效的信息，消除失效和无效的信息；信息资源的保密则要求管理文秘牢牢树立保密观念，养成随时随地保密习惯，采取有效的措施，确保秘密不泄露。

☞思考与练习

1. 信息与信息资源有什么异同点？
2. 信息资源管理有什么要求？
3. 结合单位实际，谈谈如何做好信息资源的收集、整理和保密。

☞本章推荐阅读书目

孙兆刚，2021. 行政文秘商务办公全能一本通[M]. 北京：化学工业出版社.

肖希明，2020. 信息资源建设[M]. 2 版. 武汉：武汉大学出版社.

张浩，2019. 新编办公室工作规范管理手册[M]. 北京：中国文史出版社.

☞**阅读材料**

不能泄露的秘密

小俏是 A 进出口贸易公司的总经理秘书，她性格开朗、热情周到、聪明能干，在公司备受重用。小静是 B 进出口贸易公司的总经理秘书，她性格内向，喜欢独处，平时很少与人打交道。虽然小俏和小静的性格风格不一样，但二人从读书时代开始，就是无话不谈、志同道合的闺蜜，经常约着一起出行。由于二人所在的公司是竞争关系，因此在日常相处中都尽量避谈公事，以免造成不必要麻烦。

有一段时间，小静的情绪很低落，二人一见面，小静就向小俏倾诉，说自己最近状态不好，心情压抑，由于公司生意不景气，总经理着急上火，常拿她出气。小俏听后劝解小静："我们做秘书的要学会自己调节心情，不要把烦心事太放在心上，身体是自己的。去年我们公司业绩也不好，总经理也经常迁怒于人。但是，今年的成绩还不错。今天上午我们公司和德国一个大公司签订了上千万元贸易额的合作意向书，如果最终签订合同了，可以赚上百万元。"小俏抑制不住喜悦之情，又对小静说："我不能告诉你详细的情况，总之这次合作非常顺利。你也不要不开心，相信你们公司熬过这阵，以后也会越来越好的。"

几天后，小俏随总经理去酒店与德国贸易代表团签订正式合同，但是等了几个小时也没见到代表团。后来，德国公司常驻中国的代表打来电话说："代表团昨天上午已经以低于贵公司 5% 的报价与 B 进出口贸易公司签订了购货合同，并于昨天回国。"小俏这才意识到，是自己一时疏忽、没有保密意识把关键信息透露给了小静，给公司造成了重大损失。

作为总经理秘书，小俏信息保密意识薄弱，不分场合，把属于公司机密的重大合作项目进展透露给竞争对手，给公司造成了巨大的经济损失。因此，秘书一定要牢牢树立保密观念，增强保密意识，杜绝泄露任何信息，保守秘密既是维护单位利益，也是对自己负责任。

（笔者根据相关资料整理）

第五章　公共关系管理

本章导言

现代社会发展对文秘的职能提出了新的要求，文秘的沟通、协调、策划、组织等公关能力备受用人单位重视。现代管理文秘必须适应时代的需要，了解公关、运用公关，加强自身的公关修养。要牢固树立公共关系意识，并将其贯穿在办公室日常事务性工作、信访工作、接待工作、协调工作，以及处理突发事件、化解危机等工作的全过程中。

本章主要从文秘公关事务管理、文秘沟通协调管理和文秘危机公关管理三个方面来详细介绍现代管理文秘公关素养。

第一节　文秘公关事务管理

一、公共关系概述

（一）公共关系的含义

公共关系是指与公众的联系，由于早期翻译为公共关系，且已被大多数人接受，我们仍沿用这一约定俗成的译法。

目前，国内外的专家学者对于"公共关系"这一概念并没有一个统一的定义，因而存在大量不同的公共关系定义和比喻，如"公众满意的工程师"。本书认为，公共关系是社会组织为了寻求合作和塑造组织形象，通过传播管理等手段，与相关的公众进行交流与利益协调，从而增进公众对组织的了解、信任和支持，结成一种和谐的社会关系。具体来说，公共关系应该具备以下含义。

（1）公共关系的主体是社会组织，客体是公众，公共关系描述的是一定组织与公众之间的关系，是一种组织行为。

（2）公共关系是为特定目标而建立的，因此它不是杂乱无章的，而是有目的、有计划的活动。

（3）组织与公众的关系协调是通过双向传播沟通这一过程实现的，它的手段是传播。

（4）公共关系是一种社会意识，公关活动需要现代公关意识的指导。例如，北京申奥成功就是北京市政府所具有的公共关系意识的典型体现。

（二）公共关系的基本要素

公共关系的基本要素包括公共关系的主体、公共关系的客体和公共关系的媒介。

1. 公共关系的主体

公共关系的主体包括一切开展社会活动的关系对象，主要是个人、组织、政府和国家。

　　个人公共关系是以提升个人形象为出发点，有计划地、持续地利用传播手段，建立和维持个人与特定公众之间的了解与信任。组织公共关系是当今公共关系研究的最主要内容，它的核心是建立良好的形象和声誉。需要注意的是，不管是营利性组织还是非营利性组织，都需要开展公共关系活动。政府机构是公共关系最早的实践者，也是最有影响力的执行者。政府公共关系的主要目的就是民知和知民。以国家为主体的公共关系活动实际上是政府的对外公共关系活动，最具竞争性。

2. 公共关系的客体

　　公共关系的客体是公众。在公共关系学领域，公众是一个很重要的概念，没有公众就没有公共关系。公共关系中的公众具有特定内涵，是指与特定的公关主体相互联系及作用的个人、群体或组织的总称，既包括组织内部的公众，也包括组织外部的公众。公众具有整体性、同质性、多样性、变化性和相关性等特征。组织在开展公共关系活动时，首先必须明确并分析自己的公众形象，根据公众对象的特点制订和调整公共关系计划。

3. 公共关系的媒介

　　公共关系的媒介是指公共关系主体与公众联系的方式和手段。信息传播沟通是公共关系的手段。公共关系主体将公共关系信息通过传播媒介传递给公众，使公众能了解组织的行为，从而创造良好的公共关系氛围。

　　公共关系传播的方式主要是大众传播和人际传播。

　　（1）大众传播是组织通过现代化的大众传播工具，如报纸、电视、电影、广播、书刊、网络等，向公众提供公共关系的信息，内容不具有保密性，覆盖面十分广泛，尤其应当注意的是当前网络传播工具层出不穷，传播特点有别于前，文秘应当特别注意微博、微信、抖音等新型传播工具的运用。

　　（2）人际传播是一种人与人之间的直接信息交流，可凭借的媒介既可以是语言行为，如谈话、演讲等，也可以是体态、神情等。人际传播的形式可以分为直接传播和间接传播，后者是人际交往中主要采用的方式。

（三）公共关系的职能

1. 采集信息的职能

　　公共关系按其活动的程序而言，一般是从信息的采集开始的。主要有三类信息需要注意采集。

　　（1）组织形象信息。组织形象信息是指公众对社会组织在运行中所显示的行为特征和精神面貌所产生的印象和评价。组织形象信息一般包括公众对于组织领导机构的评价、公众对于组织管理水平的评价、公众对于组织内部一般工作人员的评价。

　　（2）组织产品形象信息。组织产品形象信息一般包括消费公众对产品（或服务）的价格、性能、质量和用途等主要指标的印象和评价，同时也包括对产品的优点和缺点两个方面的反映和建议。

　　（3）社会环境信息。社会环境信息包括政府决策信息、社会环境信息及与组织有关的其他组织的信息。

2. 提供咨询的职能

提供咨询的职能，是指文秘向领导提供有关社会组织形象和公众动向方面的情况说明和参考意见。为了履行提供咨询的职能，文秘必须对采集来的信息进行整理、选择、分类、归档等处理工作，建立信息库。在提供咨询时就能做到条理分明、有理有据，文秘常提供三类咨询。

（1）关于组织形象评估的咨询。这类咨询主要提供社会组织与公众关系状态的一般情况说明。例如，内部员工的归属感、组织在社会上的口碑、消费公众对组织产品的反应、新闻媒介对组织的社会舆论、同行对组织的评估等。这类咨询的目的是让组织的领导及时了解和掌握公众的一般情况，以便适时调节组织的运行机制，为实现组织目标创造有利条件。

（2）关于公众心理、行为变化和发展趋势的咨询。这类咨询是将长期观察和积累而形成的对公众心理、行为变化和趋势的分析意见，结合组织的中长期规划，向决策层所做的通报和建议。

（3）关于本组织方针政策的咨询。公关咨询的参谋作用主要表现在为组织制定方针政策提供咨询。这类咨询是从公众的角度去评价组织的方针政策的制约因素和公众影响效果，使组织的各项方针政策既可以反映组织自身的发展要求，又可以反映公众的需求，从而为组织的方针政策的贯彻实施提供有力支持。

3. 参与决策的职能

决策是社会组织对自身条件和外界环境经过缜密考虑比较之后所做出的决定性选择。公关人员参与决策的职能主要体现在三个方面。

（1）站在公众立场上审视决策问题。

（2）从公众利益出发确保决策的公正。

（3）在决策中保证公共关系目标。

4. 协调沟通的职能

社会组织的决策方案在运行过程中，必然要同现实环境的各种因素发生关系并产生矛盾，社会组织与这些因素之间的矛盾大小、摩擦多寡，很大程度上影响着社会组织的运行是否顺畅，以及组织的预定目标是否能顺利实现。

协调沟通是为了避免、减少、化解组织内部公众间的摩擦和外部公众间的冲突，实现内外环境和谐，从而获得组织生存和发展的最佳环境，保证组织目标的实现。关于文秘的沟通协调管理在下一节将详细讲解。

5. 指导全员公关的职能

指导全员公关的职能，就是把不断满足人的各种需求渗透落实到组织运行的每个环节、每个阶段、每个细节中去。主要内容包括教育引导组织成员认识公关的重要性，提高公关觉悟；培养组织成员的向心力和凝聚力；对组织成员进行公关业务的培训。

文秘应该做的就是引导社会组织的日常行为规范化、提高礼商和遵守谅解原则。规范化是指公关人员要根据组织的特点，制定出一套待人接物的标准程序，这样才能为各种关系的正常建立和发展提供制度保障；提高礼商是指提升组织成员以礼待人，以客为尊，营造良好公共关系的意识和能力，这是人际相互理解、相互尊重的前提；遵守谅解原则是指以谅解的态度来看待和解决各种摩擦和矛盾，这样能在很大程度上减少摩擦，促进公共关系的和谐。

二、文秘的公关意识

公关意识，是一种影响组织行为和价值取向的管理理念，是一种规范组织行为的准则。公关意识的核心是社会组织必须与自己的公众对象共同发展，内容包括公众意识、传播意识、互惠意识、服务意识、公益意识、形象意识、效益意识等，已渗透到了组织工作的各个环节。文秘只有具备了较强的公关意识，才能运用公关艺术做好文秘工作，才能协调好各种关系，充分发挥辅助作用。文秘要培养良好的公关意识，必须提高以下四种意识。

（一）塑造组织形象的意识

塑造组织形象的意识是公共关系思想中最重要的内容。任何社会组织，如果不懂得塑造自身的良好形象，不懂得知名度和美誉度对组织生存和发展的价值，势必会在日益激烈的社会竞争中失去自身存在的地位和发展的空间。文秘客观上所承担的公共关系职责之一就是帮助组织塑造良好形象。当组织的形象比较模糊时，文秘首先要展开调查研究、收集信息、进行分析、加强宣传，协助企业塑造一个清晰的良好形象；其次要维护已经建立起来的良好形象，文秘要始终如一地严格执行管理制度，向公众提供优质的产品和服务；最后，由于公众的误解而组织形象受损，文秘应当协助组织查明真相、公布事实、澄清误解，来维护组织的形象。

（二）建立良好人际关系的意识

广泛的人际交往可以帮助文秘不断扩大视野，收集各方面的信息情报，以充分发挥文秘的咨询参谋作用。人际交往活动就是一种信息转换传递的活动，一个人的交往活动情况反映了一个人信息量的多少。文秘在一个开放的舞台上，每天都要与一些不同的人物打交道，因此每天都能获取大量的新信息材料，这对于文秘全面地了解情况、不断地扩大自己的视野领域及提高参谋辅助能力都有很大的帮助。

因此，文秘要经常与内部公众、政府公众、新闻媒介公众、消费者公众和社区公众接触，根据各类公众的特点，代表或协助领导部门真诚地和他们友好相处，与各类公众建立并保持良好的关系，为组织创造更多的利益。

建立良好人际关系也是文秘工作的内在要求。文秘岗位处于单位或部门的中心地位，承担着承上启下、内外连接、参谋辅助和决策的落实工作，联系面广、涉及面宽、涉密程度高，这一切都要求文秘要建立良好的人际关系环境来促进日常工作的开展。

（三）双向沟通的意识

双向沟通，也称双向信息输出或双向信息流通，是指一个单位既要将自己的信息传播给公众，又要收集公众的信息，是双方相互理解、适应、协调，以保持和谐关系的一种方法。双向沟通可分为领导部门和内部员工之间的信息交流、组织和外部公众之间的信息交流。

就组织内部来说，文秘要及时将基层员工的情绪与要求向管理者反映，并根据组织的实际情况提出建设性的建议，帮助管理者深入了解员工，不断调整上下级之间的关系。与此同时，文秘还要向基层员工说明组织的战略目标和管理理念，将管理者的意图传递给基层员工，化解由信息不畅带来的误解，使管理者与基层员工都能拥有统一的组织价值观，都能围绕一个共同的目标，让组织形成一个有机的整体，保持可持续性发展的动力。

从外部视角看，组织在营运过程中，不可避免地会与外部环境发生关系，产生许多公众关系。一方面，文秘要帮助组织管理者掌握组织的实际运营状况，如经营政策、措施、组织自身的利益点及能为公众带来的利益，并将这些信息真诚、及时、准确地传递给公众，主动进行必要的解释说明，让公众能够理解并接受；另一方面，文秘也要积极拓展信息渠道，通过多种方式搜集组织的公众信息，如外部环境对组织管理状况、产品质量、技术程度的评价与意见，时刻监控组织外部环境的信息变化，并及时进行整理与分析，将相关报告提供给组织管理部门。

（四）互利共赢的意识

互利共赢的意识，是组织开拓市场的重要指导思想。从今天的市场环境来看，每个组织一定要讲合作，讲共赢。文秘在与各类公众的交往中，既要维护组织利益，也要兼顾公众的利益，两者不可偏废其一。如果文秘只顾本单位利益而不顾公众的利益，必定会被称为不择手段、极端利己，最终使单位声名狼藉，难以在社会上立足。当然，文秘作为组织的一分子，也不能只顾公众利益而损害单位利益。因此，文秘必须具有互利共赢的意识，强调单位利益和公众利益的平衡协调，根据双方利益的共同点，建立平等互利的友好关系，在竞争中追求合作，在合作中追求发展。

三、文秘公关的类型和一般程序

（一）文秘公关的类型

1. 主体公共关系
由于主体或部门间各有差异，他们各自的公关工作内容和方式也会有所差异，因此，不同的主体或部门的文秘公关侧重点也有所不同。按照主体身份的不同，把主体公共关系分成了以下几类：企业公共关系、商业和服务业公共关系、金融业公共关系、政府公共关系、事业团体公共关系、社会公众人物的公共关系。

2. 对象公共关系
对象公共关系，主要是按照公众的横向划分，进一步分别论述各类公共关系的特点和具体工作内容。本书将对象公共关系一般分成以下几类：员工关系、消费者关系、政府关系、媒介关系、社区关系、股东关系、竞争对手关系和国际公共关系。

3. 功能公共关系

功能公共关系，是以公共关系在组织运行中所发挥的功能性作用为标准而加以划分的，它渗透、贯穿于主体公共关系和对象公共关系活动之中。它主要可分为以下四种：日常事务型公共关系、宣传型公共关系、矫正型公共关系、征询型公共关系。

（二）文秘公关的一般程序

1. 兵马未动，粮草先行——调查研究

公共关系调查研究是指组织通过科学有效的手段和方法，调查了解公众对组织的状况、形象等基本情况的评价，分析出组织的自我期望形象和实际社会形象，为组织制订完善的公共关系计划提供客观、科学的依据。调查研究是公关活动的起点，目的在于确定组织面临的公关问题，它为制订公关目标计划打下了良好的基础[①]。

公关调查分析具有十分重要的意义。首先，调查能帮助文秘获取第一手资料，提高公关活动成功率；其次，有利于把握组织形象定位，塑造良好组织形象；最后，有利于掌握组织公关状况，为组织决策提供依据。

文秘公关调查的内容十分广泛。从大的方面可以分为四类。

（1）组织自身状况调查，包括组织内部基本情况和组织实力情况。

（2）组织形象与公众舆论调查，包括组织自我期待形象、组织社会形象和公众舆论。

（3）组织所处社会环境调查，包括政治环境、法律环境、经济环境、人文环境和自然环境。

（4）组织公共关系状况调查，包括组织知名度、美誉度、公众评价以及组织开展公关工作的条件。

文秘公关调查的方法和传统公共关系调查的方法基本是一致的。主要的方法见表 5-1。

表 5-1　文秘公关调查的方法

方法	含义	特点
普遍调查法	对全部调查对象进行无遗漏、逐一调查	具有获取资料最全面、能反映总体情况的优点，但它成本较高，也不可能对每个调查对象都进行深入细致的调查，因此，在一般的公关调查中很少采用此方法
抽样调查法	从全部调查对象中抽选一部分样本进行调查，并据此对全部调查对象做出评估和推断	具有成本低、效率高的优点，是目前国际上普遍采用的科学的调查方法
问卷调查法	用书面问答的方式直接了解公众的要求，获取对组织产品、服务的意见看法等信息	有封闭式和开放式两种形式
访谈法	访问者通过口头交谈等方式直接向被访问者了解情况、收集信息	方便、灵活，但被访问者容易受拘束，访问者的素质和访谈技巧是关键

① 杨继昭，李颖杰. 秘书公关工作与实训[M]. 2 版. 北京：中国人民大学出版社，2010.

续表

方法	含义	特点
观察法	调查员凭借自己的感官和各种记录工具,深入调查现场,直接观察和记录被调查者行为,以收集信息	观察的资料比较真实、生动,具有及时性。但容易受到时间、观察对象等多方面的限制,并且观察者只能观察外表现象和某些物质结构,不能直接观察到事物的本质和人们的思想意识。观察法不适应于大面积调查
资料分析法	调查员利用已经收集好的各种统计资料、档案资料、样本资料和数据表格等,进行分析研究	获取资料迅速、节省费用,并能举一反三,但针对性较差,准确性和客观性不高,需要验证这类资料

公关调查工作还有一个重要的部分,就是撰写调研报告。公关调研报告的主要内容包括组织的形象状况、组织的知名度和美誉度情况、组织的形象差距、当前面临的主要的公关问题、当前公关工作的主要目标等。除此之外,还可以包括其他一些更具体的内容,如公关问题产生的原因、不同类型公众的意见分析、问题发生及持续的时间、对组织的影响程度等。

2. 全面规划,运筹帷幄——公关策划

经过公关调查分析,找到组织的形象差距及当前组织存在的主要公关问题之后,就应当设法解决问题。这一阶段的主要工作就是在确定了公关问题和目标的基础上,制订出一套能实现公关目标、解决主要公关问题的可行计划方案,形成下一阶段公关活动的蓝图和标准。

(1)确定目标。没有明确的目标,公关计划便等于失去了统帅和灵魂。

公共关系的目标要明确而具体,不是公关活动的概述目标,而是这个概述目标的具体化。视组织的性质、宗旨、特定的环境条件下面临的问题而定。

确定目标时应该注意:第一,目标不能过高,否则实现不了;第二,目标不能过低,否则就丧失活动的价值;第三,目标不能过虚,否则不好操作,无法衡量;第四,目标尽量量化,不能量化的就要质化,以利于活动结束后进行活动评估。

(2)选择方案。首先,要设计主题。公关主题与公关目标不能等同,公关目标是公关主题的实质内容,公关主题是公关目标的表达形式。公关主题具有高度概括性、精练性和感召力,应遵循以下要求:第一,必须与公关目标高度吻合,并且能够充分表现公关目标的实质;第二,所提供的信息要独特、新颖、具有鲜明的个性,语言形式生动活泼,能引起公众的兴趣,富有感召力;第三,应符合公众心理,既要使人感觉真实可靠,又要富有激情、耐人回味;第四,一定要高度凝练、朗朗上口、便于记忆。

其次,建立目标与指标体系。应当将公关活动的总体目标细分为一系列的分目标和指标,这样才能通过每一项分目标的完成,最终实现总目标。

再次,分析确定目标公众以及提出公关计划的手段。应当针对不同的目标或指标采用不同的实现手段。

最后,公关经费预算。公关计划应当按照项目、时间进度和实施计划的措施手段等因素进行经费预算,以便做到心中有数,避免出现浪费或因经费不足而导致计划半途而废。公关活动经费主要包括劳务费、传播费、行政办公费、捐赠赞助费、设备器材费、社交活动费、邮电通信费、咨询费、服务费和差旅费等。

3. 稳扎稳打，从容不迫——组织实施

（1）选择传播手段。基本原则如下：第一，根据公关工作的目标、要求来选择；第二，根据不同的对象来选择；第三，根据传播内容来选择；第四，根据经济条件来选择。成功的公关策划，应在最经济的条件下，争取最好的社会传播效果。

（2）确定公关活动模式。所谓公关活动模式，就是以特定的公关目标或任务为核心的工作方法和技巧的相对完整的系统。因为公关活动方案具有明显的针对性，所以特定的公关活动模式仅适用于特定的公关任务。公关活动的模式有以下几种：第一，宣传型公关，是指以大众传播方式和组织传播方式为主的，向内外公众传播组织信息，旨在树立组织形象的公关活动模式；第二，交际型公关，是指以人际传播方式为主的公关活动模式，它通常采用非正式的人与人的直接接触方式；第三，服务型公关，是一种以提供各种有益于社会公众的服务为手段的公关活动模式；第四，社会型公关，是组织通过积极参与或支持各种有益的社会活动而展开的公关活动模式；第五，征询型公关，是以采集各种公关信息为内容的公关活动模式。

（3）利用有利时机。选择最佳时机，才能产生最佳的公关效果，同时也能提高效率。选择时机一要避开不利时机，二要捕捉有利时机。

4. 全面反馈，查漏补缺——检查评估

公关活动结束后，不应沉浸于已取得的成果之中，或草草收尾，忙于下一轮的公关活动，而应当进行反思和总结，以利于提炼经验，为以后的公关活动提供借鉴。公关活动的评估程序如下。

（1）设立统一的评估目标。

（2）评估目标细分为不同的具体项目。

（3）建立一套客观适用的评估标准。

（4）调查分析，收集资料。

（5）对公关目标计划及其实施过程和结果进行分析和鉴定，并写出评估报告。

公共关系评估有三个层次，分别是公共关系准备活动过程的评估、公共关系实施活动的评估和公共关系活动效果的评估。评估活动结束后，应写出公关活动检查评估报告，将评估结果向相关的组织决策者汇报。

四、文秘公关的日常工作与专题活动

（一）编写宣传资料

1. 新闻稿

文秘要把有关组织的重要消息传递给大众，让公众及时了解组织的情况，经常采用的方法就是撰写新闻稿，借大众传媒发布出去。

撰写新闻稿要注意以下几点：第一，新闻稿要具有新闻价值，即具备重要性、显著性、时效性、接近性、人情味等特性。第二，新闻稿的内容要全面，要根据组织的实际情况及新闻媒介的要求，适时、有针对性地选择新闻稿内容。第三，新闻稿的结构选择有三种，即倒金字塔结构、并列结构和顺时结构，一般情况下，倒金字塔结构用得最多，即先在导语中把要报道的事件从宏观上介绍，然后进行具体化；并列结构一般用于报道事件重要度相当且需要一起报道的情况，先写概括性导语，然后将准备报道的事并列一起报道；顺时报道，是按照事件发生的时间顺序进行报道。第四，新闻标题是新闻的眼睛，结构样式有三种，即单行标题、双行标题和多行标题，选择时要注意虚实结合。第五，新闻导语的写法，一般有叙述式、提问式、引语式等，叙述式是最容易、最基本、最普遍的，提问式和引语式这两种类型生动形象，能够引人思考。第六，新闻应恰当地选择背景材料。背景材料有历史背景、人物背景、地理背景和事物背景四种。

2. 广告文案

公共关系广告是用广告的形式开展公共关系的一种方法，目的是通过广告扩大组织知名度，塑造良好的形象。

公共关系广告的内容如下：第一，以组织形象为主题；第二，以组织公共服务为主题；第三，以组织的贡献为主题；第四，以职工关系为主题；第五，以特殊事项为主题；第六，以人事事项为主题。广告作品的内容有可靠性和吸引力两大要求。

3. 公共关系简报

公共关系简报是公关部门向组织内外公众反映和沟通情况的一种公用文书。按内容可以将公共关系简报划分为三类：第一类是情况简报，主要是向公众及时反映本组织公共关系方面的情况、问题，让公众知晓，供领导参考；第二类是经验简报，主要用于交流经验，介绍先进典型的事迹；第三类是会议简报，主要是对某个会议进行报道，一是报道会议精神，二是报道会上交流的经验，三是报道会议的讨论情况。从结构上看，公共关系简报一般包括标题、开头、主体和结尾四部分。

4. 宣传资料

任何一个要与公众、社会打交道的组织都应该有一套宣传自己的资料，并将这些宣传资料有选择、有目的地寄给自己工作或服务的对象，如"企业宣传手册""宣传片""宣传展牌""宣传窗"等。

宣传资料的内容应该包括组织领导撰写的文字、组织的概况和历史、特色产品或特色服务、组织文化介绍。制作宣传资料应该注意几点：一是重视图片、图表、数字的运用；二是宣传资料不能印得太厚和烦琐；三是组织的宣传资料要经常补充新的内容。

（二）策划新闻发布会

新闻发布会也称记者招待会，是指社会组织直接向新闻界发布有关组织信息，解释组织重大事件而举办的活动。新闻发布会对于社会组织加强与新闻机构的联系，向社会公众广泛、深入地传播组织形象和信誉有着十分重要的作用。它具有三大特点：一是正规隆重。形式正规，档次较高，地点精心安排，邀请记者、新闻界（媒体）负责人、行业部门主管、各协作单位代表及政府官员参与。二是沟通活跃。双向互动，先发布新闻，后请记者提问回答。三是方式优越。新闻传播面广（报刊、电视、广播、网站），集中发布（时间集中、人员集中、媒体集中），迅速扩散到公众。

新闻发布会的策划主要有以下七个方面的内容。

（1）主题策划。公关人员可将以下内容作为新闻的主题：组织的经济政策、经营方针、技术，新产品面世、庆典等重大活动，知名人士来访；组织面向社会的文化活动、经济交流，社会福利事业的投资赞助活动；市场行情、消费趋势、价格波动等社会公众广泛关注的问题等。

（2）人员安排。要慎重考察新闻发布会人员的综合素质，因为新闻界人士见多识广，眼光较高，易对事务性工作挑剔，所提的问题大多很深刻尖锐，因此要求新闻发布会人员思维敏捷、反应自如。

（3）资料准备。要在新闻发布会之前准备好大量的资料，诸如组织背景资料、发展方向、群众来信来访、案例等，也要准备好录音、录像等工具。

（4）确定时间、地点、与会者名单并发出请柬。发布会的时间安排要合理，地点选择要符合交通便利、设施齐全、环境良好的原则，提前一周送请柬，会前一二天电话落实。

（5）拟定程序，布置会场。流程一般是迎宾签到、发放资料、主持人介绍基本情况、发言人详细发言、会后活动及效果评估。

（6）经费预算。新闻发布会的成本较高，因此对会议所需费用应当做好预算，留有余地。

（7）信息反馈。新闻发布会结束后要及时了解公众反响，总结新闻媒体和公众的反馈信息，为组织的后续工作提供依据。

（三）举办庆典活动

庆典是社会组织为了引起公众的关注，扩大自身的知名度，最终获得更大的经济效益和社会效益，围绕重要节日或自身重大值得纪念的时间而举行的庆祝活动。主要的节庆活动，如元旦，纪念活动；如周年庆典，典礼仪式；如开幕典礼及捐赠仪式；等等。庆典活动有三大效应：一是引力效应，组织通过庆典活动吸引公众的注意力；二是实力效应，通过举办大型庆典，显示组织强大的实力，以增加公众对组织的信任感；三是合力效应，开展大型庆典，能增强组织内部职工、股东的向心力和凝聚力，提高公众对组织的信任感。

举办庆典活动时，公共关系人员应准备充分，接待热情，头脑冷静，指挥有序。一般说来，庆典活动应注意以下事项。

（1）确定庆典活动主题，精心策划安排，并进行适当的宣传。

（2）拟定出席庆典仪式的宾客名单，一般包括政府要员、社区负责人代表、同行代表、员工代表、公众代表、知名人士、社团。

（3）拟定庆典程序，一般为签到、宣布庆典开始、宣布来宾名单、致贺词、致答词、剪彩等。

（4）事先确定致贺词、答词的人员名单，并拟好贺词、答词，贺词、答词都应言简意赅。

（5）确定关键仪式人员，如剪彩、揭牌、托牌等；除本单位领导外，还应邀请德高望重的知名人士。

（6）安排各项接待事宜，事先确定签到、接待、剪彩、摄影、录像、扩音等有关服务礼仪人员。

（7）可在庆典活动中安排节目，如舞龙等；还可邀请来宾题词，以作为纪念。

（8）庆典结束后，可组织来宾参观本组织的设施、陈列等，增加宣传的机会。

（9）通过座谈、留言形式，广泛征求意见，并综合整理、总结经验。

（四）组织赞助活动

赞助活动也叫捐赠或资助，是社会组织无偿提供人力、物力、财力资助某一项事业，以取得一定的形象传播效果的社会活动。赞助活动是商务公共关系专题活动中不可缺少的重要组成部分，已经越来越多地被组织所认识并加以重视，是超越一般广告宣传的系统化公共关系活动，是一种少花钱而获得比广告更多效应的"悄悄的广告"。赞助活动能为组织赢得政府、社区及相关公众的支持，创造组织生存和发展的良好环境。

赞助活动的类型主要有赞助体育活动、赞助文化艺术活动、赞助教育事业、赞助社会福利事业、赞助社会公益事业、赞助各种展览和竞赛活动、赞助学术科研活动、赞助社区活动等。

赞助活动应当遵循以下原则：第一，自愿原则，即赞助必须是一种自愿行为，以赞助方愿意提供赞助为前提，不能强求和摊派；第二，社会效益原则，即赞助的活动项目必须有积极的社会进步意义和广泛的社会影响；第三，传播效果原则，即赞助的项目应该有利于扩大组织的知名度和美誉度；第四，量力而行原则，即赞助活动一定要考虑到该组织的经济承受能力，不能"打肿脸充胖子"；第五，条例管理原则，即凡是准备为社会提供赞助的组织，都应该制定赞助条例并公之于众，对于一切赞助活动均按条例办事，使组织的赞助活动规范化、科学化。

（五）谈判

谈判是有关组织或个人对涉及切身权益的有待解决的问题充分地交换意见和反复地磋商，以寻求解决的途径，意欲达成协议的合作过程。谈判是协调关系的基本手段，目的是改善组织形象，协调组织与公众之间的关系、平息争端，争取相互合作、支持与谅解。

谈判的基本过程如下。

（1）谈判前的准备。第一，"知己"，就是要清楚自己在谈判中的相对位置，如自己的优势与劣势、舆论对自己的评价、自己的竞争能力等。此外，还要有充分的心理准备和健康的心态。第二，"知彼"，就是要尽可能详细地调查、收集对方的各种情况，甚至要了解谈判对手的性格、兴趣爱好等，做到"心中有数"。第三，拟订谈判计划，主要包括谈判组人员的确定、谈判的主题和内容、谈判的目标、谈判的方式和方法、谈判的日程安排等。第四，做好必要的物质准备，一是谈判人员的食宿安排，二是谈判工作所需的材料等。

（2）创造和谐的谈判气氛。称职的谈判人员应抓住一切机会，积极主动地为谈判创造一个和谐的、宽松的、有利于谈判成功的气氛。首先是要树立良好的第一印象，如谈判人员整洁的衣着、得体的仪表、高雅的气质和优雅的谈吐。其次是要抓住正式谈判前开场白的机会，不要急于进入正题，导致气氛紧张，应该选择容易引起对方兴趣而又与谈判内容无关的中性话题进行交谈，如天气情况、个人爱好、最近的体育新闻、以往的合作经历等。

（3）正式谈判的程序。第一，开局阶段，一般可以以轻松愉快的口气、询问商量的方式与对方交换一些容易达成一致意见的话题，如谈判的目的、谈判的程序等；第二，概说阶段，双方各自说出自己的基本想法、意图和目的，概说时要简明扼要、诚挚友善；第三，明示阶段，对于一些不同的意见和分歧，双方应该心平气和地提出并就此展开讨论；第四，交锋阶段，谈判双方的对立状态在这个阶段才渐渐明朗，双方都列举事实和依据，希望对方理解并能接受自己的需求，而对方也会举出事例来反驳，从而各自坚持自己的立场；第五，妥协阶段，是与激烈的交锋同时进行的，双方均在寻找与对方的共同点，寻找缩小双方目标差距的各种可能途径，并提出可行的折中方案，这就是让步或妥协的过程；第六，协议阶段，双方都认为已基本上达到了目标，然后形成双方认可的协议书，并签字盖章，最后由公证员当场进行公证，宣布协议书自签订之日起生效。至此，谈判程序结束。

（4）谈判收尾工作，将谈判情况进行总结。

（六）投诉处理

正确处理客户投诉，增加客户价值成为许多组织研究的课题。对客户的投诉处理得是否得当直接影响公众对组织的评价和组织形象。

投诉处理的步骤和方法如下。

（1）有效倾听客户抱怨。为了能让客户心平气和，在倾听时应该注意：当客户说出他们心中的抱怨时，只要认真倾听，并对他们的感受表示同情，就可以赢得他们的心。

（2）让客户先发泄情绪。应当让客户把要说的话以及要表达的情绪都充分地发泄出来，这样可以让客户在尽情发泄了不满情绪后有一种较为放松的感觉，心情上也能逐渐地平静下来。

（3）确认问题所在。倾听不仅是一种动作，还必须认真了解事情的每个细节，确认问题的症结所在，并利用纸笔将问题记录下来。如果对于抱怨的内容不是十分了解，可以在客户将事情说完之后再询问对方。

（4）诚心诚意地道歉。不论责任是否在于本组织，都应该诚心诚意地向客户道歉，并对顾客提出的问题表示感谢，这样可以让客户感觉受到重视。

（5）实实在在解决问题。解决问题是最关键的一步，只有妥善解决了客户的问题，才算完成了对这次投诉的处理。一般来说，如何平息消费者投诉呢？这就需要我们讲究方法：除了做出一定的补偿之外，还要当着客户的面把投诉意见记录下来，并对客户表示歉意，告诉客户其意见对组织很重要，并留下客户的联系方式，由市场或公司的售后服务人员再邮寄感谢信过去，或者再寄上一两件产品请他（她）免费使用，这样虽然要付出一定的成本，却能够在一定的区域内获得良好的口碑宣传。

第二节　文秘沟通协调管理

一、沟通工作

（一）沟通的内涵

沟通是人与人之间、人与群体之间思想与感情的传递和反馈的过程，以求达成思想一致和感情的通畅，不仅包括公务信息的传递和交流，也包括个人情感、思想和观点的交流。

从管理学的角度讲，沟通是指在组织中各部门之间、层级之间、人员之间凭借一定的媒介和通道传递思想、观点、情感和交流情报、信息、意见，以期达到相互了解、支持与合作，从而实现组织和谐有序运转的一种管理行为或过程。沟通是人们传达信息、交流感情和思想的桥梁，是人们相互了解和影响的行为过程，本质上体现着人们的利益关系和文化需求关系。沟通的过程正是相互了解的过程，进而相互理解、认同，达到共赴愿景的目的。人们积极主动的沟通行为无不是为了影响他人的思想和言行。沟通有以下三大要素。

（1）明确的目标。有了明确的目标才叫沟通，沟通时的第一句话就要说出所要达到的目的。

（2）达成共同协议。沟通结束后一定要使双方或多方意见达成一致，只有达成一致才成为一次有效沟通。在沟通结束时一定要对沟通的结果进行总结，这是一个良好的沟通习惯。

（3）沟通信息、思想及情感。沟通的内容不仅是信息，还包含更重要的内容。在工作过程中，有很多障碍使思想和情感得不到很好的沟通，信息并不是沟通最主要的内容，需要通过沟通传递更多彼此之间的思想和感情。

（二）沟通的模式

对于组织而言，有效的沟通是组织做出正确决策的必要前提；是协调组织内部各种关系，使组织成为一个整体的凝聚剂；是领导职能得以履行的基本途径；是改善组织内部人际关系的重要条件；是组织与外部环境建立联系的桥梁。

沟通主要有两种模式：语言沟通和肢体语言沟通。语言是人类特有的一种非常好的、有效的沟通方式。语言沟通主要包括口头沟通和书面沟通。口头沟通是指借助语言进行的信息传递与交流，口头沟通的形式包括会谈、电话、会议、广播、对话等；书面沟通是指借助文字进行的信息传递与交流，书面沟通的形式包括通知、文件、通信、报刊、书面总结、备忘录等。在沟通过程中，语言沟通对于信息的传递、思想的传递和情感的传递而言更具体准确。肢体语言非常丰富，包括我们的动作、表情、眼神。语言擅长沟通的是信息，而肢体语言更善于沟通的是思想和情感。

（三）沟通的分类

按照社会沟通的向度，可以将文秘沟通分为横向沟通和纵向沟通。

1. 横向沟通

横向沟通是指流动于组织机构中具有同一层级的单位或人之间的沟通。同一层级的功能单位之间有沟通回路。对于在组织内处于不同方面、扮演不同角色的单位和个人来说，横向沟通具有增进相互了解，协调相互工作，解决问题或矛盾等方面的功能。横向沟通在组织中的表现形式为会议、面谈、备忘录、报告等。

2. 纵向沟通

纵向沟通是指组织内不同层级的人或机构之间的沟通。就信息传递方向而言，纵向沟通有自上而下沟通和自下而上沟通两类。

（1）自上而下沟通。在组织内部纵向沟通中，自上而下的沟通占主导地位。一般来说，组织的计划、规范以及领导都是靠自上而下的沟通来实现的。自上而下沟通有如下三方面功能。

第一，保证组织目标的实现。通过自上而下的沟通来布置生产任务，督促和检查工作，以促使各方面各层级的人通力合作，实现其组织的既定目标。

第二，促进组织的新陈代谢。通过自上而下沟通经常向组织职工通报新情况、新经验、新技术及新思想，不断促进组织机体的新陈代谢，使其充满活力。

第三，推动组织的思想教育。通过自上而下的沟通经常向职工进行政策教育、法制教育、纪律教育、职业道德教育等，以保证组织目标的实现。

组织内部自上而下沟通有很多共性问题。一是沟通的信息量过小。下级从上级那里接收的信息并不多，职工对组织的了解并不够。产生这一问题的一个重要原因是组织管理的开放性程度较低、透明度不高。二是沟通的信息冗余。无休止的套话、空话及老生常谈是信息冗余的直接原因。三是沟通的形式单调。大量的、经常的会议浪费了人力、物力和财力。四是沟通的信息精确度较低。客观原因是沟通的层次太多，主观原因是组织领导的素质不高，不能准确理解并发布所传递的信息，从而降低了所传信息的精确度。

（2）自下而上沟通。组织内部自下而上沟通有两个方面功能：一是决策参考功能，即自下而上所传递的信息可能作为组织决策的重要依据。例如，组织关于长期发展战略和近期奋斗目标的制定，关于管理干部的任免或升降的决定，关于组织各项规章制度的制定等，都是建立在自下而上沟通的基础之上。二是监督功能，自下而上的沟通能监督组织各项决策的实施。例如，组织基层职工对称职领导的赞扬和对失职领导的批评将有助于组织决策的实施和组织目标的实现。

（四）有效沟通的条件、原则和技巧

要实现有效沟通需要一定的条件。首先，表达者所发出的信息应完整而准确；其次，信息在传递过程中没有损失；最后，接收者必须真正理解信息。此外，还要遵循有效沟通的原则（表5-2）并掌握一定的沟通技巧。

表 5-2　有效沟通的原则

原则	内容
一致性原则	与组织发展的目标相一致
可依赖性原则	沟通者要给人以可信赖的感觉
持续性原则	持续沟通有利于目标的实现
针对性原则	考虑沟通对接受者的意见
明确性原则	明确的信息才能起到沟通的效果，要尽量运用通俗易懂的语言，表达自己想说的信息
恰当性原则	不同的信息对于沟通渠道的选择有要求，有效沟通必须将有意义的信息通过适当的沟通渠道，由一个主体传送给另一个主体

有效沟通的技巧，即提高表达的能力。

（1）积极倾听。倾听不仅是耳朵听到相应的声音，而且是一种情感活动，需要通过面部表情、肢体语言和话语进行回应，向对方传递一种信息。

（2）有效的提问。恰如其分地提问，有利于双方深入地交换思想，提高沟通的有效性。

（3）运用反馈手段。发送者可以通过直接或间接发问，来确认接收者是否完全了解信息，以便及时调整陈述方式。

（4）把握好沟通的时机。沟通的时间、地点、方式都会对沟通的效果产生重要影响。

二、协调工作

协调，从字面上来说，就是同心协力、配合适当的意思。就一般意义而言，协调是一个系统内各个部分之间为实现一个共同的目的而相互沟通，寻找共同点，从而实现某种平衡，达到某种默契的一种行为方式。文秘协调是指文秘在职责范围内，或根据领导授权，调整和改善部门之间、工作之间、人与人之间的关系，使之以整齐步伐，达成共同使命。

文秘部门进行协调有着特殊的职能基础。作为综合部门，文秘工作涉及组织运转的方方面面，有着广阔的发挥协调作用和调动各方积极因素进行协调的潜力；作为信息枢纽，文秘部门具有预测和发现失调现象，并依据信息准确分析失调原因，寻求选择协调途径的能力；作为领导的办公机构，文秘对组织目标、整体利益、工作计划、领导意图等能比较全面地了解，因而能比较准确地把握各个协调方面和有关方针政策，把握协调分寸；作为领导的近身助手，在领导信任和授权以及领导机关的权威性作用下，在具体的协调事务中，能发挥较大的影响力。

协调工作的要求有以下七点。

（1）要有把握全局的综合素质。

（2）要有承担责任的勇气。

（3）要有良好的工作作风。

（4）要有较强的判断能力。

（5）要有健康的心理与良好的性格。

（6）要有和谐的人际关系：使协调人面对复杂情况周旋自如、游刃有余，善于团结人、关心人、支持人，使人感到可亲、可信、可敬。

（7）要有灵活多样的协调办法和技能，因势利导、因地制宜、因时制宜。

（一）协调的内容

1. 事务协调、政策协调和关系协调

（1）事务协调是指根据领导的意图，对各单位、各部门之间及单位内部就有关公文制发、会议安排、工作和生活保障以及行政管理等事宜的协调。

（2）政策协调是指政策制定中的协调工作和政策本身所具备的协调性。

（3）关系协调是指在处理各种社会矛盾关系中所进行的协调，主要包括对上关系协调、对下关系协调、上下双方关系协调、文秘与领导关系协调、文秘与群众关系协调、文秘与领导成员之间的关系协调等。

2. 关系协调的内容

（1）对上关系的协调。对上关系的协调是指组织对其上级领导和领导部门的协调。这个过程往往通过正确贯彻上级的政策、指示，全面领会领导意图，促成局部利益与整体利益保持高度的一致性，不折不扣地完成上级下达的工作计划和工作布置，并及时地汇报执行情况等组织行动来实现。文秘要在上级与本单位之间做好沟通工作，既要促进本单位正确、及时地贯彻落实领导的意图，又要促进上级及时、全面地了解本单位的实际情况，从而促进本单位与上级保持一致，协调运转。在协调工作中应注意以下两点。

其一，维护领导成员的威信和形象。文秘维护领导成员的威信，主要是从工作的角度出发，即使文秘本人因此受到误解和委屈，也要泰然处之。在工作中，只能为领导补台，不能拆台。文秘一定要尊重领导，积极配合领导工作。当领导有某些疏漏和不足时，要积极采取补救措施，消除影响，同时要注意维护领导的威信，给领导提意见和建议一定要注意场合。

其二，维护领导层内部的团结。维护本单位领导层内部的团结，事关本单位内部的稳定和有效运转，这是每个文秘义不容辞的责任。文秘在反映情况、转达意见时，要讲究方式方法，不利于团结的话、闲话、气话不要说。发现领导之间有误会，应寻找适当的机会帮助澄清问题，化解矛盾。切不可挑拨是非，将问题复杂化。文秘请示汇报工作，应严格按照领导成员职责分工进行。涉及全局问题，要请主要领导裁定，并告知其他领导成员。

（2）对下关系的协调。对下关系的协调是指上级机关工作过程中，充分考虑了下级的实际情况，倾听下级的意见和要求，科学地制定决策，并有效地将组织决策意图贯彻到下级各执行单位，使之自觉地协调运转，积极为实现组织目标而努力工作。对下关系协调的常用方法有以下几种。

其一，面商协调法。对不涉及多方，或者涉及多方但不宜、不必要以会议方式协调的问题，可以用面商的形式。面商方式比较灵活，可以是代表组织意见的正式谈话，也可以是个人之间的谈心和交流。可根据不同需要灵活处理。

其二，磋商式协调法。协调者以平等的身份、商量的态度、探讨的口气发表自己的意见，征求对方的看法，共同寻求解决问题的最佳办法，达到协调的目的。在重大问题未决策前，上下级之间、平行级之间、部门之间，为了达成某种协议，可以采用磋商式协调。

其三，建议式协调法。协调者以平等的身份、建议的态度、谦虚的语言，将自己的意见转告给对方，提请对方选择采用，以达到协调的目的。而不是要求对方去做什么，更不是指示别人做什么和怎么做。平行关系、无隶属关系的单位之间及上级机关的某部门与下级单位之间，往往采用建议式协调。这种协调不具有强制性和约束力，但具有一定的影响力，有助于解决问题。

文秘对下关系协调时应注意两点：一是严守本分，不擅权越位。这是因为文秘部门不是独立的，只是领导机关的辅助机构，处理、协调问题的时候，只能根据领导的决定、决议和批示的精神办理，而不能代替领导拍板，文秘虽然辅助领导研究各种问题，但只有发言权，无表决权。二是放手使用，充分信任。文秘在工作中常常会遇到一些个性鲜明的下属，他们足智多谋，有能力和魄力，同时又锋芒毕露，雄心勃勃，处处透着慑人之威。对待这种人时我们应该放手使用，充分信任，为他们提供施展才华的机会和条件，采纳他们的意见，赋予他们解决问题的权力。

（3）上下双方关系协调。上下双方关系协调是指对本部门的上级与本部门的下级进行协调。目标是理顺上下关系，使上下思想、行动保持一致。进行这项协调工作的文秘处于中间环节，作用大、责任重。

上下关系协调工作的一般程序如下：首先，找准问题。这是协调工作的开始，这里需要强调两个问题：一要找，即文秘要主动深入实际，深入群众，通过调查，发现需要协调解决的矛盾；二要准，即找准那些必须通过协调才能解决的问题，然后报请领导同意，由领导直接出面协调，或受领导之托去进行协调。其次，拟订方案。通过对协调课题的分析论证，提出切实可行的协调工作方案，包括协调的时间、地点、参与人员、拟采用的协调工作方法、所要达到的目的，并尽可能地设计出几套方案，陈述其利弊，请领导定夺。最后，实施协调。实施协调工作方案，既要有原则性，又要有灵活性，瞄准协调目标，随机应变。但对协调过程中出现的新情况、新问题要及时向领导反映汇报，以便得到领导的支持。实施协调中采用的主要方法有以下三种。

其一，文字协调法。这是经常采用的协调形式，如通过拟订工作计划、活动部署、订立制度、集体审查修改文稿等形式统一认识，协调行动，使组织内部上下各相关方面的工作协调运转；用征求文稿意见、会签文件、会议备忘录、会谈协商纪要等形式，协调组织与外部各方面的关系。这种形式具有规范性、稳定性，是较长时间内保持协调关系的依据。

其二，信息协调法。现实生活中的很多矛盾是由不了解情况，凭主观臆测或偏听偏信造成的。医治此症的良药就是沟通信息。将有关部门、单位的人员召集起来，如实介绍情况，就能解除误会，消除隔阂。

其三，政策对照法。对同一项工作，不同的部门往往众说纷纭，各抒己见。在这种情况下，就要对照党和国家的方针、政策、法规，用政策统一思想，达成共识。

（4）文秘与领导关系的协调。领导是文秘公务服务的主要对象，正确有效地协调与领导的关系，使二者工作和谐、心理默契、相互信任，这对文秘发挥其职能作用有着关键性的影响。文秘与领导关系协调的步骤主要有以下三步。

其一，提高政治站位。在思想上政治上行动上，都要严格要求自己，不断寻找差距。在为领导和上级部门服务方面应提高政治站位，是否准确理解和领会领导意图，是否贯彻落实到位，是否圆满完成了领导交办的各项工作。

其二，提高业务能力。文秘必须不断加强服务意识、服从意识、参谋意识、全局意识；必须摆正自身位置，处理好对领导的依从性和独立性之间的关系，不断提高业务素质，提高观察感知能力、分析综合能力、语言文字运用能力和组织社交能力。

其三，主动交流。文秘应该尊重领导、体谅领导，与领导进行多方面的交流，以便加强沟通，逐步建立起领导与文秘新型的和谐关系，即在工作上保持领导与被领导、辅助与受辅助的关系；而在生活上、道义上保持友爱关系。

（5）文秘与群众关系协调。协调好群众与单位的关系，使群众对单位有一种向心力、凝聚力和归属感，这就是文秘与群众关系协调的努力方向和目标。

群众是组织的基石。做好群众工作是文秘工作的重要内容。除了用组织会议、制发文件统一群众的思想和行动外，还应该做以下工作：一是深入调查研究，发现不和谐的因素和失调的趋势，应努力协调各方并及时向领导汇报，尽快解决。二是在草拟决策方案、规章制度时，要全面考虑，避免出现疏漏，在群众中造成矛盾和纠纷。三是当群众中发现某些利益冲突时，一方面要协助领导，帮助群众，让群众理解根本利益的一致性；另一方面，要及时向领导汇报，建议领导采取必要的措施。四是当一项改革措施在群众中的认识出现差异时，文秘更要加强宣传工作，避免因认识上的差异造成群众中的矛盾和纠纷。五是对群众中存在的一些难以解决的矛盾，要缓解矛盾，请示领导，创造条件逐步解决。文秘与群众关系协调常用的方法有以下三种。

其一，理论灌输法。协调工作不能以势压人，而要以理服人。要用大道理融通小道理，通过宣传阐释工作的共同目标和核心意义，用同力齐心的团结来统一思想和行动。

其二，权威利用法。权威利用法是当有关方面固执己见、互不相让，进而可能影响领导决定事项的贯彻落实之时，不得已采取的方法。通过富有权威的领导同志出面干预，或者由领导积极表态，进而达到统一思想和步调的强制性办法。

其三，感情激励法。最能感动人心的，莫过于人心的真情和赤诚，晓之以理，动之以情。往往一番肺腑之言和困境中的一次鼎力相助，就能够起到联络感情、化解矛盾的作用。

（6）文秘与领导成员之间的关系协调。领导之间在感情上有距离，在工作上有分歧是正常现象。因此，参与协调领导成员之间的关系，缓和领导之间的矛盾，是文秘的一项主要的职能。

领导之间的关系存在不和谐，大抵由两种情况引起：一是看问题的观点和角度不同；二是彼此之间的信息传递不畅，有误会。由于文秘贴近领导，可以利用许多方便条件把协调领导之间关系的工作做得及时、灵活而全面。方法如下：如果领导之间的矛盾和分歧是原则问题，对于文秘来说，只要坚持原则，旗帜鲜明地站在正确的一方就可以了；

如果领导之间的矛盾是工作中的分歧，或者隐藏着"我说了算"的意气之争，文秘对这种非原则性问题，就要尽量缓和矛盾，增强团结，而不是搬弄是非，挑拨离间，扩大分歧。

（二）文秘协调的原则

1. 实事求是原则

实事求是原则，即沟通协调工作要坚持从实际出发，按规律办事。在沟通协调工作中要坚持知实情、讲实话、办实事、求实效。如向领导反映情况、汇报工作时，既不故意夸大，又不蓄意缩小。

2. 以人为本原则

以人为本原则，坚持以满足人的需要为根本，做到尊重人、理解人、关心人、爱护人、善待人。有效的协调要建立在对当事方实际需求有足够了解的基础上，在协调过程中要能够站在对方的角度进行思考和理解。因此文秘平时要经常性地与各部门进行沟通和对话，及时把握其他职能部门所面临的境况，避免出现需要协调的时候不知所措。

3. 公平公正原则

只有维护公平和正义，人们的心情才会舒畅，各方面的社会关系才能协调，人们的积极性、主动性、创造性才能充分发挥出来。文秘部门作为单位的枢纽部门，在单位的协调工作中能够发挥很大作用，这就要求文秘部门必须在协调过程中把握原则，不偏不倚，保障协调结果的公正性。

4. 求同存异原则

求同存异原则，即要允许各方保留不同点和差异，尊重个性和差异。找准各方都认可且又事关全局的共同点，促使各方统一思想、达成共识。在坚持原则的前提下，根据实际情况，灵活变通，妥善处理。

（三）协调的技巧与艺术

1. 捕捉有利的协调时机

在协调工作中，时机把握得好，可事半功倍；时机把握得不好，则寸步难行。当协调对象精神愉快、工作间歇、心情平静时，容易接受别人的意见和建议。当矛盾显现、条件成熟、是非分明时，上级政策、方针明确时，协调易于取得成功。各相关方面意识到需要协调时，感到共同利益共同目标的实现必须协调时，协调能够很快取得成效。这就需要文秘敏锐地捕捉信息。要有观察问题、发现问题的能力。要善于发现偶然线索，抓住有利时机和条件，并加以利用，进行协调。

2. 协调活动中的换位思考

在实际工作中，由于各自所处的位置不同，看问题的角度也不一样，可能产生很大的分歧。在这种情况下，文秘不要简单地重申和强调自己的看法和意见，要理解对方，使自己和有关人员都平静下来。应该尝试着将自己置于对方的位置，以对方的处境、情感及观点来考虑和解释共同的问题，以期求大同存小异。

3. 服从全局

文秘必须有全局观念。局部服从大局，这是指协调处理全局与局部关系时，必须从全局出发，适当考虑局部。文秘在协调中如果不讲大局，就失去了协调的依据和方向。在实际工作中，许多部门、单位往往容易站在自己的立场上，维护本部门、本单位利益。因此，文秘在代表领导进行沟通协调工作中，要积极引导部门在工作目标、思想观念和实际步骤上达成共识，把本部门利益、工作目标与全局利益、目标结合起来，各部门之间互相协调和适应，不搞自我封闭，摒弃"各人自扫门前雪，莫管他人瓦上霜"的自私狭隘的心理，为全局工作做出贡献。同时，身处协调岗位的文秘，应该设身处地地为部门考虑，做适当的利益平衡，稳定大局。

4. 协调过程中的情绪控制

在协调过程中，若遇到对方出言不逊、态度蛮横、恶语伤人，文秘不够冷静，就很难达到协调的目的，甚至会激化矛盾。无论遇到什么情况，文秘都必须冷静、沉着，遇到对方发脾气，也要沉得住气，不发怒，不动火，更不能甩手就走。要胸襟宽阔，善于把握自己的情绪，才能做好协调工作。

第三节　文秘危机公关管理

一、危机特点及类型

危机是突然发生或可能发生的会危及组织形象、利益、生存的突发性或灾难性事故、事件等。这些危机事件一般都能引起媒体的广泛报道和公众的广泛关注，对组织正常的工作造成极大的干扰和破坏，使组织陷入舆论压力和困境之中。处理和化解危机事件，将危机转化为塑造组织形象的契机是对组织公共关系工作水平最具挑战性的考验。

（一）危机的特点

1. 必然性与偶然性

危机的必然性是指在经济全球一体化背景下，组织的生存环境快速变化，任何组织在发展过程中不可避免地要遇到各种各样的危机，零风险的组织是不存在的。由于社会关注度和影响力的原因，政府、慈善组织、行业领导型企业等敏感组织容易发生危机。这说明在组织中对危机管理的重视会随着组织的不断发展而成为一个不可回避的问题。但危机的发生又是偶然的，组织的任何薄弱环节都有可能由某个偶然因素导致危机发生。这就是危机防不胜防、容易给组织带来混乱和惊慌的原因。组织必须防患于未然，做到居安思危。

2. 未知性与可测性

危机事件通常是一个由量变到质变的过程，事件爆发前的征兆一般不是很明显，组织难以对其做出确定的判断。危机在什么时间、什么地点发生，破坏性多大往往是难以预料的。危机一旦爆发，会使组织陷入非常被动的舆论压力和困境之中。这主要是因为危机的突然爆发会引发舆论的密切关注，组织要在短时间内对各种信息做出反应，很容易出现混乱和决策失误。但是危机也存在一定的规律性因素，可以通过对规律性因素的研究来预见发生危机的可能性，这就是危机的可测性。

3. 紧迫性与严重性

危机发生后，情况往往瞬息万变，危机的应对和处理具有很强的时间限制。严重性是指危机往往具有连锁效应，引发一系列的冲击，不仅破坏正常的经营秩序，还会威胁组织的未来发展。危机爆发后可能会带来比较严重的物质损失和负面影响，有些组织甚至会因为突发危机而毁于一旦。

4. 公众性与聚焦性

危机事件会影响公众利益，公众会对整个事件高度关注。由于现代传播媒体十分发达，组织的危机情况会迅速公开化，成为各种媒体热评的素材；同时公众不仅仅关注危机本身，更关注组织的处理态度和采取的行动。媒体对危机报道的内容和对危机报道的态度影响着公众对危机的看法和态度。

5. 破坏性与建设性

危机必然会给组织造成不同程度的破坏，但处理危机的过程也是体现组织决策能力、应变能力的时机，更是展示组织形象、塑造组织形象的难得的机遇。抓住这个机遇，就会坏事变好事，迅速提高组织的知名度、美誉度。

（二）公共关系危机的类型

1. 从存在的状态划分

（1）一般性危机。一般性危机主要是指常见的公共关系纠纷。从某种意义上说，公共关系纠纷还算不上真正的危机，它只是公共关系危机的一种信号、暗示和征兆。只要及时处理，做好工作，公共关系纠纷就不会转向公共关系危机。

（2）重大危机。所谓重大危机，主要是指组织的重大工伤事故、重大生产失误、火灾造成的严重损失、突发性的商业危机、大的劳资纠纷等。它是公共关系从业人员面临的必须及时处理的真正危机。公关人员必须马上应付处理，最好在平时就有所准备。

2. 从危机同组织的关系程度及归咎的对象划分

（1）内部公关危机。内部公关危机是指发生在组织内部的公共关系危机，或者这种危机的发生主要是由该组织的成员直接造成的，危机的责任主要由该组织内部的成员承担。

（2）外部公关危机。外部公关危机是相对内部公关危机而言，是指发生在组织外部，影响多数公众利益的一种公关危机。

从这一角度具体划分公关危机的类型时，内部和外部是相对的。因为有些公关危机的发生，内部和外部原因都有，所承担的责任大小也相差不多。故对具体公关危机的划分与处理必须具体分析，恰当处理。例如，谣言引发的危机；政府政策引发的危机；有关团体或机构公布某些信息而导致的危机；由于恐怖破坏活动引发的危机；涉及法律问题引发的危机；涉及种族、宗教、文化差异、性别歧视等社会问题而引发的危机；涉及一些有争议的问题而引发的危机；敌意收购带来的企业重组危机；计算机网络被"黑客"袭击而导致的危机；自然灾害或其他不可控因素导致的危机；环保问题引发的危机等。

3. 从危机给组织带来损失的表现形态划分

（1）有形公关危机。有形公关危机给组织带来直接而明显的损失，凭借肉眼即可观测到这些损失，如房屋倒塌、爆炸、商品流转中的交通事故等造成的人员伤亡或财产损失。

（2）无形公关危机。无形公关危机是指给组织带来的损失表现得不明显的危机。如果不采取紧急有效的措施阻止，已受损害的组织形象将使组织蒙受更大的损失。

二、危机公关处理原则

经过多年的发展，我国已形成较为完善的危机公关理论体系。危机公关 5S 原则、公关传播 5B 原则、新闻发言人五度法则、公众攻略 4S 原则、危机管理 6C 原则，以及建立危机管理体系的方法、原则和模块等是目前被广泛应用并得到权威认证的危机公关理论体系。

（一）危机公关 5S 原则

危机公关 5S 原则是指危机发生后为解决危机所采用的五大原则，包括承担责任（shouldering the matter）原则、真诚（sincerity）沟通原则、速度（speed）第一原则、系统（system）运行原则、权威（standard）证实原则，具体如下。

1. 承担责任原则

危机发生后，公众最关心两方面的问题：一是利益问题。利益是公众关注的焦点，因此无论谁是谁非，组织都应该承担责任。即使受害者在事故发生中有一定责任，组织也不应首先追究其责任，否则双方会各执己见，加深矛盾，引起公众的反感，不利于问题的解决。二是感情问题。公众很在意组织是否在意自己的感受，因此组织应该站在受害者的立场上给予同情和安慰，并通过新闻媒介向公众致歉，解决深层次的心理、情感关系问题，从而赢得公众的理解和信任。

实际上，公众和媒体往往在心目中已经有了一杆秤，对组织有了心理上的预期，因此组织的态度至关重要。

2. 真诚沟通原则

组织处于危机漩涡中时，是公众和媒介的焦点。组织千万不要有侥幸心理，企图蒙混过关，而应该主动与新闻媒介联系，尽快与公众沟通，说明事实真相，促使双方互相理解，消除疑虑与不安。

真诚沟通是处理危机的基本原则之一。这里的真诚指"三诚"，即诚意、诚恳、诚实。如果做到了"三诚"，很多问题便可迎刃而解。

（1）诚意。在事件发生后的第一时间，组织高层应向公众说明情况，并致以歉意，从而体现组织勇于承担责任、对社会负责的组织文化，赢得社会的同情和理解。

（2）诚恳。一切以消费者的利益为重，不回避问题和错误，及时与媒体和公众沟通，向消费者说明调查的进展情况，重拾消费者的信任和尊重。

（3）诚实。诚实是危机处理最关键也最有效的解决办法。人们也许会原谅一个组织的错误，但不会原谅一个组织说谎。

3. 速度第一原则

在危机出现的最初 24 小时之内，消息会像病毒一样，以裂变方式高速传播。社会上充斥着谣言和猜测。组织的一举一动将是外界评判组织如何处理这次危机的主要根据。媒体、公众及政府都密切注视组织发出的第一份声明。对于组织在处理危机方面的做法和立场，舆论赞成与否往往都会立刻见于传媒报道。

组织必须当机立断，快速反应，果决行动，与媒体和公众进行沟通，迅速控制事态。危机发生后，能否首先控制住事态，使其不扩大、不升级、不蔓延，是处理危机的关键。

4. 系统运行原则

逃避一种危险时，不要忽视另一种危险。在进行危机管理时必须系统运作，绝不可顾此失彼。只有这样才能透过表象看本质，创造性地解决问题，避害趋利。

危机的系统运作主要是做好以下几点。

（1）以冷对热、以静制动。危机会使人处于焦躁或恐惧之中。组织高层应以"冷"对"热"、以"静"制"动"，镇定自若，以减轻组织员工的心理压力。

（2）统一观点，稳住阵脚。在组织内部迅速统一观点，对危机有清醒认识，从而稳住阵脚，万众一心，共渡难关。

（3）组建班子，专项负责。一般情况下，危机公关小组由组织的公关部成员和组织涉及危机的高层领导直接组成。这样，一方面是高效率的保证，另一方面是对外口径一致的保证，使公众对组织处理危机的诚意感到可以信赖。

（4）果断决策，迅速实施。由于危机瞬息万变，在危机决策时效性要求和信息匮乏条件下，任何模糊的决策都会产生严重的后果。所以必须最大限度地集中可使用的资源，迅速做出决策，系统部署，付诸实施。

（5）合纵连横，借助外力。当危机来临，应充分和政府部门、行业协会、同行组织及新闻媒体充分配合，联手对付危机，在众人拾柴火焰高的同时，增强公信力、影响力。

（6）循序渐进，标本兼治。要真正彻底地消除危机，需要在控制事态后，及时准确地找到危机的症结，对症下药，谋求治"本"。如果仅仅停留在治标阶段，就会前功尽弃，甚至引发新的危机。

5. 权威证实原则

在危机发生后，组织应当请在公众中有威望的人员出面，消除公众对自己的疑虑和担忧，重新获取信任。

（二）公关传播 5B 原则

公关传播 5B 原则包括结合点（binding point）原则、支撑点（backstop）原则、亮点（bright point）原则、沸点（boiling point）原则、保护点（bodyguard）原则，具体如下。

1. 结合点原则

品牌传播是为品牌的长期打造服务的。品牌传播的方向是否正确，最根本的取决于是否符合品牌的个性；而品牌传播是否有效和有力，则取决于有没有挖掘出品牌的核心内涵，有没有找到与品牌之间最牢固的结合点。

2. 支撑点原则

品牌建设不是空中楼阁，一切传播都必须有落地的措施予以支撑。

3. 亮点原则

要想使公关传播效果事半功倍，必须有能引起公众关注、媒体兴奋的亮点。

4. 沸点原则

水即使烧到 99 度，如果没有加最后一把火让水烧到 100 度，也不是沸水。公关传播同理，一定要保证足够的传播量，才能达到预期的传播效果。

5. 保护点原则

在媒体多元化时代，组织通过公关传播过程引起关注的同时，势必引发质疑。那么如何才能处变不惊，化危为机？凡事预则立，不预则废。要真正使舆论始终按照预定的方向进行引导，使一切尽在掌控之中，就必须在事前找到各个层面及各个环节的保护点，做好危机管理，为公关传播当好保镖，保驾护航。

（三）新闻发言人五度法则

新闻发言人五度法则包括高度、态度、风度、气度、尺度，具体如下。

1. 高度

作为公众人物，必须对以下两点有高度认识：一是公众人物拥有更多的社会资源，理应承担更大的社会责任；二是引导社会舆论、实现社会正义是媒体的责任。

2. 态度

每个公众人物，在面对媒体时，始终得记住的事情：一是态度，二是态度，三还是态度。

3. 风度

公众人物应保持低调谦逊，不要忘本，任何时候都不要得意忘形。

4. 气度

得饶人处且饶人。宽容是宽容者的通行证，狭隘是狭隘者的墓志铭。

5. 尺度

公众人物不要过激反应，不要自我纠结，不要给他人任何理由让自己成为话题，更不要让自己成为关注的焦点。

（四）公众攻略 4S 原则

社会大众作为组织的外部公众，是组织经营活动现有或潜在的对象，组织要注意争取社会公众的理解支持与信任，防止社会信任丧失。公众攻略可遵循 4S 原则，包括诚恳道歉（sorry）原则、停止（shut up）原则、公开信息（show）原则、公众满意（satisfy）原则，具体如下。

1. 诚恳道歉原则

公众不仅关注事实真相，在某种意义上更关注当事人对事件所采取的态度。在危机发生后，组织应当以最快的速度与受害者接触，了解情况，坦诚相待，并积极查明事实真相，给消费者以圆满解释，履行社会责任与承诺，并尽力做出超过有关各方所期望的努力。同时，企业要冷静地倾听消费者的意见，向消费者道歉，给以安慰和同情。

2. 停止原则

要始终把组织形象放在首要地位，了解公众，倾听他们的意见，确保组织能了解公众的情绪，并设法使观众的情绪向有利于自己的方面转化。

3. 公开信息原则

务必重视与消费者的沟通，建立有效的沟通渠道，与新闻媒体保持良好的合作关系，主动把自己所知所想尽量展示给公众；不要试图去愚弄公众，否则会给公众留下傲慢和不尊重消费者的形象。

4. 公众满意原则

"公众利益至上"是公众攻略的根本。制定对策时，要尽量从消费者的角度考虑问题，结合组织实际使解决方案能与消费者的期望值相一致。组织从社会公众的思路出发考虑问题，会有助于解决投诉危机。

（五）危机管理 6C 原则

组织在经营与发展过程中遇到挫折和危机是正常和难免的，危机是组织生存和发展中的一种普遍现象。因此，建立一个有效的危机管理体系，来成功地预防危机，处理危机，甚至反败为胜，在危机中恢复并得到发展则显得尤为重要。鉴于此，游昌乔提出了危机管理 6C 原则，包括全面化（comprehensive）原则、一致性（consistent）原则、关联化（correlative）原则、集权化（centralized）原则、互通化（communicating）原则、创新化（creative）原则，具体如下。

1. 全面化原则

全面化可归纳为三个"确保"，即一是确保组织危机管理目标与业务发展目标相一致；二是确保组织危机管理能够识别所有业务和所有环节中的一切危机；三是确保危机管理能够应对组织面临的一切危机。

2. 一致性原则

这里的一致性指的是价值观的一致性。危机管理有道亦有术，危机管理的"道"根植于组织的价值观与社会责任感，是组织得到社会尊敬的根基。危机管理的"术"是危机管理的操作技巧与方法。危机管理之"道"是组织危机之术的"纲"。

3. 关联化原则

有效的危机管理体系是一个由不同子系统组成的有机整体，组织危机管理的有效与否，在很大程度上取决于它所包含的各个子系统是否健全和有效运作。

4. 集权化原则

集权化的实质是在组织内部建立起一个职责清晰、权责明确的危机管理机构。同时，组织应确保危机管理机构具有高度权威性，并尽可能不受外部因素的干扰，以保持其客观性和公正性。

5. 互通化原则

危机战略能否被正确执行，受制于组织内部是否有一个充分的信息沟通渠道，如果信息传达渠道不通畅，执行部门很可能会曲解上面的意图，进而做出与危机战略背道而驰的行动。

6. 创新化原则

危机管理既要充分借鉴成功的经验，也要根据危机的实际情况，尤其要借助新技术、新信息和新思维，进行大胆创新。

（六）建立危机管理体系的方法、原则及模块

1. 危机管理体系管理对象

危机管理体系是对政府和各类组织的形象进行管理，是影响组织生存最重要的方面之一。

2. 危机管理体系的组织架构

以企业为例，由总经理、副总经理担任企业危机管理小组组长，以及公关部、市场部、销售部、综合部等其他部门担任企业危机管理小组成员。

3. 危机管理体系的内容模块

危机管理体系的内容模块主要有组织形象定位、公关传播预算制度、年度公关传播方案、危机分级制度、舆情监测制度、新闻发布制度、新闻发言人制度、媒体采访接待制度、信息员制度、新闻报道和公文稿件词汇规范制度、新闻发布会、媒体分级管理制度、意见领袖管理制度、恶性竞争自律制度、明星代言管理制度、广告宣传规范制度、促销活动规范管理制度、投诉处理制度、政府事务管理制度、法律事务的公共关系管理、员工礼仪规范、危机之中的沟通准则、危机管理的财物资源准备、危机的应变指挥程序、危机管理人力资源、培训与演习计划、恢复和发展计划、危机管理的评估、危机公关方案、突发事件应急处理机制、危机管理执行手册、产品及周期优化法（product and cycle-time excellence，PACE）清单等。

三、危机管理中的文秘公关职能

危机事件的发生和处理一般会经历潜伏、爆发、恢复三个阶段，危机管理不同阶段有不同的文秘公关职能。

（一）危机潜伏阶段

在正常状态下，各社会组织处于隐性危机管理状态，这一过程往往容易被忽视，因为隐性危机管理是指处于正常状态下的组织，在实现组织经营目标的同时从基层运营、中层管理、高层战略决策等各个制度层面上系统地防范危机的过程。从表面看没有危机管理，却处处体现出对危机的防范。

在危机爆发前要做好危机防范以更好地服务于总体目标。一方面，组织要有战略眼光，能够从战略高度权衡防范危机的重要性；另一方面，要在制度、产品各个细微的方面减少盲区，防危机于未然。这就需要建立危机预警系统，因为危机公关不仅仅是对危机发生时的应对，更要对危机事件的形成过程进行分析和判断。

1. 危机预警系统

文秘要不断对危机的前兆和危机的起因进行监视，这有助于组织有针对性地预控危

机，从而提高对危机的反应速度。由于文秘调查、搜集到的信息是分散、粗糙的，只是进行危机评价的基础，要想深入地评估危机，还要对这些信息进行记录、筛选和统计。接下来进入危机评估过程，即对危机的发展趋向进行跟踪，预先对危机的危害程度及爆发的可能性做出估计。这是整个危机预警系统的中心环节，起着关键作用。

2. 潜在危机处理

文秘对本组织潜在的危机做出预测和分析，包括可能发生的危机的种类、性质、规模，危机发生后可能产生的影响范围等，及时发现危机的苗头，继而通过及时调整组织的结构、政策或运转方式，以适应环境变化和社会要求，防患于未然。当对这些状况有所预测后，文秘应立即向组织的决策管理层和职能部门报告预测意见，并提供咨询建议和改进方案，协助组织各有关部门，对潜在的危机分别制定应对措施，安排危机中和危机后处理各种问题的合适人选，并让这些人员事先了解应对不同危机的相应措施。在必要情况下，文秘还可以建议将对危机情况的预测和相应应急措施印成危机管理手册给员工使用，使员工对危机的可能性和应对方法有足够的了解。

（二）危机爆发阶段

当危机爆发时，组织进入显性危机管理状态，即在相应制度支持下及时采取措施控制危机，目标是对危机进行有效控制，尽量减少危机对组织的危害。一旦组织发生危机事件，这一阶段的工作就显得极为重要。

危机事件爆发以后，首先要迅速展开调查，掌握基本情况。危机公关的原则之一就是速度第一，因此要在第一时间运用最有效的手段，查明事件类型、发生地点、原因、现状等基本情况及其造成的后果和影响，以及受影响的公众范围。文秘部门是组织内外信息集散的重要枢纽，文秘可以利用自己独特的地位和特定的职权，利用平时与各方面建立的良好关系，在最短时间内调动各种资源，有的放矢地加强信息沟通，协调各部门工作，促进相互理解和信任，化解矛盾，从而促进各相关方面相互配合与合作，维系组织和谐运转，以利于调查工作及时、全面地开展。同时，文秘部门介入能够缩短解决问题的过程，减少解决问题的各种投入，迅速控制事态发展，争取到最理想结果，使危机造成的损失减少。

危机事件一般影响面较广、压力较大、时间较短，为了最大限度地平衡组织与公众利益、控制事态发展，就要立即组建专门的危机处理小组，由主要负责人亲自领导，并根据事件性质的需要决定其构成。危机处理小组要根据搜集到的情报、资料以及组织所拥有的可支配资源制订危机处理计划，并立即奔赴危机事件现场，展开全面行动。危机处理机构的组建不是随机的，它有权调动组织的可支配资源，并有权代表组织做出妥协、承诺或声明，而文秘部门因其在组织中的枢纽地位及其与领导的特殊联系，成为危机处理小组不可或缺的成员。文秘可以直接受命于领导，向各有关部门和公众传达领导的决策和意图，同时可以及时将调查结果和危机事件的进展反馈给领导。

文秘应当在危机处理小组的协助和领导支持下，迅速查明事件真相，并将真相开诚布公地告知媒体和公众，以示组织解决问题的诚意，在取得公众谅解的同时，也可以避免流言和无端猜疑，遏制事态进一步扩大。此时的工作重点就转移到媒体公关上来，要引导媒体对事件进行客观报道。媒体尤其是大众传播媒体因为其传播方式和效果，往往成为危机影响范围扩大的重要因素，甚至可以引发新的危机。所以组织要实事求是、立足长远，勇于承担责任，同时主动与媒体沟通，公布危机事件的前因后果，把握信息传播的主动权，让公众更多地了解和认同组织。文秘部门往往受命于领导，代表领导机关办理组织的对内对外各项工作事务，它特殊的地位以及领导权力、权威的延伸与辐射，使文秘具备了媒体公关的职能。当危机事件发生时，文秘虽然没有掌握管理系统中的支配权力，却可以作为组织的代表，以训练有素的姿态面对媒体和公众，这与领导直接出面解决不同，有很大的回旋余地和弹性空间，增强了公关的效果。文秘这一工作职能在没有设立公关部门的组织中，体现得尤为突出。

（三）危机恢复阶段

危机处理完毕后，文秘要协助领导从危机事件中总结经验和教训，找出工作中的不足，改进组织危机管理，进而恢复组织形象。危机出现都是有原因的，不管最后责任是否在组织，危机爆发本身就说明组织管理并非无懈可击。首先要解决危机事件中组织存在的问题，调整组织自身行为以避免重蹈覆辙，如改进产品、改进包装、优化产品使用说明、改善售后服务等。其次要积极推广危机公关过程中积累的有效经验，并强化相关意识，作为以后改进相关工作的参考。

这一阶段的另一项重要工作就是组织形象的恢复。对于一个组织来说，良好的形象是非常重要的无形资产，是组织在激烈竞争中立于不败之地的基础。它可以为组织的服务创造出一种信心；也可以为组织吸引人才，集中人才，创造优越的条件；同时还有助于组织寻求可靠的合作伙伴，求得稳定而优惠的经销渠道，并增进社会对自己的了解，受到公众的赞赏和拥护。危机事件的发生，即使是一次不大的纠纷，也会损害组织形象，文秘部门负有维护组织形象的职责，也具备维护组织形象的能力和条件。

四、文秘的危机公关素质要求

危机公关，可以使组织与公众保持良好的关系，从而维持正常运营，维护公众形象，将危机的负面影响降到最低。正如美国著名危机管理专家诺曼·R. 奥古斯丁（Norman R. Augustine）所说的："每次危机本身既包含失败的根源，也孕育着成功的种子；发现，培育，并收获这个潜在的成功机会就是危机管理的精髓。"[①]新形势对文秘工作提出了新要求，如果文秘不顺应形势拓宽自己的知识结构，提高自己的工作能力，将会被日新月异、飞速发展的时代淘汰。

（一）树立积极的危机公关意识

组织危机重在防范，没有危机公关意识，单纯的"危机预警系统"是无力的，超前、无形、全面的危机意识才是组织防范危机最坚固的防线。危机公关的目的在于使组织预

---

① 诺曼·R. 奥古斯丁. 危机管理[M]. 北京新华信商业风险管理有限责任公司，译校. 北京：中国人民大学出版社，2001.

防、化解危机，其至转"危"为"机"，文秘所做的一切努力毫无疑问都是围绕这一中心进行，文秘要树立积极的危机公关意识。

这里所说的"危机公关意识"不仅指能够防范和应对危机的管理意识，还指在危机公关中如何创造及维护能让组织克服困难、不被干扰的良好公共关系状态的思维意识。也就是说，文秘人员应具备高尚的品格和良好的职业道德，有强烈的责任感和服务公众的意识，对组织有强烈的归属感。只有这样才能积极探索并主动发现问题，进而解决问题。

1. 全局意识

作为决策者的参谋和助手，文秘的主要职责是辅助管理和综合服务，所以文秘务必站在全局的高度，紧跟领导的思路，更深入、全面地认识组织所确立的长远、宏观的目标，并且在确立实施目标的过程中，做好调配工作和信息反馈工作，取得正反两面的第一手资料，协助领导发现潜在的危机，并有效防范和控制危机，使组织科学地设置并修正目标，从而取得更好的发展。

2. 责任意识

文秘必须具备对本职工作的强烈责任意识，恪尽职守，努力开创工作的新局面。增强责任意识也是履行岗位职责的内在要求，是提高工作质量和效率的主观需要，是树立良好形象的必要条件。只有具备责任意识，文秘才能将组织和公众的利益放在首位，对组织产生归属感，从而有效地发挥危机公关职能，控制甚至预防危机，解决组织存在的或潜在的问题。

3. 服务公众意识

公众和消费者的利益至关重要，是组织工作的着眼点。如果忽视了公众的利益，组织的形象就会受到损害，组织的生存就会受到威胁。只有努力服务公众，将公众利益放在首位，才能真正维护组织利益，塑造组织形象，促进组织发展。因此文秘在进行危机公关过程中，应本着诚信的态度，理智地对事实做出分析、判断，将真相公布给公众，以争取主动，求得公众的谅解和信任。

（二）构建完善的危机公关知识结构

现代文秘需要具备广博的知识，这是由文秘工作的综合性决定的，也是由危机公关本身的复杂性、多样性所决定的。文秘应当完善知识结构，增强自身的理论素养，使知识体系的各组成部分发挥出最佳功能。

有人提出文秘知识结构应该是 T 形，字母 T 的下边一竖，主要指文秘专业理论和应用知识；上边一横指与专业知识和技术相关的学科或专业，如公共关系学、自然科学、社会学、心理学、传播学、管理学、外语、对外贸易知识等①。从某种角度上讲，文秘的知识面应涵盖领导的知识面，从而真正发挥辅助决策的作用。文秘的知识结构还必须随着公关活动的发展而不断变化，即具有自我调节的动态功能，使个体的知识结构不断趋于完善，以适应危机公关的需求。

---

① 王隽. 秘书人才社会需求情况分析及应用型秘书本科专业人才培养模式探析[J]. 秘书之友，2014，（4）：34-36.

　　文秘还应当加强学习，通晓本组织的基本宗旨、经营目标、业务范围、人事制度等，具有对工作方案进行判断、论证和另做选择的能力，在参与决策中能出主意、想办法，真正发挥参谋作用，从而使文秘部门的工作方向明确，目标统一，面对纷繁复杂的危机公关工作，既要做到重点突出，又要做到井然有序。

（三）培养过硬的危机公关能力

1. 协调能力

　　在文秘的危机公关能力结构中，协调能力占有举足轻重的地位。组织既要将自己的信息传递给公众，又要收集公众的信息，文秘部门在这里必须发挥中介作用，成为组织上下、内外沟通协调的桥梁。在组织内部，文秘既要经常向领导反映下级员工的情绪、意见和要求，并提出如何调动他们积极性的建议，又要积极做好上情下达的工作，及时向员工介绍组织的目标和管理理念，传达领导层的意见和决定等，消除可能产生的误会，使组织共同拥有一个积极上进、团结协作的价值观念，将组织内部全体人员在目标一致、利益一致的基础上紧密地结合为一个有机整体，自觉地为组织的长远利益而共同努力。另外，文秘还要协助领导，将组织的真实情况（包括制定的政策、措施等情况），坦诚、准确、及时地传播给公众，并进行解释、疏通，让公众理解并接受。

2. 调研能力

　　调查研究是组织获取信息的主要手段之一，是一种主动的组织行为。通过调查，文秘能够了解组织内外的众多信息，搜集对组织领导、产品设施的各种意见及评论，监测外部环境的变化，继而对了解的信息进行系统分析研究，归纳整理以后提供给领导和管理部门，从而为组织调整决策、改善形象、提高质量和效率提供依据。由于文秘能够更系统、全面地接触实际操作，往往具有更敏锐的触角，能够及时发现问题、深入挖掘真相，并能够及时反馈给相关部门和组织决策层，有助于组织预测危机、规避风险。在危机发生时，文秘则可以协助组织查明真相、公布事实，进而解决问题、澄清误解、化解危机，维护组织的形象、恢复组织信誉。

3. 沟通能力

　　危机公关过程中，文秘有时候可能作为领导的代言者向外界发布有关信息，这就要求文秘除了具备专业的知识，还要有灵活的头脑，以及训练有素的姿态和有利于组织的形象。在发布信息时，要尽可能地使用通俗易懂的语言，耐心地做出回答和解释，不用隐瞒、对抗、搪塞的态度。在与外界的沟通过程中措辞相当重要，稍有不慎就有可能被对手或媒体抓住把柄。此外，还要注意言辞、语速和语调，注意和面部表情协调一致，以便更好地表词达意，增强说服力和影响力。

4. 宣传能力

　　文秘客观上承担的公共关系职责之一，就是帮助组织塑造并维护良好形象。为配合组织宣传和推广形象，文秘必须精密策划、设计组织形象，使组织在公众心目中始终保持崭新且具有时代气息的形象，享有较高声誉。危机突发时，可能会造成一定程度的混乱，并给人们心理上造成紧张、恐惧，各种谣言也最易流传，如何引导舆论、稳定人心、恢复信心，便成为处理危机的重要任务，文秘要懂得利用宣传时机，善于选择不同的传播媒介，做好宣传工作以维护组织形象。

本章小结

　　本章主要讲述文秘工作中的公共关系管理。公共关系是指社会组织为了寻求合作和塑造组织形象，通过传播管理手段，与相关的公众进行交流与利益协调，从而增进公众对组织的了解、信任和支持，结成一种和谐的社会关系。新时代下，尤其是随着互联网的进一步普及，信息传播速度的加快，组织的公众形象运营和维护就显得至关重要，这也对文秘的公关素质和能力提出了新的要求。

　　本章第一节首先阐释了公关事务的定义、类型和一般管理程序，据此提出文秘的公关意识要求，最后介绍了文秘公关的日常工作与专题活动。第二节着重强调了公共关系中的沟通协调管理。沟通、协调、管理在公关实践中始终有机融合在一起，只有做好有效沟通才能实现良好的协调，只有协调好各方面的关系才能实现有效的沟通。第三节主要论述了文秘工作中的危机公关管理。危机公关是公共关系工作中特殊而重要的一环，对文秘的公关素质要求较高。

　　本章紧紧围绕公共关系的核心内容与文秘工作之间的关联性，对文秘的公共关系管理做了详尽的阐述，并结合实际情况为文秘实际工作中可能会遇到的任务、挑战及困境提出了相应的原则和方法。通过本章的学习，文秘应该对公共关系管理有一个全面的认识，并积极地将这些理论和方法运用到实践之中。

☞**思考与练习**

　　1. 作为现代文秘，如何成功地策划组织好新闻发布会？
　　2. 文秘公关的协调艺术有哪些？
　　3. 什么是危机公关 5S 原则？

☞**本章推荐阅读书目**

　　丁邦杰，2014. 企业危机公关中的媒体攻略[M]. 南京：江苏人民出版社.
　　《哈佛商业评论》中文版出品，2016. 危机公关：你不可不知的几件事[M]. 杭州：浙江出版集团数字传媒有限公司.
　　勒翰，法比亚尼，古登泰格，2014. 斯坦福大学危机管理课：危机控制的十条忠告[M]. 张尧然，杨颖玥，译. 北京：中国青年出版社.
　　王守福，2014. 秘书公关与礼仪[M]. 大连：大连理工大学出版社.
　　张丽娟，肖红艳，2011. 公关与秘书礼仪[M]. 北京：清华大学出版社，北京交通大学出版社.

☞**阅读材料**

A 餐厅 "老鼠门" 事件

　　20××年 8 月 25 日上午，某知名报纸发表了一篇文章。文章中，记者在北京 A 餐厅做卧底，发现 A 餐厅两家店的厨房都出现了不良现象。其中在一家店后厨发现有老鼠爬进装食品的柜子，以及工作人员将扫帚、簸箕、抹布与餐具一同清洗等现象。而在另一家店，记者发现火锅漏勺用作掏下水道垃圾的工具。

对于"老鼠门"危机，A餐厅这次的危机公关被业内人士称为"教科书般的操作"，在既有负面事件不变的情况下，将舆论导向迅速反转。在事件爆发3个小时左右，A餐厅迅速做出了两份回应，一份对内，一份对外。有人将A餐厅的危机公关策略概括为：锅我背、错我改、员工我养。

8月25日14点46分，A餐厅在其官方微博和官网发布致歉信（对外），大致内容如下：

（1）承认曝光内容属实。

（2）提供过往处理类似事件的查询通道。

（3）感谢媒体和群众的监督，表示愿意承担相关的经济和法律责任。

（4）承诺已经布置在所有门店进行整改，后续将公开发出整改方案。

8月25日17点16分，A餐厅在其官方微博和官方发布处理通报（对内），内容包括对事件门店的停业整改处理，所有门店开启卫生排查，接受公众、媒体的监督，安抚涉事事件的员工，董事会主动揽责。

8月27日15点04分，A餐厅在其官方微博和官方发布《关于积极落实整改，主动接受社会监督的声明》。内容上，A餐厅除了表明加强员工培训、落实整改措施，还承诺将在全国门店实现后厨操作可视化。

事实上，在A餐厅发布了致歉信和处理通报之后，因为反应迅速、道歉态度诚恳而平息了不少消费者的怒火。致歉信发布之后，大众的关注点集中在A餐厅这次危机公关的成功，整个事件的角度被成功转移。

根据之后的报道，A餐厅在全国门店完成了整改内容，其中全国60多家老店是改造重点，单店平均花费5万元升级监控。此外，A餐厅还增加了后厨展示区域，北京所有门店后厨实时直播，并且A餐厅在门店设置参观卡，消费者可申请参观后厨。

A餐厅对"老鼠门"事件的危机公关无疑是成功的。成功的因素包括反应迅速（4小时内做出反馈）、有完整的危机处理方案、管理层主动揽责、安抚员工、引入权威机构等。

（笔者根据相关资料整理）

第六章 会议管理

本章导言

会议制度是现代组织管理制度的重要组成部分。没有规范化和科学化的会议管理，就没有高效的行政管理。因此，做好会议管理是管理文秘工作的重中之重。

第一节 会议概述

一、会议的含义

会议是指 3 人及以上（其中一人可以是主持人）按照一定的组织原则聚合在一起，围绕某些共同关心的内容而进行的多向沟通。

（一）3 人及以上

"会"是聚合，"议"即商量讨论。孙中山认为："凡研究事理而为之解决，一人谓之独思，二人谓之对话，三人以上而循有一定规则者，则谓之会议。"[①]一般认为，会议是 3 人及以上被邀聚会、听取报告、做出决定或者采取某些合法行为的议事活动。

（二）按一定组织原则聚合在一起

许多国家对会议的举行作了明确规定：会议应为特定目的而召开。例如，公司年会、在某种情况下特种股份持有者或全权人会议、政府年度工作总结或工作布置会议等，会议组织者可根据本组织的章程或相关规定限定参加会议的人员及采取某种行动的最多人数等，但是如果没有组织就未必有会议"特定的目的"。

包括群众聚会，任何会议都必须使参会者按照一定的组织原则聚合在一起，并遵守相应的法律，不可自由行事。约翰·洛克（John Locke）认为："哪里没有法律，哪里就没有自由。这是因为自由意味着不受他人的束缚和强暴，而哪里没有法律，哪里就不能有这种自由。"[②]孟德斯鸠（Montesquieu）同样主张："自由是做法律所许可的一切事情的权利；如果一个公民能够做法律所禁止的事情，他就不再有自由了，因为其他人也同样会有这个权利。"[③]

---

① 孙中山. 民权初步[M]. 上海：商务印书馆，1927.

② 洛克. 《政府论》（下篇）[M]. 叶启芳，瞿菊农，译. 北京：商务印书馆，1964.

③ 孟德斯鸠. 论法的精神（上册）[M]. 张雁深，译. 北京：商务印书馆，1982.

（三）遵循一定的程序进行

遵循一定的程序是实现会议功能的必然要求，也是维持会场秩序的基本手段。会议的基本程序包括宣布开会、会议报告、会议讨论发言、散会等程序。每个环节都具有相应的程序约定。在许多国家，会议的规则和约定的形式将会固定下来，要求国民普遍遵守。例如，关于与会人数的规定和讨论表决的程序等。

（四）多向沟通

会议是实施民主的一种方式。为了达到群策群力，会议必须在与会者之间实现多向沟通。越来越多的学者、管理者把会议解释为一种会晤的行为或过程，是一种通常的、正式的意见交换，是一种两人或更多人对共同关心的事情进行讨论的议事活动。其中，双向沟通往往是会议多向沟通的一个环节、一种类型。

二、会议的类型

（一）根据会议的性质分类

1. 正式会议

委员会会议、董事会会议及需要做出决定的工作会议等一般都属于正式会议，只有正式会议才能形成决议或做出决定。人数较多或者需要讨论的事项较多时，只有召开正式会议才能更好地控制会议过程。

正式会议必须按照会议规定的要求召开。会议规定包括符合法律规定、有明确议题、有规范程序、在会议主持人的有效控制下完成全部议程等。

2. 非正式会议

非正式会议可以是临时召开的"碰头"会议，也可以是正式会议之前的协商会议。非正式会议通常用来解决特定的问题，而不讨论整体性主题。非正式会议不一定要事先通知与会者，一般可以随时召集。非正式会议的结果可能是一个计划、方案或是建议等。

（二）根据会议的内容分类

1. 传达动员会议

传达动员会议是党政机关、企事业单位经常召开的一类会议，该类会议的信息传递具有不对称性。但是传达动员会议不只是单向的信息传递过程，因为在传达动员过后必然有着对相关效果和行动的期待。因此，此类会议通常安排一些讨论、座谈、交流等后续活动，作为传达动员会议的延伸。

2. 汇报检查会议

与传达动员会议相比，汇报检查会议是以与会者为主体，会议召集者和参加者之间就某一问题进行汇报或询问的互动过程，该类会议一般常见于上级对下级的督导检查等。

3. 座谈讨论会议

绝大多数座谈讨论会议属于非正式会议，也是比较典型的多向沟通的一种形式。座谈讨论会也要确定议题、认真准备，就沟通的有效性和多向性来看，座谈讨论会议具有突出的功能。有些座谈讨论会议还可以作为决策会议的先期环节。

4. 工作决策会议

工作决策会议是典型的正式会议。召开决策会议应该严格遵守会议规范，充分实现多向沟通，力争收到群策群力之效。

（三）根据与会人数分类

1. 大型会议

有人主张应以 300 人为界线，有 300 人以上的与会者参加的会议为大型会议。也有人主张 1000 人以上的才能称作大型会议，至于在节假日召开的、有数千人甚至上万人参加的会议，可以称之为特大型会议。

2. 中型会议

相对于大小会议而言，中型会议最不好界定。大型会议可以用来鼓舞人心、发动大众，小型会议则多用来研究问题、寻找对策。实际上，中型会议经常处于被替代的状态。你很容易听到"今天开某某大会"，或者是"开个小会"之类的言语，但是很少有听到"开个中型会议"的说法。

3. 小型会议

我们日常所主办或参加的绝大多数工作会议，均属于小型会议。充分地交换意见、深入地研究问题，在民主基础上成功地进行集中等通常都需要以会议规模的控制为前提。参加小型会议的人员少则三五人，多则十几人、几十人。但小型会议与会者一般不超过 12 人。这样，以一次会议持续 3 小时而言，每名与会者平均能够获得 15 分钟的发言时间。

（四）根据技术手段分类

1. 传统会议

传统会议是指与会者面对面地围坐在一起召开的会议。此类会议没有对技术设备的依赖。在参加人数过多、不容易听清别人发言时，发言人需借助扩音设备以便把声音送得远一些。但它仍然是面对面、即时性、单一自然语言之间的直接交流。

2. 现代电子会议

现代电子会议和传统会议的最大区别是它可以是面对面的交流，也可以是远距离的交流；可以是即时性沟通，也可以是延时性沟通；能够用自然语言表达，也能够用人工语言（计算机多媒体语言）表达。目前已经广泛采用的现代电子会议形式有广播音响遥控会议、电视图像遥控会议和计算机网络遥控会议。

（五）根据会期间隔稳定与否分类

1. 定期会议

定期会议又称为经常性会议。我国各级党代表大会、人大会议和政协会议均属于定期会议。《中华人民共和国公司法》对现代企业制度已经有了相应规定，企业股东大会、董事会、监事会等也属于定期会议。

2. 不定期会议

不定期会议又可以称为临时性会议。企事业单位日常生产和管理工作一线经常需要召开不定期会议，不定期会议并不意味着工作的计划性不强，而是根据变化的新情况及时做出的一种反应。

三、会议的主要功能

《哈佛经理手册》把会议的功能归结为提供信息、聚集信息、解决问题、宣传政策、培育训练[①]。会议具有诸多不可替代的功能，可以概括为以下六个主要功能。

1. 分权功能

会议是民主政治的一部分。会议所规定的议事规则，尤其是表决数额的规定，有效地制约了少数人的独裁和操纵，为成功保护多数人利益提供了可能。在我国，一切权力属于人民，人民行使权力的机关是人民代表大会。所以，会议是监督公权力的保证。

2. 协调功能

科学管理主张增强管理的透明度，"把问题摆到桌面上来"是许多人推崇的管理思想。通过会议的形式，"问题才容易摆到桌面上来"，才能增加管理的透明度。这是因为，一方面，会议是一个正式、严肃的场合，如果在会上掩盖事实，那么就需要承担相应的责任；另一方面，会场是资源调节的最佳场所之一，所面临的问题被摆出来之后，比较容易获得解决的机会。

3. 决策功能

会议是科学决策的一个环节。通过会议，管理者可以了解基本情况，获得真实信息，明晰整体与局部的关系，避免工作中的重复和遗漏，从而找到方法和对策。所以，许多科学决策是会议的成果显现。

4. 组织领导功能

会议是实施领导的基本途径。会议不仅对每位与会者及其组织产生约束力，而且会议中提出的要求、达成的共识会将有关人员调动起来；会议做出的决策还支持领导的权威，使其能够成功地实施有效领导。

5. 信息交流功能

会议是集思广益、群策群力的重要活动。会议能通过讲话、报告、文字材料及多向沟通等让与会者获得全面真实的信息资源，进而形成自觉的一致行动。

6. 亲和功能

会议是联系感情的纽带。会议不仅为新老朋友的相聚提供了最佳的理由和场所，而

---

① 罗锐韧. 哈佛经理手册[M]. 北京：企业管理出版社，1997.

且优良的会议会风还能更融洽地解决相关问题。

第二节 会议准备

一、会议的总体安排

（一）明确会议议题

会议议题是开会的前提。它是会议所要讨论、报告的主要内容，所反映的是会议的目的、主题、任务，以及为了完成任务而将要采取的措施。

会议的议题主要有三个来源：一是上级机关和领导布置的事项；二是下级部门提交的、需要以会议的形式研究和决定的事项；三是本层次管理活动中需要研究和决定的事项。

开会前一定要有明确的议题，并且要将议题及时通知、传达到每位与会者。这既是保障与会者实现知情权的需要，也是参加和筹备会议人员做好相关准备工作的需要。同时，有助于提高会议效率、实现会议目标，尽可能地防止出现操纵会议等不良现象。

明确会议议题的最佳方法是将议题用文字清楚地记录下来，并在会议的全过程中严格按照议题规定的内容控制会议进程。

（二）筛选议题

筛选议题的主要方法：一是有切实依据；二是结合本单位实际；三是有明确的目的。筛选议题主要有以下三点原则。

（1）一次会议的议题不能过多，也不能太少，一般以安排一个主议题和一两个小议题为宜。

（2）尽量将同类性质的议题安排在一次会议上进行讨论。

（3）最好准备一个后备议题，以备不时之需。

（三）邀请与会者

作为会议的主体，与会者主要包括会议召集人、会议主持人、会议出席人、会议列席人、会议记录人和会议工作服务人员。

1. 会议召集人

会议召集人是本次会议的发起人。永久性集会的成立会或临时会议，由会议发起人、筹备者负责召集。永久性会议的常务会则由负责人召集。换届后的委员会首次会议由得票最多者或者由上一届的负责人召集，会议的召集人和主持人也可以由同一人担任。但是，二者的职责有明显区别。例如，会议召集人负责会议的顺利召开；而会议主持人则必须对会议的全部内容，尤其是会议结果承担责任。

2. 会议主持人

会议主持人是负责控制和推进会议议程的人。会议主持人的主要职责是按照会议预定目标主持会议，包括掌握会议进程、准时召开会议、按原定计划时间结束，并有效引导各项议程顺利向前推进。在会议讨论时，要善于维持发言秩序、维护与会者的发言权，引导与会者群策群力、共同奔赴会议的最终目标。

会议主持人的具体职责包括：宣布开会和散会；负责介绍或报告会议情况；按照预定计划控制和调节会议的进程；允诺与会者发言，及时阻止超时的、违反规范的发言；维护会场的秩序并执行会议纪律；选定会议记录人员和验证会议记录的准确性；督促会议决议和决定的执行；等等。

3. 会议出席人

会议出席人是被正式邀请或者被正式要求参加会议，具有在会议上发言、讨论、行使表决权的人员。

凡会议成员有定额的，通常要求实际出席人数必须达到应出席会议人员半数以上。应到人数可以扣除因公、因病不能与会者。

会议出席人的基本权利包括：发言、动议、提案和参加讨论的权利；会议表决权；选举权。

会议出席人的主要义务包括：按照会议通知要求做好与会准备的义务；遵守会议规则、服从会议决议的义务；共同维护会场秩序的义务；在主席发言及议案付诸表决时，不应离开会场的义务。

4. 会议列席人

有些会议的议题涉及有关部门的管理权限和日常工作，为了及时、准确地了解情况、沟通信息，需要邀请其负责人列席有关会议。有时会议领导机关出于某种需要，也批准少量其他相关性不大的部门负责人列席会议。

会议列席人的基本权利包括：参与本单位有关问题讨论发言的权利；会议临时赋予的其他权利。

会议列席人的基本义务包括：遵守会议规则的义务；礼貌发言及解答相关询问的义务；保守会议机密的义务。

5. 会议记录人

会议记录人是承担会议议事、讨论发言记录的人员。会议记录是一项专业技术工作，应该由训练有素的文秘担任，而不应该随便邀请一名与会者兼任记录工作。

会议记录人的职责包括：提前介入会议，了解会议的议题和出席人员，为记录工作做好准备；必须如实记录会议内容，而不能根据自己的理解决定记录内容的取舍；在会议结束时，应主动向大会主持人提交会议记录，供其审核。

6. 会议工作服务人员

传统的会议工作服务人员的来源都比较单一，常来自机构内部，通常是善于承担会务工作的文秘。现代会议的工作服务人员来源有所扩大，主要包括来自机构内部及专业会议机构的技术人员和经营管理人员、来自会场和会议设施所在地的相关服务人员。会议工作服务人员承担会议筹备工作、会议材料准备工作和会间事务性工作。

（四）安排会议日程及议程

会议议程是对会议所要通过的文件、所要解决问题的概略安排，并冠以序号将其清晰地表达出来。会议日程是指会议在一定时间内的具体安排（表 6-1）。

表 6-1　某股份有限公司股东大会日程安排

日期	时间	内容安排	地点	主持人	参加人	备注
5月5日	9：00	报到	会议厅	李董	全体股民	
	9：30	开幕仪式		张董		
	10：00	年度报告		张董		
	11：00	年度决算表		张董		
	11：30	闭幕仪式		总设计师		

会议议程取舍合理，衔接流畅，方能节约会议时间。安排会议议程需要注意以下三点。首先，尽量避免安排重复的环节和内容。并非参加会议的每位领导都必须讲话；对于那些类似的经验介绍，安排一位即可。

其次，严格规定发言时间，并将会议规定的发言时间明确地告诉每位发言人。尤其要让与会者中职位较高的发言人了解发言的时间规定。职位高的发言人是否严格遵守发言时间规定，对其他发言人影响很大。

最后，合理衔接各个环节，让与会者精力充沛地投入每一项议程。

（五）选择会议地点

1. 会址的地理位置

对一个具体的会议，理想的会址首先应该在地理位置上满足以下条件。

（1）与会议的内容、规模、级别相符合。例如，把工业生产的会议安排在农村，把国际性的研讨会议安排在远离中心城市的偏远地方，都是不相称的。

（2）自然条件适宜。在可能条件下，会议组织者应该尽量选择一个气温和湿度能让多数人感到舒适的地方开会。如果整个会议期间都要与湿热或阴雨相伴，与会者的热情也将受到影响。

（3）交通便利。便利的交通不仅可以节约与会者的费用，同时也可以减少耗费时间，人们的心情也将受到鼓舞。

（4）相对中心。除了一些现场迫使我们不得不去之外，一般情况下都应该选择一个"中心"——政治中心、经济中心、文化中心或交通中心，以及和会议相关联的相对"中心"的地方开会，选择这些地方更有利于满足会议的需要。

2. 会议室的空间条件

小型会议室一般每间以 30 平方米大小为宜，中型会议室则宜每间 60 平方米。由于空调、人工照明和声学的要求，小型会议室的净高不宜太高，一般为 2.4～2.6 米。但大型会议室则要求空间开阔，一般净高不应低于 4 米。

会议室内，人的密度应该适当，一般要求：有桌会议室≥1.8 米/人，无桌会议室≥0.8 米/人。与会者之间的距离也应控制在 0.6 米。大于 0.6 米，与会者之间相互交流的效果受到影响；小于 0.6 米，容易为熟悉的与会者提供开小会的便利条件，而相互陌生的与会者之间则又容易出现私人空间遭受侵犯的心理反应。

3. 会议室技术设备条件

理想的会议室应该配备恒温设备。恒温装置的空气调节系统能使夏季室内气温维持在 25～27℃，冬季维持在 18～20℃；室内湿度在冬季的相对湿度不低于 35%，夏季不高于 65%；室内气流保持在 0.1～0.5 米/秒，冬季不大于 0.3 米/秒。

会议室的采光标准为房间侧窗洞口面积/房间地面面积≥1：6，人工采光以日光灯和扩散光为主，间接照明为辅，并应配置部分白炽灯以调节冷暖系统，有条件的应该配备可调节射灯。

4. 布置会场

会场是显示会议政治态度、价值观念、感情取向的手段。精心布置会场，为实现会议的目标提供条件、烘托气氛、创造心理条件。

二、会场布置的原则

（一）布置会场需遵循以下原则

1. 与会议的目的相和谐

会场是会议目的"代言人"。因目的不同，会场布置应该在整体上呈现各自不同的风格色彩。例如，党代会、人大会议的风格应以庄严为主；审判会的会场以肃穆为主，双方的位置高度要形成落差，以显示法律和正义的尊严；商贸洽谈、探讨合作的会场布置以轻松、简洁为好。必要时，可以采用咖啡厅的风格；庆祝会、慰问会、联谊会等，目的是欢庆胜利、奖励先进、增进友谊、加强合作，宜喜庆；学术交流会、事业单位茶话会等宜采用儒雅的风格。

2. 满足会议的需要

会场是会议的基础设施，因此要满足会议容纳与会者的需要，即根据会议规模选择会场，在满足会议规模的基础上，再进一步考虑会场的功能。现代会议的会场日趋智能化，除了有为会议服务的电影、幻灯、录音、录像、扩音设备外，还有会议专用的音响设备、同声传译设备、电子图形设备、电子表决设备、电子签到机、计票系统等。

（1）小型会议室。小型会议室的会议桌可采用椭圆形、"回"字形、T形（图 6-1）、马蹄形（图 6-2）、长方形的大会议台，能够同时满足与客户洽谈及召开员工会议的需要。由于会议规模小，围坐在椭圆形的会议桌前，便于形成良好的交流气氛。

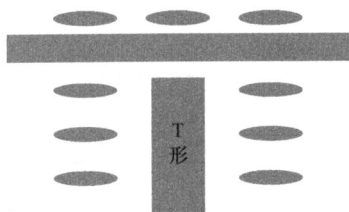

图 6-1　T形会议室

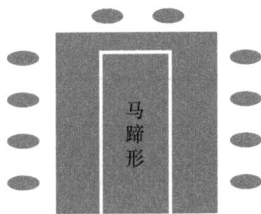

图 6-2　马蹄形会议室

（2）中型会议室。中型会议室里的会议桌可以考虑"而"字形、半圆形、课堂形的布局，简洁流畅，容量也大。这样的会议室更适宜召开双边交流的会议，不适宜用来召开多边交流的会议。

（3）大型会议室。大型会议室多和礼堂、影剧院兼用，主席台一般都设置在舞台上。

会场布置的注意事项如下。

第一，尽量聚拢。一方面有利于表现和谐的气氛，另一方面也便于讨论问题。

第二，要让主席台面向大家，尽量避免出现与会者和主要领导相背现象。

第三，会议室不要摆出多余的椅子。椅子过多，与会者常自行选择后排就座，会场因此显得分散，不利于凝聚会场气氛，也有碍于会议交流。

（二）座次安排方法

1. 座次安排原则

（1）以右为上（遵循国际惯例）。

（2）尊左尚东（国内惯例）。

（3）面门为上（良好视野为上）。

（4）居中为上（中央高于两侧）。

（5）前排为上（适用所有场合）。

（6）以远为上（远离房门为上）。

2. 主席台座次安排

主席台的布置一是对称，二是简化。主席台座位要满座安排、不可空缺，倘若原定出席的人因故缺席，要及时撤掉座位。主席台座位若有多排，则以第一排为尊，第一排的座位以中间为贵，约定俗成的规矩是左为上，右为下。当出席的领导人数为单数时，1号首长居中，2号首长排在1号首长左边，3号首长排1号首长右边，其他依次排列，如表6-2所示；当领导人数为双数时，1号首长和2号首长同时居中，2号首长仍然排在1号首长的左边，然后把3号首长排在1号首长的右边，其他依次排列，如表6-3所示。但目前国际流行右高左低，因此在安排涉外会议时，也要灵活使用相关礼仪。

表 6-2　领导人数为单数时主席台座次

主席台就座次序						
7	5	3	1	2	4	6
观众席						

表 6-3　领导人数为双数时主席台座次

主席台就座次序					
5	3	1	2	4	6
观众席					

3. 关于主席台安排的一些其他注意事项

主席台必须排座次、放名签，以便领导对号入座，避免上台之后互相谦让。

对领导同志能否届时出席会议，在开会前务必逐一落实。

领导到会场后，要安排在休息室稍候，再逐一核实，并告知其上台后所坐方位。

要准备座位图，如有临时变化，应及时调整座次、名签，防止主席台上出现名签差错或领导空缺。

注意认真填写名签，谨防出现错别字。

几个机关的领导同时上主席台，通常按机关排列次序排列。但可灵活掌握，不生搬硬套。例如，一些德高望重的老同志，可适当往前排，而一些较年轻的同志，可适当往后排。另外，上级单位或同级单位的来宾的实际职务略低于主人一方领导的，可安排在主席台适当位置就座。

4. 场内其他人员的座次安排

并非所有的会议都需要对会场内其他人员的座次进行排列，但如果是中型以上较严肃的工作会议、报告会议或代表会议，一般要对座次进行适当排列。

根据会议的不同要求，有不同的座次排列方法。

（1）横排法。横排法是指按照参加会议人员的名单以其姓氏笔画或名称笔画为序，从左至右横向依次排列座次。选择这种方法时，应注意先排出会议的正式代表或成员，后排列席代表或成员。

（2）竖排法。竖排法是按照各代表团或各单位成员的既定次序或姓氏笔画，从前至后纵向依次排列座次。选择这种方法也应注意将正式代表或成员排在前，职务高者排在前，列席成员、职务低者排在后。

（3）左右排列法。左右排列法是按照参加会议人员姓氏笔画或名称笔画为序，以会场主席台中心为基点，向左右两边交错扩展排列座次。选择这种方法时应注意人数，若一个代表团或一个单位的成员人数为单数，排在第一位的成员居中；若一个代表团或一个单位的成员人数为双数，那么排在第一、第二位的两位成员居中，以保持两边人数的均衡。

（三）会议通知

召开会议都需要提前发出通知，让与会者事先知道会议的议题，提前就有关事项做好准备，确保准时参加会议。会议通知的内容包括名称、时间、地点、与会者、议题及要求等。会议通知的种类有书信式和柬帖式，会议通知有正式通知和非正式通知，会议通知的方式有书面、口头、电话、邮件等。

1. 会议议题

议题是会议通知的实质性内容，要交代清楚。有些会议特别是机关内部会议经常省略会议议题，只是通知会议时间地点，结果参加会议的人员走进会场时还不清楚到底要开什么会议。这种做法对会议功能损害极大，对与会者也不够尊重，是不良会风的表现。不管是从强化科学管理、弘扬民主、增强法治建设观念的角度，还是从改进会风、提高会议效率的角度，在正常情况下，召开会议必须要事先通知议题。

2. 会议时间

会议有多个时间，如会议的报到时间、开始时间、结束时间，以及与会议有关的程序活动进行的时间等。有些时间可以在入会以后再作交代。但是作为"要素"的时间，必须在通知里写清楚，包括会议开始时间和报到时间；会议报名和预订房间截止时间；会议安排某与会者发言时间；会议结束时间。

此外，会议时间要具体到何年、何月、何日及几点几分。安排有接机、接车的，也要把相应的时间写清楚。

3. 开会地点

要写明具体会场。有外地人员参加的会议一定要写明会议报到的具体地点，同时写明与会者下榻的宾馆、招待所的名称，并交代交通线路。

4. 与会对象

不同的会议对会议通知中与会人员的写作要求也不一样。有些会议写明与会者的姓名就可以了，而另一些会议则需要同时写清楚下列内容：除了本人，还有哪些人参加会议；如果不能亲自赴会，可否委托他人参加会议；可否携带配偶或司机及其他工作人员赴会等。

5. 对与会者的要求

有些会议通知的结尾会注明："请准时与会""请您务必出席""恳请您应邀光临""请做好准备按时参加会议"等，这就是对与会者的要求。

一些重要的会议或者专业性的、技术性会议，对与会者的要求更为具体。例如，参加会议需要履行什么手续；需要做哪些准备，尤其是需要准备哪些材料；是否要求某与会者作大会发言；其他需要准备的事项。

（四）准备会议材料

会议材料可以大体上分为两类：一类是直接反映和表现具体的会议议题的材料；另一类是反映会议议程或特征的材料。后者对各类会议都普遍适用。

1. 会议重点材料

会议重点材料是构成会议的主体内容，支撑会议主要主题。对会议的质量和效果具有直接重大影响的书面材料和其他媒体材料包括会议通知、会议开幕词和闭幕词、会议主题报告、领导讲话稿、会议决议和会议记录等。

会议重点材料的来源如下。

（1）由领导亲自撰写。应当大力提倡领导同志亲自撰写会议文件，特别是讲话稿。

（2）由文秘撰写。会议通知、会议简报一般由文秘撰写，由有关领导审阅定稿。

（3）由专门的写作班子集体撰写。会议主题报告通常需要一个集体讨论完成，群策群力，反复修改，才能最后定稿。

（4）由领导出思路、搭框架，文秘或参与会议筹备的有关人员执笔撰写。会议纪要、领导讲话稿、会议总结之类的材料，经常采用这样的写作模式。

撰写会议重点材料一定要注意以下几个问题：全面占有素材；重点材料要集体讨论，由领导审阅定稿；要听取使用者的意见；必要时应将草稿事先印发给有关与会者，听取他们的意见反馈。参考国家标准的规定，会议重点材料采用 A4 型纸打印，正文用 3 号仿宋字体，一般每面排 22 行，每行排 28 个字。

2. 会议一般材料

会议一般材料包括：代表证、选举证、选票、会议工作人员胸卡及其证件；会议登记表；与会者签到表和来宾题词簿；会议日程表和议程表；会议须知及有关会议活动注意事项；会议讨论分组名单和地点表；会场座次分区表、主席台或会场座次表；会议主持人主持串词；等等。

会议一般材料来源：日常会务工作的积累；从市场直接购进，或请专业公司代为制作；通过网络下载；会务人员自己动手撰写。

撰写会议一般材料要注意以下问题：充分利用已有的资源，以降低成本，提高效益；因会而异，取原有材料的长处，切忌不加选择、拿来就用；特别要注重文面修饰，尽可能地运用计算机和多媒体手段，将有关材料制作精美些。

（五）会前综合检查

在会议正式开始之前，必须安排一次对会前工作的综合检查。检查工作应提前一天进行，或者至少要提前两个小时进行。会前综合检查要按照各个阶段工作逐一进行，要特别注意将以下内容列为检查的重点。

（1）来宾的签到和引导是否落实到位。

（2）重要人员——会议主持人、报告人、发言人，以及其他需要上主席台的人员是否都能到会，并且都做好了相应准备。

（3）主席台的灯光和音响设备是否处于完好状态。

（4）电源插头、接线板能否确保会议议程的顺利进行。

（5）对于重要会议，还需事先和当地供电局联系，将会议时间、地点、联系人、联系方式等告诉他们并请其提供电力保障。

（6）会议进场退场秩序是否安排妥当。

（7）会场周围是否有其他影响会议发言、干扰会议正常进行的活动。

（8）再斟酌一下演讲者所处的位置，看看安排得是否恰当。

（9）茶点供应是否都已经落实。

第三节 会 时 工 作

会议期间，是高级文秘工作最活跃的阶段，也是工作能力受到最严格考验的阶段。这时期高级文秘工作的中心任务是掌握会议动态、协助领导指挥与控制，通过精心的组织和良好的服务，会议沿着既定的目标进行。会时工作主要包括以下几个方面。

一、接待设计

凡接待工作，事先必须进行周密设计。接待设计的核心包括四个方面。

1. 确定接待规格

接待规格通常遵循对等原则。一般的会议，会议主办单位的主要负责人亲自迎送来宾和会议代表，则属于最高规格的接待。由于接待任务繁重，主要负责人不能亲自迎送，但要对迎送做妥善的安排，并在会议期间亲临现场或与会者驻地看望会议代表，也应该属于高规格接待。

此外，接待规格和会议的食宿标准、会场的设施条件、会议的程序安排、接待人员的精神和技术素养直接相关。

2. 把握接待重点

接待重点可以是某位来宾或参加会议的某些代表，也可以是会议的某个环节或某个方面。会议安排的某项活动也可以成为接待重点。会议接待重点既要考虑到会议性质、类型，还要对所有与会者的相关背景和会议全部内容有初步了解。

3. 形成接待特色

成功的接待一定是富有特色的接待。热情、细致、新颖以及平等、尊重、人性化等，都可以成为鲜明的接待特色。

4. 妥善安排接待的各个环节

在接待方案设计中，各个环节的衔接是比较周密的。有时候，某个环节上的失误就可能导致整个接待工作失败。

二、会议迎送

1. 会议迎送的要求

（1）会议迎送人员职责。承担会议宾客迎来送往职责的人员，都是会议主办地和主办单位的"形象大使"，迎送人员留给与会者的印象，将直接影响参加会议的代表对整个会议筹办水平的评价。会议迎送人员应该做到：服饰要整洁，女士则应化淡妆；学会微笑和轻声说话；提前 10 分钟时间到达；迎到客人之后，要先主动介绍自己；将客人引荐给上司时，也要先向客人介绍自己的上司。

（2）会议交通服务。提供完备的交通服务，让会议代表高兴而来、满意而去，是会议接待工作中的一项重要内容，为与会者登记预定往返程票必须要有足够的耐心和细心。

文秘或会议工作人员可单独驾车去迎送与会者。如果有专业司机驾车，再有相应级别的人员随车礼送，礼遇会更高。应当避免让一位司机单独驾车前往迎送一位与会者。此外，迎送会议来宾和代表时，要把安全、方便、舒适的座位留给客人。

2. 食宿安排

（1）会议伙食。会议伙食安排的原则是卫生第一，保证营养，适合口味，方便节约。

为了出席跨地区的会议，人们经历了旅途劳累，生物钟被打乱，身体的抵抗力一时有所下降。此时，饮食卫生变得格外重要。在确保卫生的前提下，会议伙食应当力求多花色、多品种，以适合来自不同地区客人的口味，使与会者会议期间的营养能够得到保证。接待要严格遵守中央八项规定，注意节俭。

最好采用分餐制。分餐不仅符合卫生要求，有利于控制疾病传播，也有利于节约用餐时间，避免浪费。

（2）会议住宿安排。会议住宿安排提倡提供干净的房间，这比豪华的房间更有吸引力，如需要与会者自己付费，一定要事先征求他们对房间等级的要求，尽可能地满足与会者住宿上的特殊需要，为其预留自由选择的空间。

3. 组织签到

参加会议人员在进入会场时一般需要签到，会议签到是为了及时、准确地统计到会人数，以便于安排会议工作。有些会议只有达到一定人数才能召开。会议签到一般有以下几种方法。

（1）簿式签到。与会者在会议工作人员预先备好的签到簿上按要求签署姓名，表示到会。签到簿上的内容一般有姓名、职务、所代表的单位等，与会者必须逐项填写、不得遗漏。簿式签到的优点是利于保存、便于查找；缺点是只适用于小型会议，一些大型会议参加的人数很多，采用簿式签到就不太方便。

（2）卡片签到。会议工作人员将印好的签到证事先发给每位与会者，签到证上一般印有会议的名称、日期、座次号、编号等，与会者在签到证上写好自己的姓名，进入会场时，将签到证交给会议工作人员，表示到会。这种方法的优点是比较方便，避免临开会时签到造成拥挤；缺点是不便保存查找。签到证多用于大中型会议。

（3）电子签到机签到。电子签到机签到快速、准确、简便，参加会议的人员进入会场时，只要把特制的卡片放到签到机内，与会者的姓名、号码就上传到了中心，与会人员的签到手续在几秒钟即办完。一些大型会议都是采用电子签到机签到。

4. 会场服务

在会中服务阶段，会务人员须提前一小时到达会场，反复检查会场准备情况，分发会议材料，完成签到与引导，组织会议有序进行，做好后勤保障，会议结束后做好道别等工作。

（1）签到与引导。签到是指与会者进入正式会场时向会议组织者表示入场的一种手续。在组织签到时，会务人员要做好入场引导，以便与会者有序入场，缩短入场时间。特别重要的是要落实主席台领导、发言人、上台领奖人员是否到齐。同时，会场内可播放轻音乐，营造轻松愉快的会场氛围。

（2）组织会议有序进行。会务人员要维持好会场秩序，会议开始前5分钟，关闭会场大门，与会者入座就绪，无关人员离开会场；开会期间关闭手机或调到静音状态，一般不允许找人，无关人员不准进入会场。在会议进行时，会务人员要按照会议议程做好服务工作，注意安排会议发言，做好会议记录，编制会议简报，起草、修改会议有关决议文件以及做好新闻报道等。这主要是一些服务和保障性工作，该工作要求会务人员了解会议内容，熟悉会议流程，领悟会议精神，做到细致入微，有条不紊。

（3）确保后勤保障。会中的后勤保障除了吃住行要善始善终，还要保证茶水供应，适时地为与会者添加饮品、清理桌面垃圾，服务好与会者，如打印文件、递送物品等。要照顾好老弱病残，准备必要的纸张、铅笔、墨水等，以备临时取用。要精心组织好会议期间的参观、合影等活动。根据需要准备会议纪念品。外地与会者的返程车票、机票要在散会前送达订票人。对与会者提出的其他合理要求，也应尽可能地给予满足。会中阶段，会务人员除了进行各种服务工作外，还要接收会中反馈信息，及时处理各种突发状况。这就要求会务人员必须具备良好的政治素质、较强的应变能力和高度的责任心。此阶段的有关工作实行明确分工、层层负责制。如遇到火灾，要指引与会者迅速从安全通道撤离；如发生失窃，为当事人、相关人员做询问笔录；停电、溢水，要安抚与会者情绪并迅速找相关人员解决；如遇到与会者疾病突发，要迅速拨打急救中心电话并在现场展开急诊救护等。会议中要明确各小组乃至每个人的任务，标明完成时间，在每天会议结束后集中核对各项工作的完成情况，交流会中出现的新情况，以便对第二天的会议进行适当调整。

（4）会议结束与道别。如遇到与会者合影留念，应迅速为与会者摆好座位，协助完成合影。会务人员要与与会者、主办方热情道别并提醒与会者带好随身物品。

三、会议过程管理

1. 做好会议记录

（1）会议记录的格式。

会议记录一般包括记录头、记录主体、记录尾部。

记录头：会议名称；会议时间；会议地点；会议主席（主持人）；会议出席、列席和缺席情况；会议记录人、会议主要议题。

记录主体：与会者的发言、会议议定事项。

记录尾部：散会后，要求主持人、记录人签字。

（2）会议记录的要求。会议记录要求准确、完整、简洁、明确。

（3）会议记录的重点。会议中心议题以及围绕中心议题展开的有关活动；会议讨论、争论的焦点及其各方的主要见解；权威人士或代表人物的言论；会议开始时的定调性言论和结束前的总结性言论；会议已议决的或议而未决的事项；对会议产生较大影响的其他言论或活动。

（4）会议记录方法。会议记录的重点是记录主要讨论的观点、决议、决定、重要声明、修正案内容、结论，其他的可简要记录。漏记的内容先做记号，然后对照录音修改，或请发言者重复。要记录提出意见、建议的人名。

（5）会议记录的修改。打印会议记录前，需要请领导签字批准。与会者指出错误的，领导或文秘可修改。会议记录一经签名，不能再改动。

（6）会议记录的归档。会议记录的归档不仅包括纸质会议记录本，还包括会议录音、录像、照片等特殊载体完成的会议记录，应按照档案整理要求进行分类和整理，及时归档，保存完整记录。

2. 确保会议期间信息的沟通

（1）做好会议期间信息的收集、传递、反馈工作。文秘要多听、多记、多想、多算、多跑，全面搜集信息。深入会议，掌握第一手资料。注重对会议信息加工提炼，方便各方利用。注重实效，并收集反馈信息。

（2）会议期间的对外宣传。妥善处理与新闻媒体的关系。注意内外有别，严守秘密。选择宣传内容应坚持对象、效果、时效、费用的原则。收集媒体对会议的报道并提供给领导，为领导召开记者招待会提供资料。

3. 值班保卫工作

（1）值班工作。文秘要坚守值班岗位，以保证会议顺利结束，并随时应对各种突发事件。

（2）保卫工作。重要与会者人身安全保卫；重要文件保卫；会场和驻地保卫；会议设备保卫；与会者贵重物品保卫等。

4. 会中保密工作

（1）加强保密教育。

（2）加强文件管理。

（3）加强重要涉密会议管理。

第四节　会后工作

一、送别会议代表与会场清理

（一）送别会议代表

会议结束并不意味着会议工作就结束了，有外部人员参加的会议应根据会议的长短、外部与会人员数量多少等情况及早安排好与会者的返程事宜。做好与会者返程工作，主要包括以下两点。

1. 提早做好与会者的票务登记预订工作

（1）应根据会期长短、外地与会人数多少等实际情况和人员的返程事宜，及早安排好外地与会者的行程。

（2）要事先了解外地与会者对时间安排、交通工具的要求，尊重他们的意愿。

（3）一般情况下，要按先远后近的次序安排返程机票、车票的预订事宜，要掌握交通工具的航班、车次等情况，尽早与民航、铁路、公路、港口等部门沟通联系，提前预订好机票、火车票、汽车票、轮船票。

（4）应编制与会者离开的时间表，安排好送行车辆，派人将外地与会者送到机场、车站、港口，待他们乘坐的交通工具启程后再返回。如有必要，还应安排有关领导同志为与会者送行。

2. 帮助与会者提前做好返程准备

（1）提醒与会者及时归还向主办方或会议驻地单位借用的各种物品。

（2）提醒与会者及时与会务组结清各种账目，开好发票收据。

（3）帮助与会者检查、清退房间，避免遗忘各种物品。

（4）准备一些装资料的塑料袋和捆东西的绳子等物品，以备急需。

（5）帮助部分与会者托运大件物品。

（二）会场清理

会后，要做好会场善后工作。服务人员要及时清理会场，回收会议文件，检查会场有无与会者遗忘的物品。如发现与会者的遗留物品，要及时与会务组联系，尽快转交失主并登记。撤掉会议物品，带回剩余材料、席卡等；清退客房和会议用房；归还借用的物品；结算账目并向财务部门报销等。

二、会议纪要和会议文件

1. 会议纪要应遵循的原则

会议结束后，要及时印发会议纪要，会议纪要应遵循以下原则。

（1）纪实性。会议纪要必须是会议宗旨、基本精神和所议定事项的概要纪实，不能随意增减和更改内容，任何不真实的材料都不得写进会议纪要。

（2）概括性。会议纪要必须精其髓、概其要，以极为简洁精练的文字高度概括会议的内容和结论。既要反映与会者的一致意见，又可兼顾个别同志有价值的看法。有的会议纪要，还要有一定的分析说理。

（3）条理性。会议纪要要对会议精神和议定事项分类别、分层次予以归纳、概括，使之眉目清晰、条理清楚。

2. 会议文件的整理归档

会议文件的收集整理工作要求：确定会议文件的收集范围；选择收集会议文件的渠道；运用收集文件的不同方法。

会议文件的立卷归档要求：把会议过程中的一整套材料，包括通知、领导报告和讲话、会议记录或纪要、会议简报、会议报道等，进行分类立卷归档。

三、会后总结工作

会议日程的主要内容进行完毕后，标志着会议基本结束。但会务工作并不意味着就此结束，而是由会中服务阶段转入会后总结阶段。会议有效性的 20% 是会后落实。该阶段的工作任务仍很繁重，需认真完成，做到"有始有终"。会后总结工作主要包括送别会议代表、会场的善后工作、整理会议文件及会务总结反馈。

会后总结工作的重点是会务总结反馈，即要对本次会议工作进行一次认真总结，肯定成绩，分析不足，表扬有功人员，向支持会议工作的有关部门表示感谢，布置会议精神贯彻执行情况的检查、反馈工作。通过会后总结工作，积累会议工作经验，提高会务人员综合能力，培养互相配合、协同合作的良好作风。现代社会是一个充满变革的社会，会议作为一种社会现象，也处于不断变革与发展之中。要想开好会，会务工作起着至关重要的作用。成功的会务安排，会帮助会议取得圆满成功；反之，则使会议达不到预期的效果。因此，会务工作的相关理论和技巧，是所有会议组织者必须掌握的一门科学。

会后总结工作要以科学的绩效考评标准为指导。绩效考评标准是指对会议工作人员绩效的数量和质量进行评价的准则，它应具有完整性、协调性和比例性。

会后总结工作要根据岗位责任制和工作任务书的内容逐条对照检查。检查会议目标的实现情况；检查各个小组的分工执行情况；将员工自我总结和集体总结相结合；以总结经验、激励下属、提高工作水平为目的。

决定会议效果的主要因素有以下几点。首先，召开会议的必要性；其次，会议准备得是否充分，议程是否科学合理，主持人的能力水平，是否严格控制会议人数；最后，与会人数是否达到有效交流信息并形成有效决议的最低限度。

测一测下列会议程序你是否都做到了。

（1）每次会议我都会协助上级选好议题。

（2）安排恰当的人出席会议。

（3）安排会议前，我会对各种因素做详尽考虑。

（4）如果会议议程有改动，我会尽快将新议程送至与会者手中。

（5）选择会议场所时，我会选一个与这次会议相匹配的会议场所。

（6）每次会议，我都会充分准备会议所需要的设备、器材。

（7）拟写规范的会议通知。

（8）每次会议，我会在综合考虑各种因素后，再精心布置会场。

（9）每次会议召开前，我会及时将会议通知、会议资料发送到与会者手中。

（10）会议召开前，我会亲临现场，反复检查会议室。

（11）我确保自己为每次会议都做了充分准备。

（12）会议进行过程中，我会积极协助上级控制会议动态。

（13）会议进行过程中，我会为每位与会者提供周到的会场服务。

（14）我拟写的会议记录完整、简洁、准确。

（15）会议进行过程中，我能及时、巧妙地处理各种突发事件。

（16）会议结束后，我会及时清理会场。

（17）会议结束后，我会及时印发会议纪要。

（18）每一次会议组织工作，都会对我的会议组织能力提高有所帮助。

本章小结

本章主要对会议管理的基本概念、会前准备、会议程序和会后服务等方面做了详细的介绍，以便读者更深入、直观地认识到高效科学的会议管理对于组织运行和发展的重要意义。通过学习，相关工作人员在以后的日常生活和工作中，能够灵活地策划和安排各种不同类型的会议。

☞思考与练习

1. 为什么开会一定要先明确议题？试分析议题不明的会议可能导致哪些不良状况？

2. 会议准备工作一般分为哪几个阶段，试述各阶段的主要内容。

☞本章推荐阅读书目

阿斯道夫，阿比，2015. 会议管理与服务[M]. 张凌云，马晓秋，译. 北京：中国旅游出版社.

胡伟，王嘉，2021. 秘书会议管理学[M]. 北京：清华大学出版社.

楼红霞，2016. 会议组织与管理[M]. 北京：外语教学与研究出版社.

王德，李林，2020. 一本书学会机关实务：办会[M]. 北京：人民日报出版社.

向国敏，2016. 会议学与会议管理[M]. 2 版. 北京：首都经济贸易大学出版社.

周健华, 2018. 会议策划与组织[M]. 北京: 北京师范大学出版社.

专业会议管理协会(PCMA), 2016. 会议圣经: 专业会议管理完全手册[M]. 6 版. 明月, 英双, 译. 北京: 电子工业出版社.

☞阅读材料

协调工作切忌过分自信

某高校决定在 6 月召开精神文明表彰大会。开幕式当天, 学校体育馆主席台上摆满了鲜花, 参会人员已基本入场完毕, 校领导同志也到休息室等候, 暖场视频正在播放, 此时距离大会开始时间还有 15 分钟。

学校办公室李主任担任此次大会会务工作负责人, 按照惯例, 他提前巡视了会场, 检查会务工作的细节情况。此时一位同事向他提出建议, 说此次会议庄重, 应该在主席台背景两侧插上红旗。李主任认为很有道理, 随后立即调集全体会务人员马上重新布置主席台, 要求搬走部分鲜花, 同时在主席台背景两侧各插上三面红旗。有同事提醒, 大会还有不到 15 分钟就要开幕, 临时调整主席台布置可能会来不及。李主任却自信地说: "听我指挥, 时间足够, 抓紧行动。"主席台的红色大幕随即重新拉上, 传来一阵杂乱的搬动声。

然而, 直到大会规定的开始时间, 主席台的布置并没有按照李主任的要求完成布置, 大会被迫推迟了 15 分钟才开幕。校领导认为此事影响极为不好, 严厉地批评了学校办公室主任。

（笔者根据相关资料整理）

第七章　办公事务管理

本章导言

　　办公事务是文秘日常工作中不可缺少的部分，文秘只有具备得体的表达，高效的管理，科学的应对，才能出色地完成本职工作。在文秘的常规性事务工作中，接待工作是很重要的组成部分，它是单位形象的窗口，是展示组织文化和个性风采的门户，是联络客户感情的纽带，也是组织潜在的生产力。文秘要学会接待各种来访者，学会正确处理接待环节的各种突发因素，为上司管理好时间。为上司安排工作日程是文秘的一项重要的日常工作，同时每位文秘都应该正确高效地完成通信管理工作。

第一节　接待与宴请管理

一、日常接待

　　日常接待按准备程度划分可分为预约接待和无预约接待。

　　（1）预约接待是指对事先与本单位有约定来访者的接待。这种接待比较正规，在程序上需周密布置，在人力、财力、物力上应充分准备，不应该遗忘或出现差错。对于预约来访，文秘和相关接待人员要做好接待准备，按时接待，不可让来访者久等。

　　（2）无预约接待是指对与本单位未曾事先约定临时来访者的接待。由于种种原因来访者未能事先预约，有关人员没有准备，他们可能得不到及时会见。但是他们的事情未必就不重要，文秘要进行妥善处理。在无预约接待中，文秘要随机应变，灵活处理，既不失礼貌风度，又不能让来访者耽误上司和自己的正常工作。

　　接待来访者大致可分为以下八个环节：迎接准备→礼貌接待→根据对方是否预约进行接待处理→规范地引领来访者→进入会客厅→请客人就座→提供茶水服务后退出→送客与整理。

（一）迎接准备

　　文秘在客人来访前要做好充足的心理准备和环境准备，给来访者营造一个舒适的硬环境和软环境。硬环境包括接待中所需的前台、会客厅、会议室等，以及来访者可能经过的与单位相关的场所，如大门、前厅、走廊、楼梯等，这些场所都应保持整洁明亮，空气清新。软环境包括接待人员的整体精神面貌，即接待人员精神抖擞、大方自然的良好面貌，以及接待环境中表现出来的氛围、内涵等来访者可以感知到的东西。因此，单位通常会通过摆放花束、横幅、字画等给人以"欢迎光临"的积极暗示。另外，会客厅的墙上还可以悬挂能体现单位实力和可信度的主题照片，在宣传栏中布置组织文化的图片等。

（二）礼貌接待

礼貌接待环节，要做到 3S 原则，即应站起来（stand up），微笑着（smile），注视（see）对方，不管对方是否预约，都应向对方问好，然后听取对方的自我介绍。问候语可以是"您好，欢迎您的来访！""您好，我能为您做些什么？""您好，希望我能帮助您。"要避免向对方询问："你有什么事？"或仅仅说"您好"，然后等对方说话。如果对方不是初次来访，文秘要准确称呼对方，或判断性地推测对方姓名，如"您就是××公司的×先生吧？"这样可使客人从心里感到亲切，被其热情所感染。

（三）根据对方是否预约进行接待处理

当对方报出单位姓名时，文秘应该根据时间、预约登记本等，迅速判断对方是否预约，而不宜问："您预约了吗？"如此询问容易让对方反感，感觉冷漠。

1. 对方已经预约且按约来访

（1）上司已在等待对方。对已预约的来访者，文秘可答："×先生您好，××经理正在等您，请随我来"或"我带您去会客厅"，如此既确认了对方身份，也表明了己方热情诚恳的态度，同时又让对方明确了所去地点。如果上司要亲自出来迎接，可先请对方稍等。

（2）对方按时抵达，我方因前一个会议未结束或因其他事情耽搁，则可根据上司指示安排时间会见。同时向对方表示歉意，热情有礼地将对方带到会客厅等候。

（3）上司意外取消约见。对于已经预约好的来访者，上司临时有事取消了约见，这时文秘要采取补救办法，真诚致歉并说明原因，看能否改由其他相关人员接见，或向对方介绍近期内上司方便的几个时间段另约时间，或约定时间由己方亲自登门拜访。

（4）对方提前或延迟抵达。若访客提前抵达，文秘和对方打过招呼后，要及时和上司联系。若上司有空，征得其许可后安排提前约见；若上司不便及时约见，可请对方稍坐，并提供茶水、报纸供其打发时间。若访客延迟抵达，文秘应先和来访者打个招呼，说明上司之前已等候多时未见其赴约等情况，再请对方稍坐，提供茶水等，并联系上司，征求上司意见，根据上司的日程重新安排约见。

2. 对方未预约

对于突然来访的客人，文秘首先问明对方姓名和来意。如果对方不愿告知，只是问上司在不在，此时文秘不能直接回答对方，而是要继续询问对方："请问您是……"让对方明白这是工作需要，并始终保持微笑。在这种情况下，客人肯定会做简单的自我介绍。有时由于事情机密，对方不一定愿意告知来访目的，这时可让对方先在会客厅等候，并热情地说："请您稍等一会儿，上司刚刚散会，我帮您去找一找。"然后以找上司为由去向上司汇报，由上司决定是否会见客人。此时忌讳当面给上司打电话，以免上司拒绝接见时不好找借口。

对于不熟悉的客人问上司或同事的手机号码时，一般来说，如果是公司配给员工的手机，那就可以告诉客户。文秘可提前向上司询问，哪些人知道他的手机号码。如果要拒绝，则可回答："非常抱歉，不知您是否可以留下您的电话号码，晚些请他回电话给您？"

综上，未预约来访者的处理方法见表7-1。

表 7-1　未预约来访者的处理方法

客人	文秘	上司或相关者	文秘处理方法
要求见某部门负责人	通知上司或相关者	同意马上接见	安排等待
		同意晚些时候见	安排客人等候或做预约
		让他人代理	向客人解释清楚，安排他人接待
		不愿接待或没时间	建议他人代理或找借口婉拒
	无法通知上司	不在单位或联络不上	记录客人姓名、要求、联络方法，日后答复
有问题，但不明确找何人办理	根据情况通知相关者或婉拒		安排接待或记录客人姓名、要求、联络方法、做预约

而对于需要拒绝的客人，一般有如下几种说法。

"对不起，×经理刚刚出去，今天不会回来。您是否愿意见×副经理？他也负责这个事情。"

"对不起，×经理出差了。能告诉我您有什么事情吗？或许我能帮您另约一个时间。"

"对不起，×先生正在参加一个会议，不在公司。您可以留下姓名和电话，我负责转告他。"

非常忌讳说"×正在接待一个重要客户，现在没有时间"。这会让客人有被轻视的感觉，易产生激动情绪，尤其是对因有问题而前来寻求解决的客人，就更要委婉。

（四）规范地引领来访者

在迎接来访者后，文秘应将来访者礼貌地引领到相关场所。在引领来访者时，要明确地告诉对方将去什么场所，会见何人。同时引领人员要走在客人左前侧1米左右，与客人步伐保持一致。在出门、转弯、上下楼梯时，都要用手掌指示或语言提醒，如"请您小心，楼梯有点陡"。尤其上下楼梯时，引领人员均要在下方位置，即上楼梯时，客人在前，引领人员在后；下楼梯时，引领人员在前，客人在后，及时搀扶。如果是乘电梯，在有专职人员掌控电梯升降的情况下，引领人员应请客人先进或先出电梯。如果是无人值守的电梯，引领人员则应该先进入电梯，控制好电梯门，以防电梯门夹伤客人，然后请客人进入。到达目的地时，引领人员应后出电梯，守护客人安全步出电梯。

（五）进入会客厅

引领客人进入会客厅前，引领人员应先敲门，确认无人后再进入。引领人员应事先安排好会客厅，不要让客人站在门外等候。

会客厅的门有外开和内开两种，不同开向的门进出先后顺序也不同。如果门是向外开，则引领人员要拉开门，请客人先进；如果门是向内开的，则引领人员要推开门先进，用手扶住门，再请客人进。

（六）请客人就座

进门后要请客人坐上座。在会客厅或办公室接待客人，离门远、面对门的位置为上座，中间正位右高左低。若会客桌与门相对，则从门口看去右侧为上。

（七）提供茶水服务后退出

客人入座后，文秘最好询问客人喜好喝什么。这种询问必须针对单位的具体情况，采用封闭式发问，请客人从现有的几种选择中挑选，而不是开放性地问"您想喝什么"，以防出现不能提供客人所需要的饮品的情况。如果为客人沏茶，茶水七分为满。注意茶水不要放在烟灰缸旁边。如果等候时间较长，还应续水。

在上司与客人谈话时，文秘端茶进门时要先敲门。上茶时先给客人上，后给自己一方上，从职位高者上起。文秘退出会客厅时，要面对客人（或自己一方上司）先后退几步，然后转身，径直走出会客厅，轻轻带上门。

（八）送客与整理

会谈结束后，应该热情友好地送别来访者。送客送到哪里为止，也各有不同，可走到客人前面，一边寒暄，一边将客人送至办公室或会客厅门口；也可在前面把客人引导到电梯边，按下电梯钮，再用手按住电梯门，一直送到电梯门关上为止。送客的原则，应该送到客人离开视线为止。当然，重要的客人或远道而来的客人离去时，应为其准备交通工具，或将他们送至车上。

会议结束后，文秘还应做好整理工作，如收拾茶杯、清理烟灰缸、打开门窗，调节室内空气、整理桌椅、检查物品、关灯等，以方便后来客人的接待准备。

二、团体接待

（一）团体接待的程序

团体接待一般都是有约来访，由于来访人数和涉及活动较多，需要事先做好接待计划。具体步骤如下：了解来访背景→草拟接待计划→与单位相关部门沟通情况→与来访者沟通→报请领导审批。

1. 了解来访背景

了解来访背景需要首先了解来访目的。文秘应向领导或有关人员了解情况，获取这次来访活动的准确信息，如来访目的、来访时间、来访人数、带队人员、是否接站等。

了解对方情况越细致，准备工作就越充分。文秘需要了解来访者单位和主宾的基本情况，如单位全称、业务范围等，主宾的个人爱好、性格等。有些情况也可直接向对方了解。

2. 草拟接待计划

草拟接待计划的第一步是确定接待规格，这将涉及陪同人员、日程安排、经费开支、宴请规格等因素。草拟接待计划具体包括如下内容。

（1）主要陪同人员。这是决定接待规格的主要因素。

（2）主要工作人员。这主要涉及接待小组成员。

（3）住宿地点、标准、房间数量。应根据来访人员的职务、人数、性别等情况提前预订。

（4）宴请地点、标准、人数。根据主陪人员和来宾职位确定宴请档次和菜单，根据陪同人数和来访人数确定桌数和席位。

（5）会见、会谈地点和参与人员。根据来访目的确定会谈地点，并通知相关技术人员、管理人员做好准备。

（6）参观路线、游览地点及陪同人员。会谈之后，接待一方可陪同来宾参观本单位相关部门或特色部门。根据需要还可陪同对方游览本地风景名胜。

（7）日程安排。根据对方来访天数和主要活动，安排来访期间的活动内容、顺序和持续时间。日程安排包括工作事项、地点、起止时间、负责人、参与人等。

（8）经费预算。团体接待工作活动内容较多，牵涉多方人员，必然会产生多方面的费用。经费预算主要是根据接待规格、人员数量、活动内容做出费用预算。接待期间的主要支出项目，包括工作经费（文件印刷费、场地租借、设备租用等）、餐饮费、住宿费、交通费、游览娱乐费、礼品及其他费用等。

3. 与单位相关部门沟通情况

团体来访往往涉及其他有关部门和人员，如提供车辆、餐饮等服务的部门及具体的业务部门等。文秘要事先与相关部门和人员沟通，确定使用车辆、会谈和参观时间、作陪人员。

4. 与来访者沟通

在日程安排初步定好后，文秘要将接待计划报给来访一方，征询他们的意见，看是否有改动或补充，如对方提出修改意见，一般要尊重对方的意见。如果对方的要求难以办到，要如实向对方解释清楚。

5. 报请领导审批

因为接待计划是由文秘草拟，所以是否按照草拟计划执行必须经过领导审定批准。接待计划一经双方认可并经领导批准，一般不再改动。

（二）团体接待准备工作

确定接待计划后，文秘就可以进行前期准备工作。团体接待准备工作主要是人员确定、场地预订及布置、活动安排、有关物品和工具准备、经费预支等。

1. 人员确定

接待人员涉及主要陪同人员和工作人员。主要陪同人员由己方负责该次接待的领导担任，负责会谈、用餐招待、参观陪同等具体工作，文秘协同主要陪同人员做好准备、沟通联系、后勤等具体工作事务。

2. 场地预订及布置

场地预订及布置主要是指预订会谈场所及用餐地点。

（1）预订会谈场所。一般而言，来访单位和人数较少、涉及业务的接待宜安排在单位内部，提前预订并办理使用手续。来访单位和人数较多、联谊性或年会性的接待，可联系、预订外部场地。

（2）预订用餐地点。若自身不具备宴请招待条件，安排在外宴请需考虑用餐档次、菜肴派系和用餐环境等因素。宴请菜单要结合宴请的形式和档次、宾客身份、时间和季节，以及宴请对象的喜好和禁忌来进行。当然，还应考虑宴请预算，做到丰俭得当。菜单不应只以主办方的喜好为标准，还要考虑主宾的口味喜好和禁忌，是否有宗教禁忌、个人禁忌和职业禁忌等。宴请菜单，应有冷有热，有荤有素，有主有次，兼顾常规与地方特色。此外，特色菜、招牌菜也可考虑列入菜单中。

3. 活动安排

（1）会谈。确定会谈的日程、时间、地点和参加人员等，并准备好有关的资料和文件。

（2）参观路线安排。文秘在安排参观活动时，应考虑以下问题。

一是要与客人来访目的相一致。例如，对方是为了引进某个项目而来访，安排其参观的地方当然是相关的设备、厂房、实验室等，库房、资料室等不相关的地方就不必安排。

二是不影响组织正常的工作及生产。参观活动虽然可使来访者直观地感受组织的形象和产品，受到来访者的好评，但要以不影响组织正常工作为前提。

三是避免泄露单位机密。在安排参观时，要有保密意识，明确本单位、本部门涉密、保密工作范围。对各种可能的失密、泄密途径，要事先加以防范，如禁止拍照摄像，技术指标、配方等不宜讲得具体透彻等。参观路线要避开关键性的工艺流程、技术和图纸等。

4. 有关物品和工具准备

准备好与接待有关的物品和工具，如赠送对方礼品的购置，欢迎标语或标牌、横幅的制作，资料整理、印制、迎送或外出游览的交通工具的预订等。

5. 经费预支

设宴招待、礼品购置、外出游览等都需要经费支持，这需要文秘提前与财务部门联系，预支现金或支票。

（三）宴请礼仪

团体接待中往往会涉及宴请来宾的活动。在宴请活动中，文秘应注意以下内容。

1. 座位安排

一般遵循"面门为尊、背门为下，中座为尊、右高左低，靠墙为尊、过道为下"：正对大门为主位，离主位越近，地位越尊，主宾居右，即在第一主位右侧。多桌就餐，坚持餐桌人数尽量为双数，且各桌排位大体相似的原则。如果是大宴，桌与桌之间的排列讲究首桌居前居中。宴请活动席位安排示意图（圆桌）如图7-1所示。

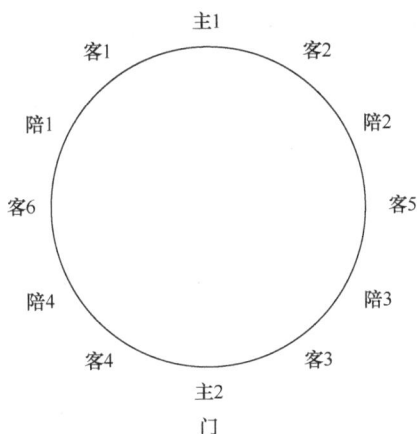

图 7-1　宴请活动席位安排示意图（圆桌）

2. 点菜

一般都由主办方的文秘负责点菜。首先需问清来宾的饮食忌讳，然后依照以下几项原则点菜：一是主要食材不重样；二是荤素各半（如果男宾多就多点一些荤菜），差不多一人一个菜；三是各种口味的都有一两样；四是有干有稀，有饭有汤；五是热多冷少，凉菜与热菜搭配合理。

3. 用餐礼仪

（1）正确使用餐具。不要用筷子在菜盘中挑挑拣拣；不用嘴吸吮筷子；夹菜不滴洒；不拿着筷子在各碟菜中来回移动而不取食；不与别人的筷子在菜碟中相截；不用自己的筷子为客人夹菜；说话时不拿着筷子比比划划，筷子不立于米饭、菜肴之上；不将筷子平放在碗口上等。

（2）注意席间礼仪。主不动，客不食；在餐桌前坐下后，不能玩弄餐具；吃饭时不要发出响声；要咽下嘴内的食物后再说话；若要剔牙一定要用餐巾或手加以遮挡；若控制不住喷嚏一定要背对或侧对他人并用纸巾遮挡，随后对旁边人表示歉意。

三、涉外接待

（一）涉外接待的程序

涉外接待程序大致与内部接待一致，包括了解来宾情况、确定接待规格、拟写接待计划、接待来宾等内容。不同之处在于，涉外接待需要了解中外文化差异，不触犯对方习俗禁忌，因此准备工作十分重要。

1. 涉外接待的准备工作

（1）要了解清楚来访外宾或代表团的基本情况，如外宾总人数，是否包括主宾的配偶，来访人员的职务、性别等。另外，较高层次的商务访问随行的有记者。这些信息都可请对方事先提供。

（2）了解外宾的饮食爱好、宗教禁忌以及是否有其他特殊生活习惯。

（3）拟定来宾访问日程。应当向对方了解抵离的日期和时间、交通工具和路线、对参观访问的具体愿望等。访问日程一般由主办方提出，拟订日程草案后，可先将主要内容告知对方，以便听取对方意见，并使对方有所准备。

（4）安排食宿。要根据上述情况做好安排。在商务活动中，很多公司在一些国家的大城市都有固定的住宿宾馆，不需接待方安排。如果没有，就要根据对方的身份或要求进行安排。

2. 涉外迎送仪式的程序

（1）确定迎候人员。本着身份对等的原则，参加涉外迎送仪式的要有与主宾身份相当的主人、随从人员及翻译。

（2）准备迎宾的物品。如果双方互不认识，需要准备一块牌子，用对方能看懂的文字，工整地写上来访团体的名称或主宾的名字。如果决定献花，一定要用鲜花，不可以用黄白两色的菊花或百合花，献花人应当为年轻的女性。要按照来访团体的人数和主宾的身份决定接送客人的车辆。

（3）注意见面礼节。双方见面以后，主办方先把己方主要人员介绍给主宾，然后由主宾把客人方的主要人员介绍给主办方。双方握手互致敬意。有的国家来宾习惯先行拥抱礼、合十礼、鞠躬礼等，己方均应做出相应表示，不可表现出勉强。献花人献上鲜花，然后主人马上引领客人上车。文秘要注意关照客人的行李，提醒客人检查行李，不要遗忘。如果出现客人的行李丢失问题，文秘或其他随从人员应该留下来向航空公司方面交涉，而让客人先行。

（4）送行前的拜访。在拜访前，己方文秘应打电话给对方文秘，确认拜访时间和主要人员的身份，提醒其做好准备。

（5）安排送行仪式。如果客人乘坐飞机，特别是国际航班，一定要提前出发，因为路上可能遇到交通拥堵，办理登机手续和安全检查都需要不少时间，所以送行人员一定不能迟到。主要陪同人员可在客人下榻的宾馆与客人道别，而由副职代替到机场或火车站送行。当然，如果主要陪同人员把客人送到机场或车站，则表现出更为重视双方关系的态度。

（二）涉外宴请

与中餐相比，西餐在宴请原则、席次安排、主要餐具使用方法和进餐礼仪等方面有很大不同，需要引起中方陪同人员的注意。

1. 宴请原则

（1）适量原则。宴请外宾时，可根据活动规模、参与人数、用餐档次等情况进行安排，量力而行。宴请外宾，不同于国内的一些习俗，铺张浪费并不能给人一种实力雄厚的印象，许多西方国家都视铺张浪费为一种可耻的行为。

（2）宴请环境要雅致。宴请外宾时，绝不是为吃而吃，而是为了营造出一种有利于宾主双方进行深入交流的友好氛围。用餐环境是营造氛围最好的一个因素，准备时应注意四个方面：环境要安静；环境要精巧；环境要整洁；环境要卫生。

（3）宴请菜单要有特色。宴请外宾时，餐单要精心考虑，既不点外宾禁忌的菜肴，又要有一些特色和风味菜，简单又富有地方特色的菜肴，往往会给外宾留下深刻印象，受到他们的欢迎。

（4）进餐举止文明。男士可穿西装，女士着礼服。用餐文明，不发出声响。席间应讨论双方都了解、轻松的话题，如旅游、天气、社会热点等，避免沉闷、影响食欲或双方情感的话题，如民族纷争、宗教信仰等。

2. 席次安排

西餐席次的安排主要有三点：一是体现"女士优先"，将女主人置于尊位；二是以右为尊，男女主人的右侧为大，左侧为小；三是席次采用分座原则，主客间隔坐，男女间隔坐，兄妹、夫妻分开坐。这样的安排可以让大家都有结交新朋友的机会，男士要主动照顾两边的女士，为她们提供一些服务。西餐席位安排示意图如图 7-2 所示。

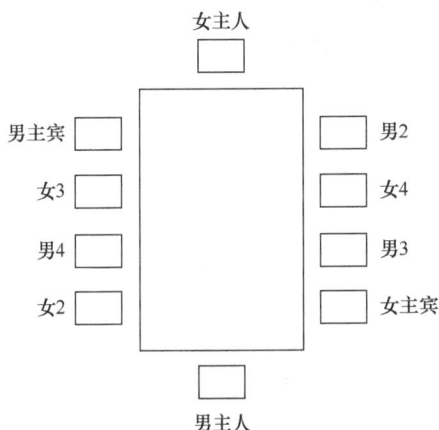

图 7-2 西餐席位安排示意图

3. 主要餐具使用方法和进餐礼仪

（1）主要餐具使用方法

西餐主要使用刀叉进食，辅之以汤匙、夹、钳类餐具。餐具是按上菜顺序排列的。餐具摆台常见的方法是餐盘（或汤盘）居中，左手餐叉，右手刀、匙，刀口朝内，叉尖向上，盘前横甜食匙、叉，餐盘往前略左为面包盘，略右依次为水杯、葡萄酒杯和白酒杯。

正餐的刀叉数目和菜的道数是相等的，按上菜顺序由外到里排列，依次为吃开胃菜、鱼、肉用的刀和叉。

用餐时，右手拿刀或匙，左手拿叉。先用叉把食品按住，再用力把食品切成小块，吃一块切一块，不要把食品一下子都切成小块。切时用力要轻、要稳，切忌用力过猛，弄出响声或打破碟子。只能用叉子叉住食物送往嘴里，切忌用刀。切忌把两肘抬得很高或伸得很开，切忌一手拿刀叉、一手用餐巾擦嘴或拿杯饮酒，切忌一边讲话一边用刀叉指着他人或挥舞不停，切忌把刀叉向两边伸出。用餐期间，若因谈话或其他原因暂不能用餐，可将叉尖向下、刀刃向内，呈"八"字形摆放，意为"尚未吃完，请勿收走"。餐毕，应把叉尖向上、刀刃向内，刀叉并排放在餐盘内，表示这道菜已经吃完，可将餐具收走。

需要注意的是，吃面包时，切忌用刀切，只能用手掰成一口大小的面包块。不能把一大块面包送到嘴里大口大口地咬，应根据自己的喜好用奶油刀蘸上黄油或果酱，平涂在撕下的面包块上再送入口中。吃面包时，禁止说话。

在西方，放置餐巾也很有学问。一般来说，入座后应将餐巾折口朝外对折置于膝上，以便保护衣服和偶尔擦嘴、擦手用，擦嘴应使用餐巾内侧。若将餐巾置于椅座上，则表示"暂时离开"；若将餐巾置于餐桌上，则表示"一去不回"。餐毕，不必将餐巾折叠，自然放置在桌上即可。

（2）进餐礼仪

一个人的"吃相"能显示其风度，进餐要文雅，每一口不宜吃得太多，应半闭嘴咀嚼，不可发出咂嘴或打饱嗝的声音。

喝汤不能直接端起碗来喝，应用汤匙由里向外舀着喝，不能发出声音。如果想让汤快些冷却，可用汤匙搅动。

在吃鱼的时候，用刀沿着鱼脊骨划一下，吃完一面后用手把鱼骨拉掉放到盘边，接着吃另一面，切忌将鱼翻过来。嘴里的细鱼刺吐到叉子上或用手指捏下来放到盘边，不可以直接吐到盘子里。

在吃牛排的时候，直接用刀叉取食。吃带骨头的鸡、鸽等肉时，先把肉厚的地方切下来进食，剩下贴骨肉可以拿起骨头来吃。

与中式面条不同，在吃意大利面时，用叉子挑起几根面条，左手持勺，勺面抵住叉子尖，转动叉子，将面条绕在叉子上进食。

一般用叉子吃蔬菜和沙拉。如果菜叶太大，可用刀在盘中切割，然后用叉子送入口中。青豆等可用勺子压扁再舀起来吃，不要一粒一粒叉着吃。小粒番茄用手或叉进食。

趁热品尝咖啡是喝咖啡的基本礼节。在喝咖啡的时候和品茶一样，先深吸气，用心体会咖啡的浓香，闻其香后吹开咖啡油轻啜一小口，尝咖啡原味，之后随个人的喜好加入糖、奶。如加糖，一定要用方糖夹夹起方糖轻放在杯内，以免溅起咖啡。小茶匙是用来搅拌化糖用的，不能盛咖啡喝，不用时要放回咖啡碟里。

第二节　日程安排管理

一、日程安排表的类型

领导工作千头万绪，时间有限，文秘在安排领导的工作日程时，要对领导的工作进行分类，更好地保证领导的工作效率。

日程安排表是将某一时间段中已经明确的工作任务予以清晰地记载和标明的表格，提醒使用人和相关人员按照日程安排表的进程行动，可以为一人使用，也可以为多人共同使用。最常见的日程安排表包括年度工作日程表、季度工作日程表、月份工作日程表、周工作日程表、当日工作日程表。

（一）年度工作日程表

年度工作日程表以一个年度为计划单元周期，将新的一年内要进行的主要活动制成一览表，做到心中有数，以便提前做好准备。文秘编制年度工作日程表时，可以参照上一年的安排表和新一年的工作部署，要简单概括，一目了然[①]。

年度工作日程表（表 7-2）根据工作需要，具体分为年度会议日程表、年度业务日程表等。

表 7-2　年度工作日程表

1 月	2 月	3 月
4 月	5 月	6 月
7 月	8 月	9 月
10 月	11 月	12 月

年度工作日程表应包括各部门对新年度工作的总体计划和安排；年度日程安排体现固定的重大活动，如各种大会、庆典及重要的关系往来等。编排时，要标注每个月进行的活动安排；要充分考虑到季节、气候、各种传统节日和假期等对组织活动的开展和事务往来的影响；在编排年度日程时，通常要征询各个部门的意见，进行协商和汇总。

（二）季度工作日程表

季度工作日程表以一个季度为计划单元周期，将一个季度内的相关工作制成一览表，可视为年度工作日程表按季度的分解，内容上可能会比年度工作日程表更详细。

（三）月份工作日程表

月份工作日程表以一个月为计划单元周期，将一个月内的工作制成一览表。编制方式主要有两种：一是由主管领导负责召开会议，请其他领导提出下月计划，再结合集体协定的事项，由文秘制作，经主管领导审定后下发实施。二是文秘部门在月底请各位领导将下月的安排或活动以口头或书面的形式交给文秘综合整理，对冲突矛盾加以沟通协调，编制并经主管领导审定后下发实施。

月份工作日程表的内容：参照年度日程安排和近期活动计划制订；注明领导出差、开会、会见等重要活动；时间安排要有充分余地，当月事当月毕；在月末要开始考虑，并请示领导确定（表 7-3）。

---

① 王玉霞，黄昕. 办公室事务管理[M]. 北京：清华大学出版社，2010.

表 7-3　月份工作日程表

日期	星期	工作内容	日期	星期	工作内容
1	三		16	四	
2	四		17	五	
3	五		18	六	
4	六		19	日	
5	日		20	一	
6	一		21	二	
7	二		22	三	
8	三		23	四	
9	四		24	五	
10	五		25	六	
11	六		26	日	
12	日		27	一	
13	一		28	二	
14	二		29	三	
15	三		30	四	

注：本表以 30 天为一个满月

（四）周工作日程表

周工作日程表是以一周为计划单元周期，在月份工作日程表的基础上制订的一周内工作安排一览表。一般是在本周五的下午（或下周一的上午），由主要领导召开碰头会来协商下一周（或本周）的活动安排，加上平时收集的信息，由文秘填写在固定的按周一至周五并分上下午时间的表格中（表 7-4），经授权人过目后印发给相关人员。

编制周工作日程表的注意事项：标注一周的主要活动，是领导在一周内工作安排的基本依据；应与领导沟通完成后，请领导审阅和确认。

表 7-4　周工作日程表

日期	星期	上午	下午
11	一		
12	二		
13	三		
14	四		
15	五		
16	六		
17	日		

（五）当日工作日程表

当日工作日程表又称为工作日志，是以一天为计划单元周期，根据周工作日程表编制出一天时间内的活动计划，即从上班开始到下班为止应该做什么事情，特别是领导的活动（表7-5）。当日工作日程表是文秘协助领导提高效率的一种很重要的工具。文秘要做好领导日志信息保密工作，一般只提供领导授权的人员查阅。

表 7-5　当日工作日程表

时间	待办事项	已完成事项
8：30		
9：00		
9：30		
10：00		
10：30		
11：00		
11：30		
12：00		
……		
一天成效		

当日工作日程表一般以领导必做的事情为主线，内容包括在单位内参加的会议、活动情况，要记录清楚时间、地点、内容；在单位内部接待的来访者，要记录清楚来访者的姓名、单位详情、来访时间；在单位外部参加的会议、活动、约会等情况，要记录清楚时间、地点及确切的细节、对方的联络方式等；个人的安排，如去医院看病，应当保证不在该时段安排其他事宜；私人信息，如亲属的生日，应提醒领导购买生日蛋糕或礼物。

此外，文秘的当日工作日程表还包括领导需要文秘协助准备的事宜，如准备某会议发言稿、订机票等；领导交办自己的工作，如为签字仪式联系地点、媒体等一系列准备工作；自己职责中应该做的工作、活动，如值班、撰写工作总结等。

一般而言，当日工作日程表有两种形式，一种是手工填写的工作日程表，另一种是电子工作日程表。

编制手工填写的当日工作日程表的方法是提前了解领导工作和活动的信息，分别在领导和自己的日程表上填入，并于当日一早再次确定和补充；提前在自己的日程表上清楚地标出自己当日需要完成的工作；填写的信息要清楚，方便阅读，保持整洁。最好先用铅笔填写，确认后再用水笔正式标明，还可以使用不同颜色标明；填写的信息要完整，标明各项活动的时间、地点、人员、联络方式等必要信息；信息要准确，当日出现情况变化时，应当立即更新日程表，并告知领导出现的变化；在领导日程表变化的同时，也应当相应地更改自己的日程表，并做好变更的善后工作；在自己的日程表上要清楚地标出为领导的有关活动所做的准备，并逐项予以落实。

电子工作日程表一般通过计算机程序中的 Microsoft Outlook 建立，上面有进入的时间、本月和下月的日历，只要输入工作任务即可。输入的方法和内容与手工填写的日程表基本相同，用起来更方便，并可以迅速修改和更新内容，不留痕迹。

有时可能会因为一些意想不到的因素，必须变更原来的安排，但应该尽量想办法将变更限制在最小的范围。发生变更的主要情况有原定结束时间延长超时；追加紧急的或新添的项目；项目的时间调整、变更；项目终止或取消。文秘调整工作日程表要注意以下四个方面。

其一，安排活动之前要留有 10 分钟左右的间隔或适当的空隙，以备活动时间的拖延或添加临时的、紧急的情况。

其二，进行项目的时间调整、变更，仍然遵循先重急后轻缓的原则，并将变更的情况报告领导，慎重处理。

其三，确定变更后，应当立即做好有关善后工作，如通知对方、说明理由、防止误解等。

其四，再次检查工作日程表是否已经将变更后的信息记录上，不要漏记和不做修改。

二、日程管理的基本原则

（一）符合领导的工作习惯与做事风格，兼顾效率与健康

文秘应该了解领导的工作习惯和做事风格，根据领导的身体情况，形成科学的日程安排，适应其工作节奏。在追求高效完成工作的同时，要巧妙地规避和分流各种令领导疲于应付的琐事，事项的时间安排上要留有充分的余地，避免领导过于疲惫和劳累，影响休息和健康。文秘应了解单位近期发展情况，特别是领导的工作进展情况，留意其近期的工作兴奋点。

（二）科学安排，及时沟通，事先确认，事前提醒

由于领导工作事务较多，文秘要分清工作的轻重缓急，对领导已经确认的计划内的事情预先写入日程，并及时与领导沟通，如果出现变动应及时变更和整理日程表；日程表的安排要定期与领导沟通，文秘要将领导的需求和对突发情况的处理原则体现在工作日程的安排中，以利于工作开展；在日程安排的重要工作开始之前，文秘应周到地提醒领导，以免遗忘和产生疏漏。

（三）日程的安排详略得当，妥善保存，注意保密

日程表的编排应注意保密原则，有一些关键的事项应在自己的工作记录本中作备忘录，不一定都细致地体现在表格中，给领导的表格可以详细周到，但给综合部门和相关服务部门的表格应注意规避，做必要的删减。日程表中可以用领导和文秘约定的常用符号进行事项的表示，如 KH 代表会见客户；还可以用各种标点或几何符号表示，如◇表

示外出、〇表示会议等，这样可以防止别有用心的人利用日程表掌握领导的日程安排。日程表要注意妥善存管，通常情况下，过期的日程表在做完必要的工作记录后就可以销毁。

三、日程管理的经验与技巧

（一）避免太满

周一、出差前后一个工作日、对领导有特别意义的日子（生日、纪念日）等，不要安排过多的事务；根据领导的习惯要留出适当的固定时间阅读报刊资料及其他信息；领导身体不适时要征询其意见，减少或停止事务安排。

缺乏经验的文秘常犯这样的错误：工作安排争分夺秒，如领导刚进行了工作研讨会，就安排与重要人物会面，看似时间排得紧，人的潜力得到了激发，然而事实证明，这并不能提升工作效率。因为领导思路还集中在会议内容上，这样的状态很难一下子进入与重要人物的会谈中，不会取得最佳的效果。

（二）避免急促

日程安排要注意工作效率，但一定要留有时间余地。例如，在两个约会间要留出机动时间，防止商谈延长引起时间冲突；在会议开始之前要给领导留出整理思路的时间；在安排工作时还要给领导预留一定的时间处理日常事务。

在制订日程表过程中，最大的困难就是各种事项的时间测算。例如，会议要开多久，与来客会谈需要多长时间，两项活动之间要留多长时间才合适，如果有的工作细节疏漏了，紧急弥补要等多久。根据一般的经验和对领导的了解，单位内部的时间测算相对容易一些，但与外单位的客人会谈等活动，进程节奏不是领导个人可以掌控的，对文秘来说，要考虑得更周到细致一些，留出更多的机动时间。如果领导工作忙碌，可以事先征询领导的理想时间进行安排，采用电话配合、便笺提示、适时中断等方法帮助其临时安排好时间。

（三）防止冲突

对领导的各项安排要熟记于心，及时提醒已经确定的安排，防止事务冲突；每日安排相对固定的时间，与领导核对日程，避免工作安排的疏漏。

（四）不能越权

不要代替领导做决定，日程安排要在领导的同意下进行，事项的重要与否、先后顺序，文秘可以凭借经验和直觉进行判断和建议，但日程安排一定要请示领导，加以确认。领导不在时，不能随意接受预约，对紧急事项则要问明后及时上报。

预约是以书面或口头（电话）方式来进行的。如果是通过对方文秘得到的预约，要请对方文秘向其领导报告和请示，并向对方确认是否接受。有的预约不是通过文秘而是通过领导直接决定的。这时，文秘要马上与领导取得联系，以便进行必要的准备工作。

不得未经领导允许随意接受预约，预约时间文秘可以进行建议，但不可代替领导定夺。

（五）积累经验

要掌握领导的行事风格，察言观色，及时暗示和提醒。例如，文秘要帮助领导控制会谈的时间，用纸条或其他适当的方法适时打断，防止拖延，影响后续日程；还要掌握近期的中心任务、重大事项及领导要回避的人物，在日程安排上谨慎处理、科学安排。

文秘应掌握领导的工作风格、工作脉络及其与公司内、外各组织的关联，经常考虑应该先做哪些工作更为合适，并多向领导请示、报告。请示时要认真具体，不要只给出会议、报告、聚会等的开始时间而不考虑需占用的时间。

第三节　通 信 管 理

通信是指利用电信设备传送消息，有时指反复传送。通信工作每天要花费大量时间与精力，通信工作是文秘日常工作的重要组成部分。文秘借助通信这一平台，开展大量对内对外联络工作，已成为展示其工作效率、社会形象的一个窗口。通信管理包括电话事务管理、邮件事务管理、电子邮件管理及传真通信管理等。

一、电话事务管理

首先接打电话要遵循简要的原则，吐字清楚准确，讲究礼仪文明，交谈简洁高效，注重安全保密，做好电话记录。

（一）拨打电话

在打电话前要明确拨打电话的目的，即电话要打给谁，为什么要打，要谈什么事情等，以使拨通电话后能迅速而有条理地说出所要交谈的事情。在打电话前要仔细核对对方电话号码，确保一次拨号后就能成功通话。准备好通话中要用到的文件、资料或数据等，甚至有必要在记事本或便条上先列出电话中要交谈的事情。通话时先把通话要点告诉对方，再详细说明内容。

一般来说，文秘拨打电话应该遵守这样的程序：梳理通话内容→确认对方单位名称及电话号码→准确拨打对方电话号码→拨通后自我介绍→说出要找的人的姓名→礼貌性地寒暄→陈述通话事实→确认通话要点→礼貌地道别→挂断电话。

文秘要确定打出电话的时间，既要有打电话的需要，也要考虑对方的情况；要考虑何时通话最好，通话多长时间为妥。除特殊情况外，公事最好在上班时间打电话，最佳通话时间是双方约定的时间和对方方便的时间。刚上班的前 40～60 分钟，特别是周一，一般较忙，人们不太愿意被电话干扰。如果必须要在对方不方便时通电话，应当及时道歉并说明原因。即使是私人电话也应避开用餐、睡眠和休息时间。通话有 3 分钟原则，即每次通话时间一般不超过 3 分钟，宁短勿长。

打电话过程中不能吸烟、喝茶、吃零食，即使是懒散的姿势对方也能"听"出来。若坐姿端正、身体挺直，所发出的声音就会亲切悦耳、充满活力。因此打电话时，即使看不见对方，也要当作对方就在眼前，尽可能地注意自己的姿势。声音要温雅有礼，以恳切之语表达。嘴与话筒保持 3 厘米距离，适度控制音量，以免对方听不清楚而滋生误会，或因声音粗大，让人误以为盛气凌人。

通话结束，要礼貌地向对方道别，如说"谢谢""再见"等礼貌用语，不可只管自己讲完就挂断电话。挂机后要确保电话切实挂断，否则影响来电呼入，甚至可能造成泄密。

（二）接听电话

一般来说，文秘接听电话应当遵守这样的程序：电话铃响及时摘机→自报家门→确认对方→与对方交流或倾听记录→确认通话要点→礼貌地道别→挂断电话。

每当电话铃响，文秘最好在第二声响铃之后第三声响铃之前迅速摘机应答，即主动问好并做自我介绍，如"您好！这里是××单位，我是××"。以便对方确认自己所拨打的电话是否准确。如果因为一些特殊原因未能及时接听电话，应首先向对方表示歉意，如"对不起，让您久等了"。文秘一般应当将电话放在办公桌的左手边，这样便于电话铃声响起之后，能够用左手拿起话筒，右手做记录。

电话接通后，如果对方未表明身份和用意，文秘应当用礼貌的方式来了解对方的身份和来电意图。如"请问您是……"特别是对于找自己领导的电话更要注意这一点。在未弄清楚对方身份的情况下，不要轻易地把电话转给领导或谈论有关话题。如果一接电话就能辨认出对方是谁，即可直接称呼对方，这样会给对方留下亲切的印象。

通话过程中，文秘要注意倾听，弄清对方意图，认真做好记录。没有听清楚或没有听明白的地方，一定要请对方重复或解释，确保记录信息准确。对于重要的事项，一定要做好详细的记录。如果对方询问某个问题，自己又需要放下话筒进一步查问才能够答复，则要向对方说明情况，并询问对方可否等待。另外要主动复述来电内容，与对方核对，既保证内容无误，又利于自己强化记忆。当对方陈述事项时，可以适当插用一些短语或其他反应方式，如"好的"，表示自己在认真倾听，而且不要在对方的话没有讲完时就打断对方。

文秘接到找其他人的电话，如果对方要找的人就在附近，应当立即去找，不要拖延。如果对方找的人不在，自己无法处理，应当委婉地探求对方来电的目的，可请对方留下电话号码，或询问对方需要怎样的帮助。不到万不得已，不要把自己代人转达的内容再托他人转告。

通话结束，待对方说完"再见"，等待2～3秒钟后挂断电话。一般情况下，应当请对方先挂断电话。如果对方说完主要内容后还没结束通话的意思，应以适当的借口礼貌地结束通话，如"请放心，我一定转达。再见！"

（三）处理特殊电话

1. 纠缠电话

这类电话的发话者为了达到自己的目的，三番五次地来电话纠缠，甚至还有人经常打骚扰性的纠缠电话，容易让人心烦意乱，拿不定主意。面对这类电话，文秘要不怒不躁，不被对方利用，同时也要礼貌地回绝，不留任何余地。

2. 匿名电话

这类电话的发话者既不愿报上姓名，也不愿说明打电话的动机，只要求直接找领导。面对这类电话，文秘要保持彬彬有礼的态度，坚持不报姓名或不说明来意就不打扰领导的原则。如果是反映有关情况的电话，要保持冷静，向有关负责人反映。

3. 投诉电话

这类电话的发话者往往感情比较冲动，言辞过于激烈，尤其是投诉属实的情况。面对这类电话，文秘要心平气和、冷静耐心倾听，等对方发完火之后再诚恳地解释原因或提出建议，决不能针锋相对、意气用事。

4. 告急电话

若文秘接到告急电话，如因突发事件、自然灾害等请求解决或帮助时，应冷静、沉着、细心、果断、迅速地予以处理，尽快弄清事情的来龙去脉，或在自己范围内提出初步处理意见，或马上向有关部门请示报告。

5. 唠叨电话

这类电话的发话者是一些"长舌妇式"的人，喜欢说一些毫无意义的话题，如果一直听下去既浪费时间，又可能耽误其他电话，还可能让发话者得寸进尺，没完没了。面对这类电话，文秘最好的办法是使用善意的谎言。

二、邮件事务管理

（一）邮件的分拣

文秘在日常工作中收到的主要邮件包括特殊函件（如机要邮件、挂号信、特快专递、写明上司亲启的信函等）、一般业务函件、同事私人信件、报纸、杂志、广告宣传资料、汇款单、包裹等。文秘收到邮件后，可以根据单位的规定或实际情况，按照一定的标准进行分拣，如按照收件人的姓名分拣、按照收件部门的名称分拣、按照邮件的重要性分拣等。总体来说，首先应该将私人邮件与公务邮件分开，将办公室内部邮件与外部邮件分开，将优先考虑的邮件放在一起。只有进行了这样的初步分拣，下面的工作才能够继续进行。

（二）邮件的拆封

1. 邮件拆封的权限

在日常的邮件处理中，文秘可以拆封的邮件通常包括以下三类：①收件人名称为本单位法人名称的邮件；②收件人名称为本单位文秘部门的邮件；③部分收件人名称为本单位法人代表的邮件。

2. 邮件拆封的方法

（1）将邮件立起在办公桌上轻磕几下，使封内邮件沉落在底侧，以免邮件留在封口边缘因拆封而受损。

（2）用剪刀、拆封器等工具沿信封上端开启，不要破坏邮票、信戳和信封上的文字，保持信封的完整并保留信封。

（3）小心取出信封内所有邮件，检查信件中所提到的附件与信封内所附附件是否相符，信纸、信封上的地址、姓名等是否一致。如有不符或不一致之处，应当及时做好标记或与寄信人联系确认。

（三）邮件的登记

对于比较重要的邮件，文秘应当逐件在收件登记簿上登记，写明编号、邮件主题、收阅人部门、处理办法等信息。无须登记普通广告、推销信等。

（四）邮件的分发

在对邮件拆封、登记之后，文秘要将邮件分别呈送给领导或其他有关人员。在呈送领导之前，注意将重要的邮件放在上面，一般性质的邮件放在下面。如果邮件需要参考资料，要将两者放在一起呈送。如果一份邮件需要呈送多个领导传阅，文秘可以根据实际情况在呈送时附上"邮件转送单"和"邮件传阅单"，以便更好地控制传阅过程。

（五）邮件的寄发

1. 检查邮件

（1）检查名称。检查信封上的收信人姓名、地址与信笺上的姓名、地址是否一致，检查收信人邮政编码是否书写正确。

（2）检查标记。检查信封上应该有的标记，如"保密件""急件""亲启"等是否标注。

（3）检查签名。检查需要领导签名寄发的附件是否已经签署。

（4）检查附件。检查应该附上的附件是否齐全、准确。

2. 装封登记

邮件装封不仅要考虑方便收件人拆阅，还要注意整齐美观，根据所使用信封的大小，信纸可以采用二折法、三折法或不折叠。多页信纸应当按顺序折成一叠，不能单页折叠。若有附件，附件应当与信件正文分开，把附件叠好放在正文的最后一叠中，这样收件人取信时，附件也会一同取出。将信纸放入信封后，封好封口。其他非信纸类的邮件酌情采用捆、套、盒等方式装封。装封要完整、规范。

3. 递交邮件

到邮政窗口或专门的邮递公司，按照不同的寄发要求分类付费交寄。

三、电子邮件管理

（一）电子邮件的优点

电子邮件，是用电子手段提供信息交换的通信方式，电子邮件可以是文字、图像、声音等多种形式，是互联网应用最广的服务之一。使用电子邮件进行对外联络，不仅安全保密，节省时间，不受篇幅的限制，清晰度高，而且可以大大降低通信费用。

（二）电子邮件填写规范

首先邮件上的"主题"一栏必须一目了然，以提示收件人打开邮件。其次邮件正文的第一句话应该是称呼对方的姓名、身份，给对方留下一个彬彬有礼的印象，如称呼"徐老师""李科长"；电子邮件的正文文字要简明、语气积极，有礼有节。文秘在给对方写电子邮件时，应注意语气，合乎礼仪规范。在回复来信时，可摘录部分来信原文，以使对方立即通晓来信含义。对于收到的电子邮件应尽快回复，一般以不超过 24 小时为宜，即使一时无法答复，也应回信告诉对方你已收到来信，并给出大概的答复时间。最后一定要签上文秘的姓名、身份，或是领导的姓名、身份，并附上组织的名称和电子邮件地址。

（三）电子邮件管理的注意事项

每日查阅邮箱，删除不必要邮件；将其他邮件及附件复制并分类存到子文件夹中；需要领导本人审阅的，存入相应文件夹。部分邮件应根据领导授意回复。以领导名义回复时，要注意语气，并从领导的邮箱发出；以文秘名义发送时，要说明邮件内容为领导授意。

四、传真通信管理

（一）传真的特点

传真能快速、准确无误地传示文字和图像，特别适用于传送批示文件、手稿、图像等。但传真又有容易被窃取，传递的文字图像保存的时间不长，不能存档备用，不适合传送礼仪性文书等缺陷。

（二）传真机的使用规范

传真机按记录方式可分为热敏纸记录方式和普通纸记录方式，采用普通纸记录方式的传真机是发展趋势。普通纸记录方式又可分为热传导方式、激光静电复印方式、喷墨记录方式等。采用热敏纸记录方式的优点是费用低，缺点是文件保存时间不长。因此，用热敏纸接收到需要保存的重要文件时，务必要复印备份。采用普通纸记录方式的成本稍高，但文件可以长久保存。

接收传真有两种方式：人工手动方式和自动接收方式。如传真机置于人工手动模式，当接到对方电话或收到对方传真信号后，按下 START（启动键）即可；如传真机置于自动接收模式，则会自动接收对方发来的传真。

（三）使用传真的注意事项

首先对于接收的传真也应像邮件一样分类和登记。其次发送的传真也要格式规范工整，务必在传真页首上标明总页码，并在每页文件上标注页码。需请对方协助抄送时，务必在文件正文前加以说明，列明抄送范围。当保密文件需要传真时，应先与对方联系，发送到指定传真机上，发送后再立即与对方确认。最后在收到他人的传真后，应当立刻采用适当的方式告知对方，以免对方惦念不已。需要办理或转交、转送他人发来的传真时，千万不可拖延时间，耽误对方的要事。

本章小结

本章主要介绍了文秘办公事务管理中的接待与宴请管理、日程安排管理和通信管理方面的主要内容和注意事项。第一节通过日常接待、团体接待和涉外接待三个方面介绍了接待管理的原则和需要注意的细节等内容；第二节通过介绍日程安排表的类型、日程管理的基本原则、日程管理的经验与技巧从而整体把握日程安排管理；第三节介绍了电话事务管理、邮件事务管理、电子邮件管理、传真通信管理等主要通信管理内容。

办公事务管理就是遵循科学的管理方法，如接待管理中的 3S 原则等，使日常办公更规范化、制度化，这对提高日常办公事务的管理水平，以及发挥工作的整体效益有重要意义。

☞ **思考与练习**

1. 日常接待、团体接待和涉外接待分别应遵循哪些步骤？
2. 陌生人打电话点名道姓地让某领导接电话，此时文秘应如何应对？
3. 管理文秘在寄送邮件前要对邮件的哪些方面进行检查？

☞ **本章推荐阅读书目**

方尤瑜，2020. 秘书礼仪[M]. 2 版. 北京：中国人民大学出版社.
胡鸿杰，2011. 办公室事务管理[M]. 北京：中国人民大学出版社.
金正昆，2019. 礼仪金说：公务礼仪[M]. 北京：北京联合出版公司.
盛巧玲，幸亮，王琴，2019. 办公室事务管理[M]. 镇江：江苏大学出版社.
谭书旺，2016. 办公室事务管理[M]. 北京：中国轻工业出版社.
杨群欢，2016. 办公室事务管理[M]. 北京：中国人民大学出版社.
赵雪静，2014. 办公室事务管理[M]. 上海：华东师范大学出版社.

☞ **阅读材料**

随意态度不可取

某日下午，小王正在起草公司销售计划。突然一位客人出现在眼前。

"请问徐总在吗？"客人问。

"预约了吗？"小王不耐烦地问道，此时他仍旧做着自己的事情，并未看向客人一眼。

"约什么约？我要找你们老总谈谈！"客人语气有些急躁。

小王看了一眼客人，好像在哪里见过，但一时想不起是谁，说："你等一下。"随即走向徐总办公室，此时客人独自留在电脑前。小王向徐总汇报了情况，并提到此人像是来要债的。徐总回复不见客人。小王还在徐总办公室请教了关于销售计划中的几个敏感数据的处置问题。

　　小王几分钟后返回办公室，并向客人提出："徐总已出差，你回去吧。"客人认为小王在敷衍，对此极为不满，随即双方发生争吵。时隔半月，徐总接到销售部的报告，说有人泄露了本公司销售计划，导致部分客人的业务被其他公司抢走，后果极为严重。

（笔者根据相关资料整理）

第八章　文书档案管理

本章导言

　　文书与档案是一种社会现象，是人类社会实践活动的产物。文书，"经国之枢机"，"政事之先务"。文书的系统整理和保存，最终使档案形成，有了档案，人们就可以"疏通知远"，了解历史。档案，即历史的真实记录，是党和国家的宝贵财富。文书与档案是人类社会本身发展的需要，文书是档案的前身，档案是文书的延续。

　　文书档案管理在文秘工作中具有重要的地位，它是高校文秘、行政管理等专业的主干课程，是相关职业岗位群的关键技能模块，具有很强的专业技术性和操作性。随着新时代科技化的进一步深入，文秘在进行文书、图书资料及档案的管理过程中，更应该注重使用新科技，实现高效、有序的文书档案管理。

第一节　文　书　管　理

一、文书管理概述

（一）文书的定义

　　文书是一个概括性的名词，指的是一种记录信息、表达意图的文字材料。文书包括私人文书和公务文书两种。所谓私人文书，就是指个人或家庭、家族在自己的活动中或私人相互之间的交往中形成和使用的私人书信、日记、自传、遗嘱、家谱、著作手稿及房契、地契等。而公务文书是指传达贯彻党和国家的方针、政策，发布行政法规和规章，施行行政措施，请示和答复问题，指示、部署和商洽工作，报告情况，交流经验的重要工具。公务文书统称公文，是指国家机关在处理政务过程中用以颁布命令决定、传达贯彻政策指示、请示和答复问题、指导和商谈工作、报告情况、交流经验、记载各种活动的文字材料。

　　在各种组织中，对内管理和对外往来的日常事务文书使用最多的是国家行政组织文书，它的指导性、规范性和示范性很强，涵盖面广，除了行政组织使用外，企事业单位等也可以参照使用。文书的使用范围很广，不同性质、类型的组织，在其管理活动中，都会形成和使用大量文书。规范的党政公文有15种（具体在第十章详细论述），是狭义上的文书。广义上的文书包括行政文书、事务文书、管理规章、传播文书、公关文书、经济文书、诉讼文书等。由于它们的不同功能与作用，社会各类组织依据不同的需要进行不同的管理。本章主要介绍狭义上的文书。

　　文书具有鲜明的法定性和政策性、高度的规范性和程序性、很强的真实性和针对性、特定的范围性和时效性。在处理事务与解决问题中，文书有着不可替代的作用，如事务管理、行为规范、领导和指导、公务联系、宣传教育、记载公务活动、凭证和依据等。

（二）文书管理的定义

文书管理又称文件管理、文书工作、文件处理，是指国家机关和企事业单位、社会组织等围绕文书工作所进行的收发文管理和文档保存等工作。文书管理是行政机关管理的组成部分，是提高行政效率和工作质量的一项重要内容。文书管理的内容包括按照规定的文书种类行文，按照统一文书格式办文。公文格式一般包括标题、发文字号、签发人、秘密等级、紧急程度、主送机关、正文、附件、印章、发文时间、抄送机关、附注。按照国家机关各自的隶属关系和职权范围，确定行文关系，并遵照一定规则行文。公文按照行文关系分为：下行公文，如命令、指示、批复、通知、布告等；上行公文，如报告、请示等；平行公文，如公函、某些通知等。文书管理的基本原则是准确、及时、安全。

国家党政机关办文程序通常包括以下方面。

（1）收文管理。包括收进、启封、登记、分办、拟办、批办、承办、催办、注办、清退、归卷等。

（2）发文管理。包括草拟、审核、签发、复核、缮印、校对、用印、登记、分发等。以上办理程序多由机关内各有关部门和人员分工负责完成，各个环节的排列顺序不宜任意颠倒和删减。草拟公文时，必须符合行政决策，不违反国家有关法律、法规，公文应该观点明确，情况确实，条理清楚，层次分明，文字精练，用词规范，书写工整，标点准确，篇幅力求精简。

（3）文书保存。公文办理完毕且具有保存价值的文件要经过系统整理及时移交给档案室或档案馆集中保存，这一过程通常称为归档。应归档的文件要具备以下条件：一是从公文处理流程来看已经办理完毕；二是按照各单位《文书档案归档范围和保管期限表》的要求，属于应归档范围，具有继续保存备查的价值；三是必须按照规范要求进行系统整理。经过文件归档过程，有保存价值的文件正式转为档案移交给档案部门集中统一保管。

（三）文书管理的基本要求

管理文秘部门必须建立健全本组织文书处理的有关制度。文书由组织的管理文本部门及文秘统一管理，基本要求有下述几点。

（1）文书翻印：上级组织的公文，除绝密级和注明不准翻印的以外，下级组织经负责人或者管理文秘部门负责人批准，可以翻印。翻印时，应当注明翻印的组织、日期、份数和印发范围。

（2）文书的公开发布：文书不能随意公开发布。公开发布文书，必须经发文组织批准。经批准公开发布的文书，同正式印发的文书具有同等效力。

（3）文书复印件：文书复印件作为正式公文使用时，应该加盖复印机关证明章后才具有同等效力。

（4）文书被撤销与文书被废止：文书被撤销，视作自始不产生效力；文书被废止，视作自废止之日起不产生效力。

（5）没有保存价值的文书如何处理：经过鉴别，不具备归档和存查价值的文书，经过管理文秘部门及有关的负责人批准，可以销毁。销毁秘密文书应当到指定的场所，由两人以上监销，保证不丢失、不漏销，并进行登记。

（6）组织合并与撤销时文书的处理：组织合并时，全部文书应当随之合并管理。组织撤销时，需要归档的文书整理（立卷）后按有关规定移交档案部门。

（7）文秘调离岗位时其所保存文书的处理：文秘调离岗位时，应当将本人暂存、借用的公文按照规定移交、清退，个人不得擅自销毁文书。

二、收文发文的办理程序

（一）收文办理程序

凡是本单位之外的机关、部门、企事业单位或社会组织等通过各种渠道和方法发送至本单位的文件，统称为收文。根据中共中央办公厅、国务院办公厅于 2012 年 4 月 16 日发布的《党政机关公文处理工作条例》第六章第二十四条规定，收文办理的主要程序是签收、登记、初审、承办、传阅、催办、答复。文秘处理收文的总任务是组织文件按程序运转，达到查阅处理目的。

1. 签收

签收是指文书接收人收到来文后在送件人的文件投递单上签名的工作环节。签收的任务是对外来文件进行检查、清点无误后在送件人的投递单或登记簿上签署收件人姓名和收件日期。

检查环节主要包括检查来文是否应当由本单位接收，检查包装和封口是否牢固、严密等，还要对来文的件数、页数等进行清点，如发现问题，要及时向发文单位查询并采取措施进行妥善处理。对错封、启封等有问题的文件应当拒绝签收。对于确需由本单位接收的文件，收到后还应当进行进一步的核查，以便对文件进行处理。

2. 登记

登记是各单位管理与保护文件的基本方法。履行文件登记手续并建立相关记录，是确保文件有效处理的重要前提。

（1）登记的作用：主要是便于管理和保存文件，防止积压和丢失；便于查阅和检查文件；便于文件的统计和催办工作；登记的簿册还可以作为核对与交接文件的凭据。

（2）登记的要求：登记项目应完备适用，同时应减少登记层次，简化手续，提高公文处理效率。文件登记内容应成为交接的重要凭据，并为催办、查阅及档案检索提供方便。

（3）登记的形式主要有四种：一是簿册式登记，即采用预先装订成册的登记本，按收文流水顺序将文件登记入册；二是联单式登记，使用软薄纸张印制的联单，一次复写两联、三联或四联来进行收文登记；三是卡片式登记，即使用单张卡片进行收文登记的方法；四是计算机登记，这是目前常用的登记方法。计算机登记可在档案管理系统中的文件管理模块中进行。登记的相关信息可作为文件归档时著录的内容，以提高工作效率。

3. 初审

初审是指对收到的公文进行初步审核。初审的重点是是否应当由本单位办理，是否符合行文规则，文种、格式是否符合要求，涉及其他地区或者部门职权范围内的事项是否已经协商、会签，是否符合公文起草的其他要求。

经初审不符合规定的公文，经收文组织的管理文秘部门负责人同意后，可退回发文单位，但要说明原因。

4. 承办

承办是相关业务部门或文书部门根据批办意见对文件内容所针对的问题进行办理和解决的工作环节。它是公务文书处理的核心和关键环节。对于办理件而言，文件经领导批阅后，所涉及的问题还没有得到有效解决，必须将阅批后的文件及时发送有关部门办理，将批办意见落到实处，文件精神得到切实的执行。只有这样，才能真正实现制发公务文书的根本目的。

承办部门在收到交办的公务文书后应当及时进行处理，不得延误、推诿。紧急公务文书应当按时限要求办理，确有困难的，应当及时予以说明。对不属于本部门职权范围或不宜由本部门办理的，应当及时退回交办部门并说明理由。

文件办理完毕后，具体办理公务文书的人员应当将办理结果填入文件处理单"办理结果"内，签署办理人姓名和办理日期，并简要写明办理办法。对于无须附文件处理单的一般性文件，办理完毕后，文秘也应当及时注明文件的处理情况（这一环节也称注办），注明文字可标于文件首页的右上方。

5. 传阅

传阅是根据领导批示和工作需要将公文及时送传阅对象阅知或者批示。办理公文传阅应当随时掌握公文去向，不得漏传、误传、延误。

6. 催办

催办是指对那些需要办复的文件，根据承办时限和要求，对承办情况进行督促和检查，防止文件积压，从而加速文件的流转速度。催办分为对内催办和对外催办两个方面：对内催办，是对收文处理情况的催办；对外催办，是对本组织发出去的文件，向受文组织催询办理和答复。

一般说来，需要催办的文件主要有以下几种：上级组织需要及时回复的来文；本组织的重要决定事项需组织落实的文件；平行或没有隶属关系的组织联系商洽事务需要回复的来文；下级的请示性来文；本组织发出需要对方答复的文件；领导的批示件、交办件；群众来信的回复。催办可以采取电话催办、当面催办和文件催办等方式进行。对于领导限期处理的重要文件、紧急文件的办理情况，催办人应向有关领导及时汇报，以便领导及时了解、发现问题，从而采取措施加以解决。

具体的催办方式，各单位可根据实际采取多种方式，如对重要文件的办理，应组织专人深入调查，反馈高质量的信息，或发催办查询单、便函进行催办，或派人上门催办，或电话催询，或开会催询等。

7. 答复

答复是指将公文的办理结果及时答复来文单位，并根据需要告知相关单位。

（二）发文办理程序

发文是指将本单位的文件发送到外单位。凡本单位发出的一切关于公务的文件、信函、电报及其他文字材料，都属于发文。发文办理一般包括草拟、审核、签发、复核、缮印、校对、用印、登记、分发等程序。

1. 草拟

草拟是根据领导的交拟意见或批办意见撰写文稿的过程，它是制发文书的第一个环节，也是发文办理的中心环节，一般分为交拟、拟议和撰写三个步骤：交拟是文书的起点，它是指组织机构领导向撰稿人员交代撰写任务的过程。但交拟不是简单地交任务，还包括交意图、交思想、交政策等。拟议是指撰稿人在下笔之前对撰写文件的酝酿构思过程，包括明确发文目的、确定文件主题、抓住文件中心、选择适当文种、确定发送对象和阅读范围等。撰写即写出文件初稿。草拟公文应当做到以下几点。

（1）符合国家的法律、法规及其他有关规定。例如，提出新政策、规定等，要切实可行并加以说明。

（2）情况确实，观点明确，表述准确，结构严谨，条理清楚，直述不曲，字词规范，标点正确，篇幅图示简短。

（3）公文文种应当根据行文目的、发文单位职权以及与主送单位的行文关系来确定。

（4）拟制紧急公文，应当体现紧急原因，并根据实际需要确定紧急程度。

（5）人名、地名、数字、引文要准确。引用公文应当先引标题、后引发文字号。引用外文应当注明中文含义。日期应当写明具体的年、月、日。

（6）结构层次序数，第一层为"一"，第二层为"（一）"，第三层为"1."，第四层为"（1）"。

（7）应当使用国家法定计量单位。

（8）文内使用非规范化简称，应当先用全称并注明简称。使用国际组织外文名称或其缩写形式，应当在第一次出现时注明准确的中文译名。

（9）公文中的数字，除成文日期、部分结构层次序数和在词、词组、惯用语、缩略语、具有修辞色彩语句中作为词素的数字必须使用汉字外，应当使用阿拉伯数字。

2. 审核

审核是由各单位文秘对送交领导签发的文稿进行审核与修正。审核的目的在于对发文进行控制与管理，提高发文质量并为领导审核、签发文件做好助手。

审核环节应重点注意以下内容：是否确需行文，行文方式是否妥当，是否符合行文规则和拟制公文的有关要求，公文格式是否符合《党政机关公文处理工作条例》的规定等。

3. 签发

签发，即各单位领导对文稿核准发出并签署姓名与日期，是对发文进行最后审定的决策性环节。签发赋予文稿以法定效力，文稿经过签发后即成为定稿。签发需注意以下事项：

（1）根据文件性质，分层签发。以本单位名义制发的上行文，由主要负责人或者主持工作的负责人签发；以本单位名义制发的下行文或平行文，由主要负责人或者由主要负责人授权的其他负责人签发。以单位办公厅（室）名义制发的公文，由办公厅（室）主任、副主任签发。

（2）坚持先核后签原则。重要的对外发文，均应经单位综合办公部门审核修改后再交领导签发。文稿一经签发不再改动，如发现确有需要修改的地方，应请示签发人批准后修改。

（3）签发必须在拟文稿纸中的"签发"栏内写明核准发出的批示意见，并签署姓名和日期。领导在签署意见时，应明确具体，一般可写明"同意印发""请××同志审阅后印发"等字样，并签署姓名和签发日期。文件经过领导签发即为定稿，可以据此印发。

4. 复核

文书在正式印制前，应由管理文秘部门进行认真的复核，重点检查文件审批、签发的手续是否完备，附件材料是否齐全，格式、文种的使用与文字的表述是否统一、规范等。经复核，如需对文稿进行实质性的修改，应按规定的程序复审。

5. 缮印

缮印是对文书进行誊抄缮写和打字、打印、复印等工作。缮印的方式有手工缮写、机械（如打印机）誊写和印刷。文书在缮印时应做到：文字准确，字迹工整清晰；符合规定体式，页面美观大方，以便收文机关阅读、处理和保管；同时还要在缮印过程中爱护文稿，防止破损；不随意改动原稿；装订齐整牢固；注意保密。

文件的缮印应该以定稿为依据，以签发批准的份数为准，不能随意增减。缮印应当建立登记制度，登记文书名称、送文单位、印文数量、印制时间、印制人姓名等项目。

6. 校对

校对是根据定稿对文件校样进行核对校正。校对的内容主要包括校订清样上的错字、漏字、多字；规范字体、字号；检查版式、标题是否端正，页码是否连贯，行距、字距是否匀称，版面是否美观；检查引文、人名、地名、数据、计量单位、专业术语是否有误；检查版式是否与文种格式统一，有无需要调整和改版之处。

校对时要求把握原则，仔细校对、一丝不苟。对易于忽略或易于出现错误的地方，如数据、计量单位、专业术语等，注意反复仔细校对。校对文稿时要正确使用校对符号。校对一般要进行一校、二校、三校三个校次。

校对方法主要有四种：看校、对校、读校、折校。四种校对方法各有利弊，文秘应当根据文书的篇幅、清晰程度、时间缓急、人员情况及个人习惯进行选择，保证文件准确无误。

7. 用印

用印是指在缮印好的文本落款处加盖发文单位印章的工作环节。用印表示对文件负责。文书用印应以领导的签发字样为准。以单位名义制发公务文书，加盖单位印章；以部门的名义发文，则应当加盖部门印章；如果是以单位领导名义制定的公务文书，则应当加盖该领导的职务名章。原稿上如无领导签发的意见，则不得用印。重要的文件要填写用印登记簿。

8. 登记

文书的发文登记，是指对拟发出文书正本的主要信息，即内容和发送对象、范围等情况进行文字记载，登录在案，以备查考。登记的目的是便于对发出文件进行日后的同级查找和管理。发文登记的内容一般包括发文字号、文件标题、发往机关、签收及清退情况等。

9. 分发

文书的分发是指将已经登记完毕的文书进行封装，并以适当的方式发送给收文单位的传递活动。分发分为两个步骤：封装与发送。

（1）封装。文书的正本印制好以后，要按照发放范围将文书封装。封装前要根据签发人批准的分发范围准确地书写封皮，要字迹工整、地址详细清楚、收文单位名称规范。对于大批、经常发送的组织，可以事先印刷好收文机关及地址的标签，以便剪贴到封皮上。准备好封皮后，应当对照开列的分发单位对需封装的文件进行认真清点、核查，对照发文登记簿点文件份数、页数，并检查附件、印章等有无遗漏，待准确无误后根据发出机关的不同分别封装。急件、密件与一般平件应分别封装，不可以混装。封装密件、急件时，应在封口的明显处加盖戳记标志。入封的文件须折叠平整，留出封口和启封的余地，以免损坏文件。封口必须严密，绝密文件应加"密封"封条，以利安全与保密。

（2）发送。文件封装后，要尽快发出，及时送达收文单位。现行的文书传递方式主要有机要通信、专人递送、文件交换、普通邮寄等途径。发出文件时应当根据需要选用适当的发送方式，并要注意索要和保存回执。随着办公自动化的发展，用计算机、传真机等传输文件也非常普遍，但传输秘密文件必须采用加密装置。逐项填写"发文登记簿（表）"。

三、电子文书管理

电子文书，是指已经数字化的文书，即能被计算机系统识别、处理，并按一定格式记录在磁带、磁盘或光盘等电子介质载体上，可在因特网上传送的文书。

作为文书的一种形式，电子文书的内容具有纸质文书的特征。因此，有关文书与档案管理，同样适用于电子文书管理。由于电子文书又有不同于纸质文书载体的特点，电子文书管理还应遵循符合电子文书载体与传递特征的特殊管理要求。

（一）电子文书管理的原则

电子文书虽然是公务文书的一种形式，但是它在记录技术、保管条件、管理手段等方面，都是对传统文书管理的一场革命。这场革命不仅反映在管理的原则上，也反映在管理的技术、方法、体制、理念等方面，因此，电子文书管理应遵循特有的管理原则。

（1）制度保障原则。首先，要有效地实施对电子文书的管理，就必须加强相关制度的建设。例如，建立一套严格的用人制度，对相关人员提出严格要求，明确具体措施。其次，要明确各相关人员的职责范围，各司其职，各负其责。无论如何发达的科学技术，都必须由人控制，因此必须强调对人的管理，而严格的制度是实施管理的保障。

（2）完整性保障原则。这一原则一方面是指要保证电子文书的数量齐全，另一方面是要保证每份电子文书的信息完整。完整性是电子文书价值的重要保障，因此必须熟练掌握电子文书的形成规律和分布状况，将具有有机联系和保存价值的电子文书管理得当，以确保电子文书内容的完整性和可利用性。

（3）前端控制原则。电子文件的前端就是指文书的形成过程。前端控制是实现电子文书全程管理的重要前提，它可以确保电子文件的真实可靠性。确立电子文书的前端控制原则，是优化电子文书的管理功能、提高管理效率的必要条件。

（4）全程管理原则。全程管理原则是指对电子文书的形成、收集、积累、鉴定、归档、利用的全过程管理，不仅要注重每个阶段的结果，也要重视每项工作的具体过程。全程管理是一个完整、全方位的管理体系，涉及电子文书流程、管理规则、管理方法及管理的质量要求等方面。同时，也涉及电子文书形成过程中的各个阶段的总体效应，即如何利用管理系统的各种资源，获得信息利用的最大效益。

全程管理也是一种过程管理。确定全程管理原则，是因为电子文书从形成到开发利用经过多个环节。任何环节出现差错都可能对电子文书的原始性、真实性造成损害。因此，只有对电子文书生成、流转、利用、保管等每个单项具体管理内容的实施过程进行监控，明确各自的职责和任务，才能够及时发现和纠正失误，不断调整管理策略，以确保电子文书的质量和作用，保证电子文书的利用效力。

（5）标准化原则。管理电子文书必须遵照标准规定的要求、格式执行，这样才能更规范地做好电子文书管理工作。应当认真学习电子文书管理的相关标准规范，做好当前的电子文书管理工作。

建立电子文书管理的记录系统。纸质文书一旦形成，其原件中所包含的内容和形式特征就被固定下来，不再发生变化，其原始性也容易得到确认。然而，电子文书形成后，因其载体的转换而改变了自身的存在形式，其原始性便难以得到确认。因此，从收集、积累开始，就应该为每份电子文书建立必要的记录制度，准确地记录电子文书的形成、管理和使用情况。电子文书从形成、处理到保管的全过程都有真实记录可查，这就为我们鉴定电子文书的原始性和真实性提供了必要的条件和真实可靠的依据。在电子文书管理系统的设计中，必须要有完善的技术保障措施，同时辅以一系列管理手段，如准确的记录功能、提供认证手段、长期可存取技术等。图 8-1 和图 8-2 为电子文书管理系统的基本界面和各功能层分解。

（二）电子文书的管理方式

由于业务范围不同，电子文书的种类和内容的差异是很大的，因此不同的组织对电子文书的管理方法也不尽相同。

图 8-1　电子文书管理系统基本界面（截图）

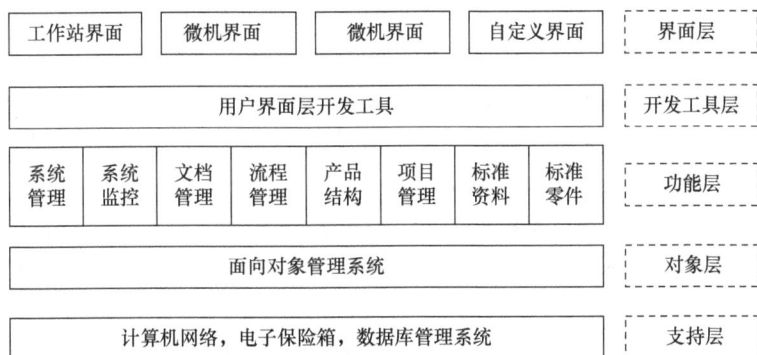

图 8-2　电子文书管理系统各功能层分解

（1）统一管理。电子文书和纸质文书的分口管理可能造成两种载体文书管理方法上的不一致，给日后的查找利用带来困难。组织内部的电子文书、电子档案应该由管理文秘部门负责，管理文秘部门可以通过建立统一的管理系统，制定和推行统一的管理制度措施，对本组织的电子文书实行统一管理、统一开发利用。这对于保证电子文书信息资源的完整安全、有效利用，降低管理成本，以及文书流程与组织业务流程的协调运行都有明显的优越性，同时，对管理文秘部门扩展职能和提升地位也会产生积极的影响。图 8-3 为文书档案管理系统示意图。

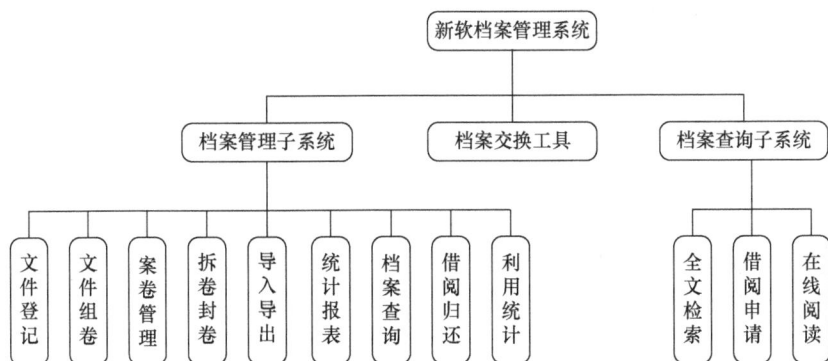

图 8-3　文书档案管理系统示意图

（2）文档一体化管理。在不少电子政务计算机系统中，文书与档案的界限难以分清，电子文书的大量出现及其长久保存的需要将促使多年来提倡的文档一体化管理进入实质阶段。事实上，将电子文书和电子档案分而管之，无论是在理论上还是在实践中都是难以成立的。在对电子文书的全过程管理中，计算机软硬件的配置、网络和节点的规划、文书格式和数据库结构的确定，以及索引的编制等都需要从文书形成阶段开始统筹设计；电子文书的归档、整理、鉴定、录入、生成元数据等档案管理性工作，也需要在文书的形成或运转阶段进行。因此，电子文书管理选择文档一体化模式势在必行。

电子文档有许多不同于传统纸质文档的特性，决定了其在管理方面有很多特殊性，这就给文秘提出了新的课题。文秘应该顺应时代的要求，努力掌握电子文档的管理程序和方法，主要掌握文书的收集和传输。

1. 电子文书的收集

一般的文书在通常情况下可以不保留，但从保留电子文书的重要修改过程考虑，则应收集。对于起辅助作用或正式作用的电子文书，则应及时收集积累，并与其相应的纸质文书建立标志关系。对无纸化系统生成的电子文书，应在收集积累过程中制成硬拷贝或微缩品，以免系统发生意外情况时文书丢失。

电子文书形成过程中的技术特性不同，存储载体和记录信息的标准、压缩方法也不同，因而应分别采取措施以保证其完整性。电子文书的读取、还原，离不开技术设备条件、相关软件和元数据，所以收集积累还必须包括这些内容。

电子文书在计算机网络系统上进行的收集积累，可以运用其记录系统的自动记录功能，来记载电子文书的形成、修改、删除、责任者、入数据库时间等。

运用活动载体传递的电子文书，要按规定进行登记、签署，对于更改处，要填写更改单，按更改审批手续进行，并保存备份件，防止出现差错。

收集积累的电子文书，应由管理文秘部门集中管理，不能由个人分散保管。若在网络系统中运用，应建立电子文书数据库，或在数据库中将积累范围内的电子文书注明积累标志，如图 8-4 所示。

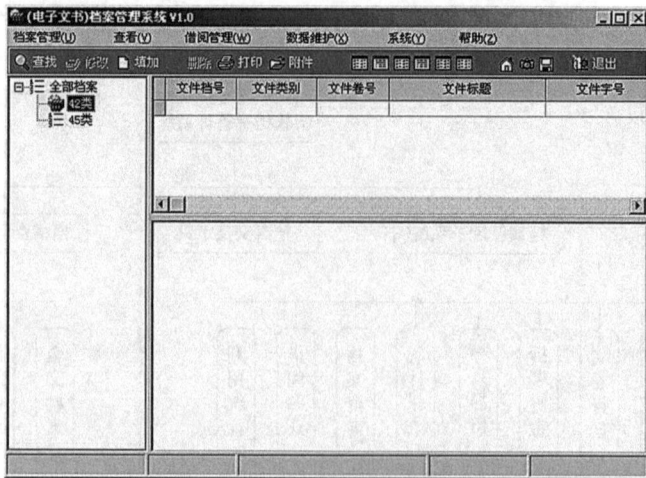

图 8-4 文书档案管理系统操作界面（截图）

2. 电子文书的传输

电子存储介质包括磁盘、光盘、U盘、硬盘等。传输前先把电子文书复制到存储介质上，利用人力送到目的地，或利用计算机网络技术传输。传输区域可分为局域传输和远程传输。局域传输主要应用于组织内部，传输速度快。远程传输是利用远程网络技术，通过电子邮件的方式传输，使文档的异地传输变得简单易行。

目前，利用网络进行电子文书的传输得到了越来越广泛的应用，但同时也暴露出一些问题需要密切注意，主要有以下三点。

（1）传输中的安全管理。电子文书在传输过程中容易被他人窃取，比较可行的管理办法是在文书传输前把数据加密，到达目的地后再进行解密。

（2）传输中的病毒防治。传输设备可能会携带病毒，文档管理部门必须在电子计算机上安装防病毒软件，自动对来自网络上的文书进行病毒检测。

（3）传输中的合法性管理。纸质文档上的组织盖章和领导签字是有法律效力的。在电子文书上的签字，即"电子签字"及其合法性问题，虽在2004年颁布、2019年修订的《中华人民共和国电子签名法》上做了规定，但目前尚未普及使用。因此，对这些问题的探讨有待深入。

第二节　档案管理

一、档案管理概述

（一）档案的定义

档案一般是指人们在各项社会活动中直接形成的各种形式的具有保存价值的原始记录。原始记录性是它的本质属性。我国档案学界从20世纪50年代起就一直不断探讨档案的定义，2020年6月20日修订的《中华人民共和国档案法》对"档案"的定义为：档案是指过去和现在的机关、团体、企事业单位和其他组织以及个人从事经济、政治、文化、社会、生态文明、军事、外事、科技等方面活动直接形成的对国家和社会具有保存价值的各种文字、图表、声像等不同形式的历史记录。该定义包括以下基本含义。

（1）档案的形成者。档案并非机构特有的，可以是由官方机构、半官方机构、非官方机构以及一定的个人、家庭和家族形成的。

（2）档案来源于文件。档案都是由文件有条件地转化而来，这里的"文件"是指广义文件，即由文字、图表、声像等形式形成的各种材料。档案与文件是同一事物在不同阶段的不同形态，二者具有同源性和阶段性，也包含实效、功用、离合等方面的个体差异。从文件到档案的过程是一个批判继承的辩证过程。从信息的形式和内容来说，两者是完全相同的，但从时效、价值和系统性上看，档案是对文件的不断扬弃。从时效性批判来看，档案是已经办理完毕的文件；从价值性批判来看，办理完毕的文件中具有保存价值的部分是档案；从系统性批判来看，把分散状态的文件按一定逻辑规律整理而成的信息单元是档案。档案的前身是文件，文件的归宿是档案；档案的基础是文件，文件的精华是档案；档案的素材是文件，文件的组合是档案。

（3）档案的本质属性是历史再现性。档案具有知识性、信息性、政治性、机密性、文化性、社会性、教育性、历史再现性、价值性等特点，其本质属性为历史再现性，其余特点均为一般属性。档案是再现历史真实面貌的原始文献。

（4）档案是直接形成的历史记录。这里的"直接形成"说明文件的原始性由档案继承。档案不仅继承文件原始性，还继承了文件的记录性，是重现真实历史面貌的原始文献。正是因为档案承袭了文件原始记录性，含有再现历史的性质，所以档案具有凭证机制的重要属性，并且以此把它与图书情报资料和文物区分开来。

（5）档案的形式多种多样。档案的形式包括载体、制作手段、表现方式等。从载体的角度说，有甲骨、金石、缣帛、简册、纸质等；从制作手段的角度说，有刀刻、笔写、印刷、复制、摄影、录音、摄像等；从表现方式的角度来说，有文字、图表、声像等。

（二）档案的种类

档案种类繁多，为便于管理与利用，对档案进行分类是必要的。档案的分类，按照逻辑关系，将某些有共同属性的档案聚合为一类。档案的分类可以有多种分法。

1. 从档案的来源分类

档案来源于人类的实践活动，因此从来源上对档案进行分类，是基本和主要的分类方法。从档案的来源分类，主要从时间和空间两方面进行。

以档案产生的历史时期为标准，分为历史档案和现行档案；以档案产生的"源生地"如行业、部门为标准，可分为文书档案、科技档案和专门档案；以来源于档案记录和形成的语种为标准，可分为汉文档案、蒙文档案、藏文档案、满文档案、维文档案和外国语种档案等。

2. 从档案的载体分类

在历史发展长河中，随着生产技术的不断提高，档案制成材料也就是档案的载体不断发生变化，其中以档案制成材料命名可分为甲骨档案、金石档案、竹简档案、缣帛档案、纸质档案、音像档案和电子档案等。

（三）档案管理新理念

档案管理工作是指单位将各项工作活动中形成的具有保存价值的文件材料，包括文字、图像、声音及其他各种形式的原始记录，按照一定的规章制度，定期移交给档案室或负责管理档案的人员集中保存。当档案管理做到一定程度，就进入知识管理的层面。知识管理是将数据变成信息，将信息转化为知识，最后成为智能，而智能是利用知识采取正确行动的体现。

文秘在整理档案过程中，应该牢记档案管理的新理念。

（1）尽量不用纸张。时间就是金钱，如果能用电子文档取代纸质表格、公文、报告等文件，就尽量不用纸张，这样可以有效节约人力、物力、财力和空间。

（2）尽量定期整理。每隔三个月将办公室大清理一次，以便把平常随手放置的东西翻出来。没有保留价值的就可以丢弃，需要使用的就立即归档，这样至少能腾出一部分空间来，以免搜索资料上浪费时间。

（3）尽量删繁就简。无论书信、公文都以最简单的格式来处理，使需要填写的内容越少越好，审核级别以不超过三级为宜，以便提高效率。

（4）注意集中管理。集中管理就是将组织的各种档案交给档案室或资料室统一管理，而非各部门、各单位自行管理，这样才能有效率地归类编案编目，而非各人一把号，各吹各的调。

（5）注意使用工具。选择合适的档案管理工具可以提高文秘的工作效率。例如，名片管理，到底是用盒装、活页式，还是名片簿储存？如果名片簿越来越多，该如何处理？如果用档案夹，是用硬壳还是软皮的，用悬吊式还是滚筒式的？这些档案管理工具，文秘都必须认真了解使用的方法，而且能够灵活使用。

（6）注意随时更新。新的资料送达，就要与旧资料对比看看是否相同，文秘应该在每份资料的旁边标注日期和地点，以便收存整理。还有旧的杂志、过期的报纸要随时清理，不可让文件资料堆积如山。

（7）注意编案编目。如果没有统一的档案编目，很容易就会产生档案名不统一的情况，使用起来非常麻烦。信息时代的来临，方便了文秘的工作。文秘使用计算机存盘时，要注意文件名的准确性，避免出现同一文件不同文件名的情况。

（8）注意存盘方式。如果用计算机存储档案，则要注意设置足够的共享空间。有些档案在一定范围内是要资源共享的，应该放在局域网络里或者存在快盘、云盘等平台供他人查阅。设置资源共享后要加强管理，做好档案维护和存储。信息不对称可能造成无人存盘，形成"职责真空"，造成巨大损失。

（9）注意调卷（案）程序。调卷（案）的程序必须非常严谨，如果需借阅一些资料，就要填写借阅单，要签名并按时归还。避免不规范借阅操作造成资料缺失。

二、立卷归档

（一）归档分工

上级党政机关及主管领导机关下达的文件材料及以本机关名义制发的文件材料，由指挥部办公室立卷归档；专业性的或具体业务性的，由各承办科室立卷归档；科技文件材料包括基建项目各个阶段形成的不同载体的文件材料，特别是包括竣工图在内的全套随机图样等，由设备购进、工程承办人员或工程技术人员立卷归档。

（二）归档原则

各类不同载体文件材料的归档，文秘在归档时均应按问题、时间、重要程度和文件材料的自然形成规律，保持有机联系，适当照顾保存价值，以能准确、全面反映本机关真实面貌，便于查找、利用为原则。

（三）归档范围

各单位文件材料的归档范围，应根据国家（含地方）、行业有关规定，结合本单位实际情况予以制定。归档范围应以本单位工作活动为主，即"以我为主"，突出反映本单位基本职能活动和各项业务工作。本单位收文，不论是来自上级、下级，还是非隶属关系单位，应以是否与单位工作有直接关系、本单位是否需要办理、本单位日后是否查考利用为文件归档的出发点。既不能"有文必档"，不管文件的价值和来源，凡是文件都归档；也不能"有档不归"，将有价值、属于归档范围的文件漏掉。

1. 上级来文

上级来文主要包括需要贯彻执行的上级重要会议文件；上级视察工作时形成的文件资料；上级主管部门的法规性文件；上级单位转发本单位的文件；代上级草拟并被采用的文件等。

2. 本单位形成的各种文件

本单位形成的各种文件主要包括本单位代表性会议、工作会议和专业会议的文件资料；本单位颁发的各种正式文件的签发稿、修改稿、印刷本等；本单位的请示与上级的批复；反映本单位工作的文件材料；本单位或本单位汇总的统计报表和统计分析资料及财务资料；本单位领导公务活动中形成的重要信件、电报、电话记录；本单位成立、合并、撤销、更改名称、启用印信及组织简则、人员编制等文件材料；本单位（本行业）的历史沿革、大事记、年鉴，反映本单位（本行业）重要活动事件的简报、荣誉奖励证书，有纪念意义和凭证性实物、展览照片、录音、录像等材料；本单位（包括上报和下批）干部任免（包括备案）、调配、培训，专业技术职务评定、聘任等文件材料；本单位财产、物资、档案等的交接凭证、清册；本单位与有关单位签订的各种协议书等文件材料；本单位外事活动中形成的材料等。

3. 下级报送的文件

下级报送的文件主要包括下级单位报送的重要的工作计划、报告、总结、典型材料、统计报表、财务预算决算等文件。

4. 其他文件

其他文件主要包括各种普查工作中形成的文件材料；按有关规定应归档的死亡干部的文件材料；同级单位和非隶属单位颁发的非本单位主管工作但需要执行的法规性文件；有关单位对本单位工作检查形成的重要文件；同级机关和非隶属单位与本单位联系、协商工作的文件材料等。

（四）归档时间

归档时间是指文秘或有关职能部门将需要归档的文件向档案部门移交的时间。由于各单位归档与整理情况不同，移交归档时间也有差别。一般来说，归档时间设定主要有以下两种形式。

（1）1～2月。一些单位的归档文件整理工作由档案室完成，文件承办部门或业务部门只是将处理完毕或经过鉴定归档的文件向档案室移交，移交时间一般确定在每年的1～2月。还有一些单位采用单份文件归档整理方法，移交归档时间也是在每年的1～2月。

（2）6月。一些单位的档案由文件处理部门或业务部门负责整理，移交归档的时间一般定在每年的 6 月。

（五）归档份数

凡是需要归档的文件一般归档一份，重要、使用频繁的则需要多存几份。

（六）归档手续

（1）归档时，按移交清单移交，双方查点清楚。移交清单一式两份。
（2）清单与移交的文件核对无误后，双方在清单上签字，各留一份，以备查考。
（3）有些特殊的归档文件还需编写归档文件简要说明，一般由移交人员编写。

（七）归档程序

文件归档一般遵循以下程序。
（1）收集文件。定期将在工作中形成并已经办理完毕的文件材料收集齐全。
（2）鉴别文件。对收集的文件材料进行分析，鉴别出需要归档的文件材料。
（3）归卷。根据归档文件材料的特征，将文件归入案卷。
（4）调整。检查归卷的文件材料是否齐全，是否有重复文件或不需要立卷归档的文件；检查案卷文件的保存价值及卷内文件的数量，进行适当的调整，最后确定组卷。
（5）文件的排列编号与编目。根据卷内文件的数量、来源、成文时间等情况，按成文时间、主题、作者、名称、重要程度等进行文件排列。排好顺序后，按照排列顺序逐件编号，然后填写卷内文件目录和备考表。

三、档案分类

收集资料不是为了收集而收集，而是为了保存以备日后利用。在存放资料时要分门别类，以保证资料容易检索、便于保管。

（一）档案分类的方法

第一种分类方法是年度分类法，就是以形成和处理文件的年度为标准，将档案分为各个类别。第二种分类方法是组织机构分类法，指的是根据文书管理阶段和处理文件的承办单位进行分类，也就是按照立档单位的内部组织机构将档案分成若干类别。第三种分类方法是问题分类法，以文件内容所涉及的问题为根据，将档案分成各个类别。第四种分类方法是保管期限分类法，以文件内容所划定的不同保管期限为根据，将档案分成各个类别。

（二）档案分类的要求

1. 正确判定档案文件所属年度

如果文件上有属于不同年度的几种日期，以最能说明该文件特点的日期作为分类的根据。例如，法律、法令和条例等法规性文件，以批准日期为根据（公布生效的文件，以公布日期为根据）；指示、命令等指导性文件以签署日期为根据；会议记录以开会日期为根据；计划、总结、预算、决算、统计报表以内容针对时间为根据，跨年度的计划可放在开始年度，跨年度的总结可放在最后年度。

2. 正确判断档案文件所属机构

按组织机构分类，对涉及几个机构的文件，应遵循有关的规定，将文件合理而有规律地归入相应的类别。

3. 正确判断档案文件所属问题

问题分类法主观性较强，应慎重选择。特别是不要轻易打乱组织机构而先按问题分类。同时，要注意按机关单位的基本职能来设置类别，类目体系应力求简明，合乎逻辑。

（三）档案分类方法的综合运用

由于单一的分类法难以满足实际工作的需要，因此在实际工作中通常将上述四种分类方法综合使用，形成复式分类法。常用的复式分类法有以下几种。

（1）年度-组织机构分类法，即先将立档单位内的档案按年度分类，然后在每个年度类下再按组织机构进行分类。

（2）年度-问题分类法，即先将立档单位内的档案按年度分类，然后在每个年度类下再按问题进行分类。

（3）组织机构-年度分类法，即先将立档单位内的档案按组织机构分类，然后在每个组织机构类下再按年度进行分类。

（4）问题-年度分类法，即先将立档单位内的档案按问题分类，然后在每个问题类下再按年度进行分类。

在实际工作中，人们往往在复式分类法基础上再结合保管期限进行分类，如年度-组织机构-保管期限分类法、年度-问题-保管期限分类法、年度-保管期限-组织机构分类法、年度-保管期限-问题分类法、保管期限-年度-组织机构分类法、保管期限-年度-问题分类法等分类方式。

四、档案修整与装订

（一）整理归档的文件

归档文件以"件"为整理单位。一般以每份文件为一件，文件正本与定稿为一件，正文与附件为一件，原件与复件为一件，转发文与被转发文为一件，报表、名册、图册等一本（册）为一件，来文与复文为一件。

（二）修整归档的文件

修整归档文件的要求有以下四点。

（1）修裱破损文件。使用黏合剂和选定的纸张对破损文件进行修补或托裱，恢复文件的原有面貌，增加强度，延长使用年限。修补主要针对一些有空洞、残缺或折叠处有磨损的文件；托裱是在文件的一面或两面托上一张纸用以加固文件。

（2）复制字迹模糊或易褪色变质的纸质文件。

（3）去除易生锈的金属物。短期可不拆钉。

（4）对超过 A4 纸张大小的文件进行折叠。

（三）装订注意事项

将文件的钉口对齐，用不锈钢或线在文件的左角或左侧装订。穿孔式和铆接式的装订方法对档案破坏较大。任何人都不得随便拆除装订，从中抽取文件。

五、档案检索

（一）档案检索的定义

所谓档案检索，就是利用档案检索工具，对所需的档案进行查找的过程。通过档案检索，利用者可以了解档案的有关线索（如档案的主要内容、时间、责任者、准确题名、载体形态、档号等），以决定是否调档或为调用档案提供条件①。

（二）档案检索的类型

1. 卡片式检索

卡片式检索是把案卷或文件的有关特征记录在卡片上，然后按照一定规则将这些卡片排列后形成的一种检索方式。

2. 机读式检索

机读式检索是将文件或案卷的记录项目输入计算机，存储在存储工具上的一种检索方式。操作时，可在屏幕上显示，也可打印成文字目录。

3. 缩微式检索

缩微式检索是依靠缩微摄影技术制作的、以胶片为载体的一种检索方式。

4. 书本式检索

书本式检索是将记录的条目按照一定的规则组合排列、装订成册的一种检索方式。

（三）档案检索的工具

档案检索工具是用于存储、查找和报道档案信息的系统化文字描述工具，是目录、索引、指南等的统称。档案管理人员借助它可以迅速准确地找到所需档案，并可以了解储存档案的基本情况。档案检索工具的类型有以下几种。

（1）全引目录：卷内文件目录的汇集，也称为"案卷文件目录"，是案卷目录与文件目录结合在一起而形成的。

（2）案卷目录：以案卷为单位，依据档案整理顺序形成的名册。案卷目录是档案保管部门最常见、最基本的一种传统检索工具。它既能保证案卷按照一定的次序排列，也方便各部门利用。

（3）档案目录：适用于利用计算机进行管理，文件不用立卷，而是在分类之后，编制文件号，将不同保管期限的文件按照形成的时间顺序进行排列，然后将排列后的结果

---

① 钟伦清，钟鸣. 档案利用与服务[M]. 北京：中国文史出版社，2017.

登记在档案目录上。

（4）关键词目录：整体上反映档案保管部门内某一关键词的档案内容与形式的检索工具，最大特点就是集中了共有某一关键词的全部档案，为按关键词检索档案提供了便利。

（5）人名索引：反映了档案保管部门收藏档案中涉及的所有人物及有关人物的相关信息，同时也指明其出处的一种检索工具。在实践工作中，人名索引是一种使用频率较高的检索工具。

（6）文号索引：又称"文号档号对照表"。这种检索方式将档案文号与档号一一对应，是通过文件字号来查找档案的一种检索工具。它记录档案文件的发文字号和档号，是一种以号码为主的检索工具。

（7）全宗索引：又称"全宗指南"，是以文章叙述形式概括介绍档案保管部门相应的全宗档案内容、组成部分和使用价值等情况的介绍性检索工具。

对于文秘而言，为满足多方面的利用需求，应编制不同功能的检索工具。

六、档案保管

（一）档案保管的定义

档案保管就是通过运用适当的设备和手段来保存和保护档案，避免人为因素和自然因素对档案的损害，以维护档案完整和安全，延长档案的使用寿命。档案保管是一件日常性的管理工作，也是一项细致的工作，档案使用寿命完全取决于保管的好坏。

（二）档案保管的期限

一般来说，列入归档范围的文件材料，还应根据其价值大小确定相应的保管期限。《机关文件材料归档范围和文书档案保管期限规定》中，就将文书档案的保管期限定为永久、定期两种。定期一般分为 30 年、10 年。保管期限的计算，通常是从文件产生和形成后的第二年算起。确定保管期限应遵循以下原则。

（1）反映本单位主要职能活动和基本历史面貌，对本单位、国家建设和历史研究有长远利用价值的文件材料，应确定为永久保管。

（2）反映本单位一般工作活动，在较长时期内对本单位工作具有查考利用价值的文件材料，应确定为长期保管。

（3）在较短时期内对本单位工作具有查考利用价值和参考作用的文件材料，应确定为短期保管。

（三）档案保管的方法

1. 保障档案的政治安全

保障档案的政治安全，做到档案内容的完整与保密性。主要有以下几点要求：①档案上架时，不能随意堆放，而应根据已经编好的类号、案卷号排列；②档案部门的工作人员不能利用职业之便将档案内容泄密，更不能涂改、偷换档案；③相关人员或部门在查阅档案时要严格执行档案借阅制度，对于机密程度较高的档案要有针对性地提供利用，不能随意查阅。

2. 对档案库房进行编号管理

对档案库房编号有两种方法，一是为所有的库房编制统一的顺序号；二是根据库房所在方位及建筑的特征进行编号。例如，楼房内的库房自下而上分层编号，每层的房间从楼梯口入口处自左至右顺序编号；平房应先分院或排，然后从左至右按顺序编号。库房编号含楼号、层号、房间号。

3. 对档案柜架进行编号管理

存放档案柜架往往根据形状、规格、质地的不同进行分类集中；档案柜架的排放应最大限度地利用库房空间，一般以工作人员能进行正常工作为宜，柜架两端应与墙壁保持一定距离，与窗户呈垂直走向排列，避免阳光直射；柜架号自房间入口处计，从左到右依次编排；隔板号以一组档案框架起编，从上到下依次编排，如五节柜的隔板号自上而下依次为1～5号。

4. 调节保管场所的温湿度

档案库房的温度、湿度与档案寿命有密切关系。根据有关规定，保管纸质档案房间的温度宜控制在14～24℃范围（恒温），相对湿度宜控制在45%～60%范围（恒湿），昼夜允许温度变化范围为±2℃，湿度变化范围为±5%，并注意做好防光、防空气污染、防虫等工作，同时定期清除灰尘、垃圾，保持库房内外的清洁卫生。

5. 进行卫生安全检查并做记录

档案卫生安全检查包括检查档案有无遗失、泄密、破损情况，查找安全隐患；检查档案有无发黄变脆、字迹褪色、潮湿发霉情况；检查消防器械是否齐全，门窗是否牢固；检查保存档案数量是否与登记的数量相符；检查档案保管各项制度的执行情况。

此外，还需要定期检查档案库房，及时解决发现的问题，及时纠正工作中出现的差错；在复印档案时不能损坏档案；经常检查声像档案，防止因霉变而失去声音或图像，要定期翻录。在现实工作中，对于声像档案的管理往往容易忽视。

（四）档案毁损的防治

档案毁损的原因有内因和外因两种。内因包括档案本身制成材料的质量（即载体）。纸张、墨水、油墨等材料的质量，将直接影响档案材料的保管。外因则是指自然环境、保管条件和人为因素等。例如，不适宜的温度、湿度，各种有害生物、光线、灰尘、气体，借阅者不注意爱护而造成的揉折、撕裂、磨损、污染等。

根据档案损坏的原因，研究、寻找出科学的保护档案的技术方法，是档案保护的主要研究内容。防治档案毁损的方法，大致可分为以下几部分：

（1）改善档案保护条件。例如，建造合格的档案库房、温湿度的调节与控制、防光、防有害气体和灰尘、防霉等有害微生物、防虫等。

（2）去除档案制成材料中的不利因素，对已损坏档案进行修复。例如，去污、去酸、字迹恢复、字迹及纸张的加固等。

（3）档案的复制，使档案原件得到更好的保护。例如，静电复制、缩微复制、计算机数字化技术等。

（五）档案的借阅

外借阅览应有严格制度和完善的批准手续。机关内部借阅本单位档案，必须填写借阅单，履行签收手续。外机关借阅档案材料，应持有介绍信及经办人个人身份证明，并填写借阅单，写明借阅人身份，借阅日范围、借阅期限和使用方法，经批准后方能借出。易损档案和特别珍贵档案一般提供复件，不宜借出档案室；未经整理的零散档案，不宜外借。档案管理人员接触档案应穿工作服，戴手套，轻拿轻放档案；档案存放方式要利于存取；存取档案应连同包装材料一同取出、放回；复制档案以不损坏档案为前提。档案使用者在阅读档案时不得吸烟、喝水、吃食物，不得在档案上涂改、做标记。

七、电子档案的管理

电子文件是办公自动化发展的产物，是"数字信息"和"文件"两个概念的交集，它是具有文件特征的数字信息，又是以数字信息为特征的文件，称为"数字文件"更为贴切。电子档案是指具有凭证、查考和保存价值并归档保存的电子文件。文秘应顺应时代要求，努力掌握电子文件的管理程序和方法。

（一）电子档案的分类

电子档案有以下几种：文本文件，即利用文字处理技术生产的文字文件、表格文件等；数据文件，即一般以数据库的形式存在；图形文件，即运用计算机绘图软件等生成的静态图形文件；图像文件，即借助视频设备获得的动态图像文件，如使用扫描仪扫描的各种原作画面；声音文件，即采用音频设备录入或用编曲软件生成的文件；多媒体文件，即借助计算机多媒体技术制作的由文本、图像、影像、声音等若干种文件合成的文件；命令文件，即为处理各种事务而用计算机语言编写的程序。

（二）电子档案的收集与积累

1. 收集范围

电子文件形成单位应当根据国家有关规定，参照纸质文件归档的范围，制定电子文件归档范围和保管期限表。《电子公文归档管理暂行办法》规定：电子公文参照国家有关纸质文件的归档范围进行归档并划定保管期限。

2. 收集与积累要求

有查考价值的电子档案应被保留。当正式文件是纸质时，如果保管部门已开始进行向计算机全文处理的转换工作，则与正式文件定稿内容相同的草稿性电子档案应当保留，否则可根据实际条件或需要，确定是否保留。

在无纸化办公或事务系统中产生的电子档案，应采取更严格的安全措施，保证电子档案不被非正常改动。

用计算机辅助设计或绘图等获得的图形文件，收集时应注意其对设备的依赖性及易修改性等问题，不可遗漏相关软件和各种数据。

用文字处理技术形成的电子档案，收集时应注明文件存储格式和属性。

用扫描仪等设备获得的图像文件，如果采用非标准压缩法，则应将相关软件一并收集。

保存与纸质等文件内容相同的电子档案时，要与纸质等文件之间相互建立准确、可靠的标志关系。

用视频设备获得的动态图像文件，收集时应注意收集其压缩算法和软件。

用音频设备获得的文件，收集时应注意收集其属性标志和相关软件。

用计算机多媒体技术制作的文件，其中包含前面所示的两种以上的信息格式，收集时应注意参数准确、数据完整。

3. 收集与积累的方法

电子文件的真实性、完整性、安全性和可识别性，归档移交前由形成部门负责，归档移交后由档案部门负责。电子文件归档过程应采取加密方式归档，以保证归档过程中电子文件的真实性、完整性、安全性，档案部门接收归档电子文件须进行鉴定、检测。电子档案应及时按照要求制作备份；每份电子档案均需在电子档案登记表中登记；电子档案登记表应与电子档案的备份一同保存；如果电子档案登记表制成电子表格，应与备份文件一同保存；编制电子档案性质代码，制定相关管理制度，并严格按照制度执行。

（三）电子档案的管理方式

对电子档案的形成、积累、鉴定、归档及电子档案的保管实行全过程管理，应当由领导统一协调，指定专门机构或人员负责，保证管理工作的连续性；电子档案的形成部门负责电子档案的积累、保管和整理工作，领导要进行指导和监督；电子档案的管理由文秘负责，电子档案形成部门要提供协助和支持；应明确规定归档时间、归档范围、技术环境、相关软件、数据类型、检测数据等，以保证电子档案的质量；为保证电子档案的可利用性，从电子档案形成就应有严格的管理制度和技术措施，确保其信息的真实性、安全性和完整性；归档电子档案同时存在相应的纸质或其他载体形式的文件时，则应在内容、相关说明及描述上保持一致；具有保存价值的电子档案，必须适时生成纸质文件等硬拷贝。电子档案管理流程图如图8-5所示。

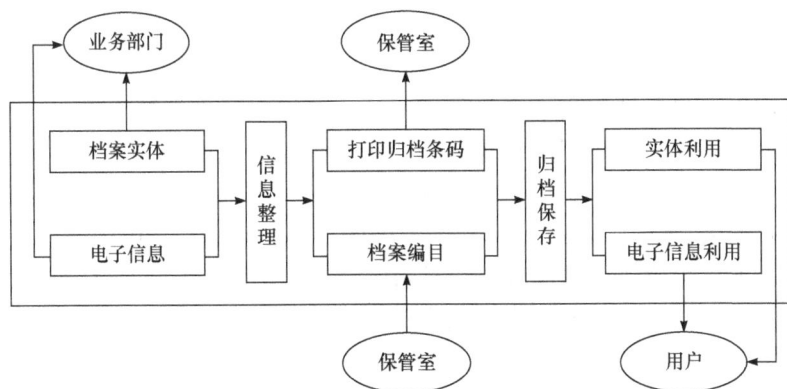

图 8-5　电子档案管理流程图

（四）电子档案的整理要求

电子档案的整理，应按内容、保管期限、密级等因素相对集中整理；电子档案应按《档案著录规则》著录，并制成机读目录；归档电子档案应填写完整的登记表。

（五）电子档案的归档

1. 归档方式

《电子公文归档管理暂行办法》规定电子档案的归档方式有物理归档和逻辑归档。物理归档是将计算机及其网络上的电子档案集中传输至独立的或可脱机保存的载体（如 U 盘）上，向档案部门移交的过程；逻辑归档是指文件形成部门将归档电子档案的逻辑地址通知档案部门，档案部门通过网络接收、控制与管理电子档案。

2. 归档时间

电子档案的归档有实时归档和定期归档。实时归档是在电子档案形成后即时归档；定期归档是按规定的归档周期归档。采用逻辑归档单位，应尽可能地进行实时归档，以免发生失控。采用物理归档单位，电子档案归档可参考纸质文件归档经验，按照有关规定定期完成。双套归档的电子档案和纸质档案，归档时间应统一。

3. 归档要求

归档的电子档案应完整齐全，凡属归档范围内的文件均应及时归档，不得分散保存。

归档的电子档案应真实有效。文本文件应是最后定稿；图形文件如经更改，应将最新版本连同更改记录一并归档；各种文件的草稿，根据需要决定是否归档。

在归档时要对归档的电子档案进行整理。文件形成部门应对文件载体进行管理，在其包装盒表面粘贴说明性标签，注明编号、名称、密级、软硬件环境等，填写《归档电子文件登记表》。

4. 归档手续

电子档案经检验合格后，形成部门或档案部门要履行归档手续，即形成部门与档案部门均应在《归档电子文件登记表》和《归档电子文件检验登记表》上签字或盖章，这两张表格均应一式两份，移交双方各留存一份备查。

（六）电子档案的保管

1. 保管要求

（1）真实性。电子档案由于自身的一些特点（如电子文件易于修改，改动后不留痕迹，且在网络上运行的电子文件也有可能被非法截获或更改），人们无法区分其中哪些是原件，哪些是复件；目前电子文件的签署技术尚未普及，还不能为每份电子文件盖印或亲自签名，也就无法借助印章或签署的字迹来判断一份电子文件是否为原件。只要电子档案的内容确实由原作者撰写或制作出来，此后从未修改过，它就是原始的。在管理电子档案时，文秘要确保电子档案的真实性，使电子档案内容、结构和背景信息经过传输、迁移处理后保持不变，与形成时的原始状态一致，即保障电子档案的原始性。

（2）完整性。在管理电子档案时，文秘要确保电子档案的齐全完整，使与记录工作活动具有联系的电子档案及其他形式的相关档案数量齐全，每份电子档案的内容、结构、背景信息没有缺损。

（3）有效性。在管理长期保存的电子档案时，文秘要确保电子档案经过存储、传输、压缩、加密、媒体转换、迁移等处理后仍能正常显示，并能被人们识读。

（4）最优化。电子文件管理需要根据文件的生命周期整体考虑电子文件的管理问题，前端收集归档电子文件要考虑到末端电子文件长期保管问题，要考虑整个系统管理的最优化问题。

（5）标准化。现代技术应用标准化问题十分重要，相应的管理规章制度、标准是电子档案管理的基础，必须遵照标准规定的要求、格式执行，才能更规范地做好电子档案管理工作。

2. 保管要领

（1）保证电子档案的安全。电子档案要按照国家《关于信息安全等级保护工作的实施意见》实施信息安全等级保护措施。

（2）存放方式合理。电子档案的各种磁带、软硬磁盘和光盘应垂直放置，防止变形和受重物挤压。电子档案整理、保管和利用过程中，禁止用手直接触摸载体表面，禁止用其他物品捆绑、固定载体，防止划伤载体。

（3）控制库房温度、湿度。存储电子档案各种磁性载体的库房的温度应为 15～27℃，相对湿度为 40%～60%。光盘档案保管的环境温度应为 14～24℃，相对湿度为 45%～60%。

（4）防止有害因素的影响。电子档案应放在一定的装置内，防尘、防光、防火、防磁、防有害气体。

（5）检查保存状况。每年应对电子档案的读取、处理设备的更新情况进行检查登记，发现问题要及时采取恢复措施。

（6）做好档案备份。《电子文件管理暂行办法》规定，归档电子文件的形成单位和档案保管部门应当对归档电子文件，集中拷贝至耐久性好的载体上，一式三套，一套封存保管，一套供查阅使用，一套异地保存。

（七）电子档案的利用

电子档案的数字信息属性决定了电子档案利用具有纸质档案无法比拟的优势，电子档案利用比纸质档案利用更方便、更快捷，主要有以下方式：

1. 电子阅览室阅览

电子阅览室配备专用的计算机阅读设备，为利用者提供良好的阅档环境，这既方便对利用者进行指导，也利于控制电子档案使用情况和保护电子档案。不便在计算机网络上浏览的以及具有机密性的电子档案，可以在电子阅览室阅览。要建立相关的阅览制度，对阅览、拷贝、摘抄档案的手续、权限等作明确规定，保证电子档案的安全。

2. 复制

按照有关规定，可向利用者提供复印文件以及拷贝在各种载体上的电子档案复件。

3. 借出

在单位内部，因各种特殊需要，可借出电子档案磁盘或光盘在工作岗位上利用。电子档案的借出必须建立严格的审查与借阅制度。借出电子档案要履行借阅手续。

4. 在线利用

在线利用是在网络上进行电子档案的利用活动，以网络利用为主，因为网络利用可以充分发挥电子文件数字信息的特性，提供跨时空、全天候的利用。在线利用包括局域网服务和互联网服务。局域网有特定的服务范围，主要用于电子档案的查询。尚未开发的档案信息应在局域网内根据利用者的利用权限提供利用。互联网服务形式多种多样，用于开放档案的提供利用，包括提供档案信息检索、提供开放的档案目录、公布档案原件、网上展览、电子档案汇编成果展示等。

第三节　图书资料管理

一、图书资料管理概述

（一）图书资料管理的含义

对于文秘而言，图书资料管理与一般资料室的图书管理员的统一管理不一样。办公室内的图书资料管理，主要是指对除公文以外的资料的管理，包括名片、报纸、杂志等。主要的工作步骤包括整理、分类、归档、保管、借阅登记、归还登记。工作的具体细节与文书档案管理的细节基本一致，在本节中不再赘述。

（二）现代图书资料管理的秘诀

1. 熟悉归档的主要原则和方法

文秘在图书资料管理工作过程中，必须熟悉归档原则。例如，是实行集中管理制还是分储制；是依照人名还是依照部门来排列；哪些资料是开放性的，哪些资料只能局部共享。这些都是文秘在整理归档时需要事先了解的。

2. 熟悉整理的主要原则和方法

文秘在每天整理过程中，要按照优先级别排列，对于紧急需要批阅的资料应该特别加注说明，让领导能够一目了然，节省时间，提高工作效率，尽快处理好紧急事项。

3. 熟悉工具的使用方法

在图书资料管理过程中，有些工具会起到很大的作用。所谓管理工具，其实与档案管理工具类似，广义地说，是指档案柜、档案夹等。此外，还有卷宗夹、回形针等，都是经常使用的管理工具，要注意合理使用，并定期检查是否损坏。

二、简报管理

大多数文秘需要制作文案和简报。在准备简报过程中，首先要明确主题，然后开始分纲目搜集资料，再做成文本文件，最后制成简报。这一连串的工作，就叫作简报管理[①]。简报管理主要有以下几个步骤。

（1）明确主题。领导最需要的主题是什么？是用于个人演讲，还是用于会议上的讲话？大概需要多长时间？可以应用的设备有哪些？这些细节都要事先了解清楚，以便确定主题。

（2）编制纲目。确定主题后，文秘要把这个主题可能涵盖的大纲列出来，反复修改，呈请领导批示。然后根据领导增补后的纲目，开始搜集相关资料。

（3）搜集资料。搜集资料的方法有很多，除了利用网络资源，图书、杂志、报纸等都是资料来源。对于搜集到的资料必须要注明出处，这样才能够做到有根据地使用，以免背负抄袭的罪名。

（4）制成文本文件。所有简报形成之前都必须制成文本文件，即首先要有一篇文字报告，之后才能产生简报。这样的文本文件也需要文秘事先做好，呈送主管核批后才能正式变成简报的一部分。

（5）简报设计。文字的大纲变成简报要遵守"七"原则——每页不超过七行，每行不超过七个字。等所有文字做成简报之后，再考虑时间是否充足，以便调整页数，最后再根据活动的主题和领导的偏好对简报进行设计并加以美化。

（6）剪报整理。剪报工作是文秘的日常工作，即在领导上班之前，将领导所需的信息（包括下级单位呈送、上级单位下发、报纸等）整理成系统化的资料，放在领导办公桌上，以便阅读。剪报整理要做到整齐划一，注明出处，并且要将所收集来的信息进行分类汇总，最好按照剪报内容的缓急程度依次排列；剪报要留有空白处，以便领导可以加注批示或转交相关单位处理。剪报制作流程图如图 8-6 所示。

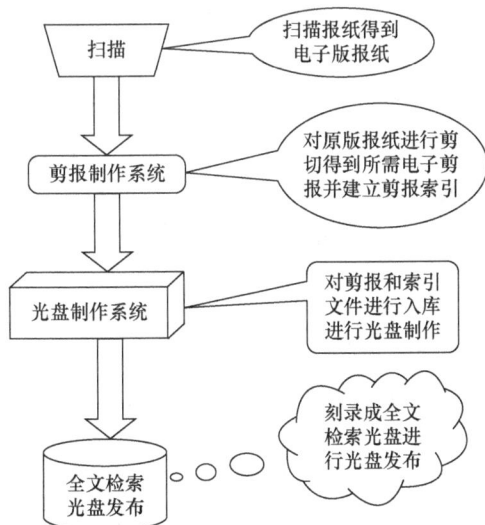

图 8-6 剪报制作流程图

---

① 石咏琦. 做最得力的秘书[M]. 北京：北京大学出版社，2011.

三、名片整理

名片整理是一般人很容易忽视的一环，但对文秘而言是非常重要的工作内容。假如领导参加一次国际展览，可能会拿回 100 多张名片，每张名片上都有重要信息。因此，文秘必须掌握名片管理原则，才能在最短时间内完成这些名片的整理、归纳、分析及回应工作。

（一）传统名片簿的缺点

名片簿是传统的名片管理工具，但并不能适应时代要求，主要有以下缺点。

（1）用名片簿收存查询困难。在长期工作中，文秘手中的名片有两三百张是很正常的，名片过多时，用名片簿收存不但很难管理，也不容易查询。

（2）不能以多种方式分类名片。无论是用人名检索还是机构检索进行分类，只要是传统的名片簿，就不能做到多种方式分类，不能达到有效管理。

（3）名片上难以附加各种记录。名片上没有位置摘录信息，文秘常常因为时间久远而忘记有关该名片的重要信息。

（二）名片存储

收到名片后，就要进行存储。但是，领导参加活动后，往往会给文秘很多名片，这时候应该如何处理呢？主要步骤如下。

（1）分类：将这些名片按照部门、职位、性质、重要性等因素进行分类，至少从文秘专业的角度要区分出哪些名片将来是对领导有用的。

（2）登记：主要是登记收到这张名片的时间、地点等信息。

（3）登录：主要根据领导的工作习性选择登录在通信簿或是在 Outlook 中，即使存储在 Outlook 中，也需要事前把通信簿的分类做得很详细，以便能够一目了然。如果文秘的计算机具有无线传输的功能，可以借由红外线或蓝牙将大批次的数据传给相关人员的计算机或智能手机，从而可以迅速而又实时地找到完整的信息。

（4）归档：如果是传统归档，那就要放在名片夹或名片盒里收存。从一开始就确定好是用部门还是人名来分类，以免越堆越多，最后查找不便。

（三）通信簿管理

文秘在收到名片后要马上整理归档，存入通信簿，并注意整理好以下信息。姓名（中英文名）：注意中英文名相对应，如刘玛丽（Mary Liu）；工作资料（部门及职位）：因为信件通信时会用到这些数据，所以务必把正式名称记录完整；地址：如商务地址、家庭地址、其他地址，包含邮政编码，县、乡镇、市、区等完整地址；联系方式：不管原始名片上的记录方式如何，一律要统一格式登录，而且必须记录区号与分机，如（027）62711×××-×××；电子邮箱：个人电子邮箱，收到新资料时需要核对该信息；其他个人化数据：如 QQ 号、微信号、生日、昵称等。

此外，通信簿里的信息可能隔一段时间就会更换，文秘平时可以通过传送非重要资料的方式，来检查自己通信簿的信息是否准确。

（四）名片管理要领

文秘的所有职能中，关系管理最能够体现其专业水平。名片管理是关系管理的核心，如果能做好名片管理，就是为关系管理的专业表现注入"强心剂"。因此，要注意名片管理的技巧和要领。

1. 不要丢弃旧名片

现在人们更换名片的速度非常惊人，经常是一两年换了好多种名片，文秘在整理名片的时候，便会陷入混乱，不知道应该登记哪一张名片。文秘在收到新名片的时候，可以将旧名片拿出来核对，在登录之前可以仔细看看所登录的内容，及时更新。

2. 采用活页式的名片簿

如果采用传统的名片夹或名片簿储存名片，那就必须采用活页式名片簿，以便将新的名片或调整后的名片随时插入相关位置，名片夹很容易饱和，储存时必须仔细挑选，只存有用的。手边常用的名片簿，保持是在一年之内需要经常接触、联络的状态。

本章小结

文书工作与档案管理在文秘工作中具有重要的地位，是相关职业岗位群的关键技能模块，具有很强的专业技术性和操作性。

文书管理是管理文秘事务中的一项重要事务。文书是法定的组织按照特定的格式，经过一定的处理程序制成的书面材料，是组织从事管理活动的一种载体。公务文书的作用和特点决定其管理的基本要求。发文与收文的办理是公文管理的重要内容。

档案管理是文书管理的重要组成部分。科学地管理文书档案，以便需要时能迅速查阅任意一份归档文书，这是提高管理文秘事务效率的重要前提，更是管理文秘日常工作的重要内容。

面对形形色色的资料，管理文秘要学会科学地进行资料的整理和归档，掌握名片等资料的分类、保管等一般常识，在工作中充当"资料库"的角色。

☞思考与练习

1. 收文和发文的办理程序有何内容？
2. 档案管理的新理念是什么内容？
3. 名片管理的注意事项有哪些？

☞本章推荐阅读书目

郭学利，武晓睿，2015. 秘书文书档案管理[M]. 北京：清华大学出版社.

纪如曼，王广宇，郑志国，等，2015. 文书处理与档案管理[M]. 上海：上海财经大学出版.

徐彦，戈秀萍，何柳，2015. 文书工作与档案管理[M]. 3 版. 大连：东北财经大学出版社.

☞**阅读材料**

档案馆保全电子数据

　　某市电梯维保公司开发了电梯日常维保智能化管理系统，该系统将电梯维保电子单据发送给用户存档，同时相关数据也供给质监部门进行监管。用户和质监部门认为该方式中电梯维保电子单据由公司控制，电子维保单的真实性无法得到保障，其凭证作用也无法保证。

　　为了解决以上问题，市档案馆以第三方身份介入整个流程，维修数据上传公司的同时，也同步传送到档案馆，档案馆部署强大的数据库跟踪审计系统及主机安全管理系统，从数据接收、存储到发布等各个环节进行实时监控，对每条数据、每个操作进行记录，从而对每条数据进行防篡改保护，形成一套完整严密的证据链。档案馆同时通过互联网向相关客户及质监部门提供档案利用和档案监管，保障数据安全有效。

（笔者根据相关资料整理）

第九章 调查研究

本章导言

政府机关、企事业单位的正常运行离不开信息工作和调查研究的支持，特别是随着现代经营管理理念和模式被越来越广泛地运用，信息和调研工作成为决定经营管理成败的一个关键性因素。文秘作为领导的参谋和助手，在一个单位的信息和调研工作中扮演着重要的角色，文秘在这两个方面职能的发挥状况，关系着领导决策管理活动的效率。因此，信息和调研工作在文秘辅助领导活动的过程中有着举足轻重的地位。

第一节 调查研究概述与方法、程序

一、调查研究概述

（一）调查研究的含义

调查研究是指人们在社会实践中，对客观的实际情况进行了解和分析研究，以认识其本质和发展规律的一种自觉的行动。它是人们了解情况、认识事物、掌握政策的基本方法，是实行科学管理的前提。作为文秘的工作内容之一，调查研究是指文秘为领导决策和指导工作提供真实信息和准确依据的工作。

习近平指出，"调查研究是谋事之基、成事之道，没有调查就没有发言权，没有调查就没有决策权。调查研究是我们做好工作的基本功"[①]。党的二十大以来，以习近平同志为核心的党中央，高度重视调查研究工作，习近平在 2022 年 12 月 26～27 日召开的中共中央政治局民主生活会上提到，"要大兴调查研究之风，多到分管领域的基层一线去，多到困难多、群众意见集中、工作打不开局面的地方去，体察实情、解剖麻雀，全面掌握情况，做到心中有数"[②]。文秘要有效地辅助管理，就必须对不断变化的实际情况进行全面、真实的了解和准确、透彻的分析，充分发挥参谋助手作用，这样才能对领导决策和指导工作起到重要作用。

（二）调查与研究的关系

调查是指运用各种科学的方法和手段，对客观世界进行了解、考察、查核、统计来获取并掌握确凿的材料和情况的一种感性认识活动。

[①] 习近平在党的十九届一中全会上的讲话[EB/OL]. https://news.12371.cn/2017/12/31/ARTI1514699033042788.shtml?t=636733741299843750[2017-12-31].

[②] 中共中央政治局召开民主生活会 习近平主持会议并发表重要讲话[EB/OL]. http://www.gov.cn/xinwen/2022-12-27/content_5733852.htm[2022-12-27].

研究是指对已了解的情况和已掌握的材料运用辩证唯物主义和历史唯物主义的立场、观点和方法进行科学的概括、比较、分析和综合，以求得认识客观事物的本质及其发展规律的一种理性认识活动。

调查与研究是两个既相互联系又相互区别的工作环节，二者既相互联系又相互渗透。调查是研究的前提和基础，研究是调查的发展和深化。调查中有研究，研究中有调查。文秘在调查研究过程中，要充分认识调查与研究的辩证关系，努力实现调查与研究的有机结合，从具体的事物中概括出观点、提炼出思想，从而为撰写调查报告打好坚实的基础。

（三）文秘做调查研究工作的意义与优势

文秘虽不直接参与决策，但要为领导决策提供资料和信息，提出意见和建议。

1. 文秘做调查研究工作的意义

（1）通过及时、全面地收集和总结基层情况，为领导在某方面的决策和管理工作提供准确的信息和第一手材料，协助领导正确决策和指导工作。

（2）通过听取、收集并综合处理基层各方面意见，为领导"拾遗补阙"。

（3）通过向领导和有关部门反馈各项政策方针的贯彻落实情况，推动下一步工作开展。

2. 文秘开展调查研究工作的特有优势

（1）具有接近领导的优势。文秘经常跟随领导，了解领导的意图和思路，开展调查研究更有针对性。

（2）具有综合协调的优势。文秘可以根据领导的意图和要求，综合研究信息材料，确定调研题目，组织调查研究，协调有关方面的力量，共同完成调研任务。

（3）具有系统深入的优势。文秘部门通常具有文电、信息、综合、督查等多种功能，通过发挥文秘部门的整体功能，既可以各自独立地开展调查研究，又可以互相配合、开展比较系统的调查研究，使调查研究不断得到深化。

（四）调查研究在文秘工作中的地位和作用

调查研究是文秘和文秘部门的重要职责。领导工作繁忙，不可能事事躬亲，因此文秘和职能部门须代劳；领导调研受干扰多，文秘则不受此干扰；职能部门调研往往会带有倾向性，文秘可以比较客观地反映情况。因此，文秘开展调查研究工作能更好地发挥参谋和助手作用。

调查研究是文秘和文秘部门做好各项工作的基础。调查研究贯穿于文秘工作的全过程和各环节。若离开了调查研究，缺乏对不断变化的实际情况全面、真实的了解和分析，文秘和文秘部门工作就难有新内容、新思路。文秘只有深入实际，到第一线去调查研究，了解和掌握真实情况，并对情况进行实事求是的分析和论证，采取相应的对策和办法，才能避免走弯路，提高工作效率，更好地为领导决策和指导工作服务。因此，调查研究是文秘和文秘部门的一项经常性工作，也是做好各项工作的基础。

调查研究是文秘和文秘部门辅助和领导科学决策的首要前提。任何决策都离不开调查研究，离不开在调查研究基础上的科学预测。通过调查研究，掌握大量的第一手材料，对这些材料进行分析研究，探求其本质及发展趋势，这既是科学决策的客观基础，也是科学决策的客观依据和客观要求。调查就像"十月怀胎"，解决问题就像"一朝分娩"，在做出决策后其调查研究仍没有结束，执行过程中还需要调查研究。

调查研究是文秘获得信息的重要途径，为领导宏观决策提供内部性很强、参考色彩很浓的信息，有情况、有分析、有建议，能开拓思路、启迪思维，因而也最有价值，对领导科学决策最有用处。文秘要获得真实、可靠、有价值的信息，都离不开调查研究。离开了调查研究，信息就失去了来源，数量和质量都难以得到保证。

调查研究是锻炼、提高文秘工作能力的必由之路。通过调查研究，文秘可向社会学习、向领导学习，提高理论水平、政策水平和业务水平。通过调查研究，还可提高文秘的观察能力、思维能力、交际能力、分辨能力、分析能力、概括能力和表达能力。

（五）调查研究应遵循的原则

文秘及文秘部门的工作性质决定了其调查研究不同于一般的社会调查研究或学术研究。一般来说，文秘的调研成果对领导决策和指导工作具有重要参考价值，倘若调查报告不能全面、真实地反映实际情况，要么不能进入领导决策而造成人力、财力的浪费，要么进入领导决策而给工作造成损失乃至严重后果。因此，文秘的调查研究一般应遵循以下原则。

（1）要服务领导决策。为了协助领导及相关部门增强工作的预见性、科学性和创造性，文秘的调查研究，要把为领导出谋划策作为出发点和落脚点，站在所服务领导的角度，把服务领导决策需要作为调研选题的方向。

（2）要坚持实事求是。文秘在调查研究过程中，对要调查了解的问题切不可"先入为主"，一定要坚持实事求是，一切从实际出发，全面、客观地反映真实情况。调查的情况只有符合客观实际，才能为领导科学决策提供可靠依据。

（3）要力求深入全面。所谓深入，就是要深入基层，多听、多看、多问，切忌走马观花。所谓全面，就是要认真听取各方面的意见，包括上下、左右和正反两个方面的意见，不能对问题一知半解。只有进行深入全面的调查研究，才能获得真实、完整的第一手材料，才能使调查报告反映出客观事实。

（4）要做到"眼睛向下"。毛泽东指出，"没有满腔的热情，没有眼睛向下的决心，没有求知的渴望，没有放下臭架子、甘当小学生的精神，是一定不能做，也一定做不好的"[1]。调查研究的过程，就是发现问题、正视问题和破解难题的过程。如果调查者在调查中，以领导自居或摆上级机关的架势，往往会造成调查对象的反感，会给调查工作带来困难。只有抱着共同研究探讨问题的态度，谦虚谨慎，诚心诚意请教，调查对象才会畅所欲言，反映真实情况，从而保证调查研究的顺利进行，达到调查研究的预期目的。

---

① 毛泽东. 毛泽东选集（第三卷）[M]. 北京：人民出版社，1991.

（六）调查研究的特点和内容

文秘的调查研究具有针对性、多样性、突击性和科学性等特点。文秘调查研究的内容包括政治性、政策性、专业性及热点问题等。文秘调查研究的形式丰富多样。因此，文秘可根据实际情况灵活运用。

1. 调查研究的特点

（1）很强的针对性。文秘工作服从领导、围绕中心、把握全局、服务决策。只有针对不同性质的问题进行内容、方法上有所区别的调查研究，才能达到调查研究的目的。例如，长远的政策性课题、当前亟须解决的课题、关系全局的战略性课题、有关局部的战术性课题、特定时期倾向性课题、热点问题的课题，都带有很强的针对性。

（2）内容和方法的多样性。内容方面，有对政治、经济、科技、文化、群众生活等内容的调查。内容不同，调查方法也不同。方法方面，有对工人、农民、知识分子、干部、私营企业家及国外有关人士等各色人群的调查，对象不同，其调查方法也不同。

（3）一定的突击性。文秘工作往往会遇到在计划之外的事情，这些工作带有突发性和临时性，需要在短时间内拿出解决问题的方案，因此，需要快速组织人员深入实地调查研究，了解情况并提出解决问题的相应措施，故文秘调查研究的工作又具有突击性。

（4）严格的科学性。调查研究的任务是探究客观事物的本质和规律，即要对事物进行全面的、完整的、辩证的、符合内在联系的、符合客观实际的认识，从而有效地指导人们的实践，并通过实践加以检验和印证。故有以下要求：首先，要有科学的头脑，坚持马克思列宁主义的立场、观点和方法，坚持唯物辩证法，坚持实事求是的科学精神；其次，调查研究的态度要认真严谨；最后，调查研究的手段要科学化，使用现代化的设备，应用系统论、信息论、控制论及概率论、模糊数学、数理统计等理论。

2. 调查研究的内容

文秘调查研究的内容是多方面的，不同行业、不同岗位的文秘，其调查研究的内容就有所不同。一般情况下，文秘的调查研究内容大体分为以下五类。

（1）政策性调研。通过了解有关法律、法规、制度等的制定情况及贯彻落实情况，为领导和有关部门制定和实施相关政策提供重要依据。

（2）基本情况调研。通过对各机关、单位的基本情况进行调查了解，减少工作的被动性，增强工作的主动性。

（3）市场调研。通过了解、掌握重大的经济活动状况和经济发展趋势，了解企业发展状况和趋势，了解组织投资前景、市场地位等，了解企业一定时期的经济情况以及企业生产、销售、技术水平等情况，为领导和有关部门分析经济状况提供信息。

（4）专业性调研。了解分析对自然资源、社会生活以及人文状况，对有关事故、事件的调查，对先进人物、先进集体事迹的调查。

（5）舆论热点调研。针对基层所关心的舆论热点以及带有倾向性、显露"苗头"问题的调查，为领导提供"以小见大"的启示性信息。

二、调查研究的方法和程序

调查的方法有个别访谈法、集体访谈法、实地观察法、问卷调查法、实验调查法、文献研究法等。研究的方法有度量研究、分类比较、综合分析、系统研究方法等。文秘须全面掌握，灵活运用，才能获得高质量的调查研究结果。

（一）调查的方法

1. 个别访谈法

个别访谈法是根据调查需要，选择单一调查对象进行采访、问询，了解情况。个别访谈法的关键是选准访谈对象并拟好访谈提纲，要选择合适的访谈地点并注意谈话的态度和语气。

个别访谈法的优点是获取的信息更加深入、详细和全面；缺点在于记录和分析的方法比较耗时，样本规模通常较小，获取和解释资料需要丰富的经验和高水平的技巧。

2. 集体访谈法

集体访谈法是根据调查需要，选择若干调查对象，组织目的明确的聚会、会谈。开好调查会需要把握以下几点：一是组织充分，列出调研提纲，使会议紧凑切题；二是精心选择合适的与会者，并提前告知调查内容，使其提前做好参会准备；三是调查者要善于引导大家积极发言，形成一种踊跃发言、相互研究问题的良好局面。

集体访谈法的优点是可以节省时间成本，用最短的时间获取大量信息，再加上有针对性地选择各层次的与会者，可以保证获取的信息全面而可靠；缺点在于容易产生和形成某种"团体压力"和"从众行为"，对某些敏感的问题的调查不适合采用集体访谈的方法。

3. 实地观察法

实地观察法是需要调查者亲临实际，亲身感受现实情况的方法。有参与式和非参与式两种，前者是深入一个单位蹲点，实地观察，以获取丰富而又真实的第一手材料；后者是在被调查对象没有察觉情况下的观察。

采用实地观察法要注意观察以下几点：一是观察人物，如人物的身份、数量及相互间的关系等情况，因为人在事物的发生发展过程中往往起决定性作用；二是观察情境，因为情境对事物的发生或人们的活动有很大的约束力；三是观察行为，即观察人物的各种活动，如行为的发生、发展趋势、性质及其影响等。

实地观察法的优点在于亲临现场能够获取实实在在、生动具体的资料；缺点在于概括性较差，所得结论难以推广到更大范围，信度较低，所需时间较长，有必要综合其他调查研究方法共同得出最后的结论。

4. 问卷调查法

问卷调查法实质是调查者以问卷或表格为介质，最大范围地对调查对象进行一次单向的个别访问。关键在于问卷和表格的设计，调查目的要明确；同时要讲究问询水平和问询艺术。调查问卷有开放式和封闭式两种形式。

（1）开放式问卷。题型是填充题和问答题，由被调查者自己填写回答，不受限制。

优点是便于答卷人各抒己见，答案比较丰富、具体，既有共性，又有个性；缺点是无法用计算机统计，只能由人工阅卷。

（2）封闭式问卷。题型为选择题和是非题，被调查者只能在有限的范围内选择答案，进行肯定或否定的判断。优点在于用数字或符号表示答案，便于计算机统计；缺点是答案有限定，无法调查特殊及深层的情况。

问卷调查法的优点是能在广阔范围内对众多调查对象同时进行调查，有效节省人力、时间和经费，便于对调查结果进行定量研究。缺点在于只能获得书面信息，不能了解到生动、具体的社会情况，很难进行深入的定性调查。

5. 实验调查法

实验调查法，即按照一定实验假设，通过改变某些实验环境的实践活动来认识实验对象的本质及其发展规律的调查。基本要素如下。

（1）实验者：实验调查活动的主体。

（2）实验对象：实验调查的客体。

（3）实验环境：实验对象所处社会条件的总和，有人工实验环境和自然环境类。

（4）实验活动：改变实验对象所处社会条件的各种实验活动。

（5）实验测定：在实验过程中对实验对象所做的检查或测定，分为实验激发前的检测和实验激发后的检测。

实验调查法的优点是调查结果比较客观、实用，调查方法的运用具有可控性和主动性，可以探明某些现象之间的因果关系；缺点在于实验过程中管理控制较难，实验费用较高，实验花费的时间较长，保密性较差。

6. 文献研究法

文献研究法是指调查者通过查阅有关的书面资料（报刊、文件、档案，以及照片、图表、影音、资料等），以获取所需要的材料。

一次文献又称原始文献，是指作者的直接创造，如首次发表的文章、公布的文件、出版的著作、讲话及会议记录稿等。这是最真实、准确、可靠，也是最有价值的文献。

二次文献是指非一次文献作者对一次文献进行加工转引摘录、摘要、编译而成的文献，如各种教科书、简报、文章、综述等。

三次文献涵盖面宽，内容简明，适于了解各种基本知识或信息的来源，但不宜作为重要的依据。

文献研究法的优点是调查过程受控因素较少，通过查阅古今中外文献可以研究社会问题，可以做到省时、成本低、效率高。缺点在于许多文献不易获得，文献资料难以编码和对比分析，研究的效度和信度也可能存在问题。

调查研究工作是文秘承担的繁重复杂工作之一，文秘很少有专门的时间做调查工作，通常是在开展其他工作的同时，获取调查信息。文秘在选取调研方法时，既要考虑和调查目的紧密结合，又要兼顾综合开展各项工作的方便。

（二）研究的方法

在实际研究中，人们发明并实践着各种研究方法。下面主要介绍文秘在研究中常用的主要方法。

1. 度量研究方法

度量研究方法就是着重研究事物规定性的定性研究与着重研究事物规模、范围、数目等数量关系的定量研究两种方法的综合。度量研究方法就是通过对调查材料的分析，从质的界限到数量关系的情况及其变化，对调研对象做出本质的结论。

2. 系统研究方法

系统研究方法就是按照系统分析的原则和要求，将调研对象作为一个整体加以研究，探究其结构、功能、层次等要素及其相互关系和变化规律。这种研究方法，不仅考虑到将调研对象作为一个系统，还要将其放到一个更大的背景中，把它视为一个更大系统中的子系统，在事物及其各方面的互相影响与制约关系中认识分析调研对象的性质和作用。这样，研究结果更真实。

3. 动态研究方法

动态研究方法就是通过研究调研对象的发展变化过程来探究其本质和发展变化规律的方法。

4. 比较研究方法

比较研究方法就是对调查研究对象进行区分和比较，通过认识其差异，进一步认识其本质和特点的研究方法。比较研究是认识事物最基本的方法，关键是要找准可比性比较分析，包括以下两个方面。

对比比较：一种简单比较，可以采取主要以时间为线索的纵向比较，也可以采取主要以空间为线索的横向比较。

综合比较：简单比较的汇总，是更系统化的比较研究。

运用比较研究法要注意作为比较对象应该具备某一方面或某些方面的共同性质。这种同质性越高，可比性越大；如没有同质性，比较就不能成立。比较对象的各种因素还必须具有可分解性和可度量性，各种因素既要有联系性，又要有独立性；可以进行独立的考察和比较，并且通过多种量化、技术性的指标来显示和说明。运用比较法，必须从客观、逻辑、历史、辩证、总体的角度看问题，才能抓住事物的实质。

5. 分析研究方法

分析研究方法就是将复杂的事物进行分解，联系其他有关因素，从而辨析、认识事物的本质和规律。

6. 演绎研究方法

演绎研究方法就是逻辑推理的方法之一。它以公理为大前提，以求证的事物为小前提，如果小前提符合大前提的前项，那么小前提的结论必然符合大前提的后项。

除了以上六种研究方法外，还有历史研究方法、情景探讨方法、概率分析研究方法等。针对某一次调查研究工作，选取正确的分析研究方法，是获取准确的高层次信息的重要保证。

（三）调查研究的程序

无论是党政机关还是企事业单位的文秘部门，都会有大量的调查研究工作。下面着重从文秘普遍进行的调查研究工作来介绍其过程和要求，并在具体环节中举例说明各自不同的特点。一般来说，可以把调查研究的程序按逻辑分成准备阶段、调查实施阶段、研究分析阶段和结论报告阶段。

1. 准备阶段

（1）明确调研主题。文秘的调研主题，有领导明确指示的，也有文秘确定的并经领导确认的，还可能是有关部门委托文秘部门组织实施的主题。

（2）选择调研对象。调研对象应当是人、物、事三个方面，如调研地域、调研要深入的具体单位和组织、调查的范围，以及具体的被调查人员、现场现象和事物的发展过程等。

（3）选配调研人员。调研工作可以由文秘自己做，也可由文秘临时从各个有关部门抽调专门调研员来做。必要时，对选调的调研员要先期组织专业培训，结合调研内容强化提高。例如，我国开展的人口普查，都会在调查工作之前对调研员做系统培训。

（4）准备相关信息资料。这一环节主要包括查阅有关资料，了解与调研内容有关的理论、政策、法律、必要的调研方面知识和技术参考信息等。另外，还要为实施调查做具体准备。要准备或者定制专门的文件袋、笔记本、名片、空白卡片等。准备必要的介绍信、证明函、调查员的胸卡、临时证件等。必要时还要给被调查者准备小礼物或其他酬谢。

（5）编制确认调研计划。在实际工作中，有时是一次计划，直接报经领导审批；有时是先做提纲，经领导确认后再细化为计划。调研计划要制订得既严密周全，又切实可行。从整个调研工作看，调查是研究的基础；从调查这个环节看，计划是实施调查的基础。所以必须重视调研计划的质量。

无论是提纲还是计划，主要内容包括如下八项：调研的目的和要求、调研的项目、调研所采取的方法、调研的组织分工、调研的对象、调研要求与注意事项、必要的表格与问卷、具体实施步骤。

（6）设计必要的调查问卷和表格。问卷和表格，是调研工作最大限度地取得具有普遍意义的数字和情况的最好方法，也是由普遍发现典型的最好契机。问卷设计的主要步骤如表9-1所示。

表 9-1 问卷设计的主要步骤

序号	问卷设计的主要步骤	要求
1	确定要解决和研究的问题	制订一份问卷，首先应当明确这份问卷要解决和研究什么问题
2	确定提问的角度和方式	注意提出问题的角度
3	确定对问题提出的措辞	从调查对象答卷心理考虑，措辞得当有助于问卷反馈顺利
4	确定问卷中各个问题的次序	要根据调查对象的思维逐步引入问题的逻辑，先易后难；顾及各个问题之间的层次逻辑关系，相对集中成组；考虑提出问题的方式，如对封闭式、半封闭式和开放式的问题以各自相对集中为宜
5	总体考虑问卷内容、设计问卷的结构	内容要集中在该问卷希望取得的数据信息上。自然情况最好少问，不必统计的问题绝对不问

问卷和表格是调查时由调查对象填写的。文秘一定要明确,只有把问卷和表格设计得明朗、简洁、易答,调查对象才好配合;只有把问卷和表格设计得逻辑性强、选项分明,便于文秘对其统计分析,才好对调查内容下结论。

设计问卷时问题项要精练,不宜过多。最好采用封闭或半封闭式问题,要求调查对象回答"是"或"否",或是在几项中选择作答。最好不采取开放式问题,开放式问题不便于对问卷进行统计归纳。表格的填写内容要规范,内容要精当,预留的填写空间要合适,位置要得当。

2. 调查实施阶段

调查实施阶段与研究分析阶段具有共同特点,调查实施阶段的逻辑性和程序性没那么强,主要有以下三个步骤。

(1)联系确认调查对象。与被调查者和与调查对象有关的人员取得并建立联系;确认调查对象与调查方式的选择是否准确;必要时要向对方详细说明调查内容、目的、时间、步骤和方式,商量互相配合的方法。

(2)实施调查。在具体实施中,一要注意点面结合;二要科学安排调查时间,力争节省开支。调查是一个从面到点、再从点到面的过程。在时间安排上,点、面可以有先后,也可以由大家分工同时进行。在调查范围上,点(如个别访问、个例调查等)也可以和面(如发放问卷、召开座谈会等)结合,交叉进行。

(3)阶段性小结并复查验证调查结果。阶段性小结可以随时保存调查人员在调查中产生的每一点感受和体会,也可以通过进一步的分析思考,复查验证前期的调查情况,以保证调查结果的真实。如果调研计划周密,实施过程就是按图索骥。在整个调查阶段不但要注意遵守有关法律、法规和制度,还要遵守有关保密纪律。

3. 研究分析阶段

研究分析阶段是调查研究工作的重要环节,是我们对调查所获得的大量情况、资料信息进行分析、归纳、概括或联系、比较、推断,从中找出问题的实质和规律,找出对调查对象的分析结果。研究分析阶段主要包括以下四个工作环节。

(1)对调查材料的取舍、审定、核对和证实。

(2)分类整理,将初级信息通过技术手段转化为高层次信息。

(3)利用科学准确的研究方法,对调研内容进行研究分析统计。

(4)确定研究结果。

4. 结论报告阶段

结论报告阶段主要包括撰写调研报告和调查研究的总结善后两项工作内容。

(1)撰写调研报告。撰写调研报告是文秘必须掌握的重要写作技能之一。真实的信息材料、细致的分析与科学的论证,是调研报告的关键。调研报告既讲究以人们认识问题的一般思路为逻辑结构,又提倡写作特色明显,形式多样,不拘一格。

(2)调查研究的总结善后。调查研究的总结善后工作是文秘对所组织的调研工作的行政事务总结善后,也是文秘做任何工作必有的一个环节。

第二节 调查和信息处理

一、信息概述

当今是信息时代，信息、能源与材料已成为人类社会的三大资源。信息工作是文秘做好辅助管理的一项重要工作。各机构做出任何决策都离不开信息。本节着重阐述信息对文秘工作的意义，文秘收集、处理、传递、存储信息的方法及要求。

（一）信息的主要特征

信息是客观存在的一切事物所产生的消息、情报、指令、数据、信号中所包含的内容。信息是通过我们听到的声音、看到的景象、读到的文字等载体表现出来的。信息具有以下特征。

1. 普遍性和客观性

无论是自然界、人类社会，还是对客观物质世界间接反映的人类思维，都处于永恒的运动之中，因而信息是普遍存在的。人类所获得的信息总量与人类认识能力有关，随着人类认识能力的不断提高，人类不仅能增加其获得的信息量，更为重要的是，他们可以更加深入地揭示信息本身的内在规律。同时，普遍存在着的信息又是客观的。客观世界的一切事物都在不断地运动变化着，并表现出不同的特征和差异。这些特征变化就是客观实在，并通过各种各样的信息反映出来。

2. 可知性和可识别性

信息，作为人的认识的结果，是人的大脑关于客观事物运动状态和方式的再现，它是可以由事物的其他运动形式呈现出来，如口头表达、书面表达等；它也可以是由人脑这种特殊物质的其他运动形式再现，如大脑的存储记忆等，而这种再现的物质属性是可知的，可以被识别和认识。

3. 可转换性和可传递性

物质信息可以转换为语言、文字、数据、图像等形式，也可转换为计算机代码、电讯信号等。人与人之间信息的传递一般依赖语言、文字、表情、动作，社会信息的传递则通过电话、电报、广播、通信卫星等通信手段。

4. 超前性和滞后性

有关事物的信息，总是产生在事实之后。先有了事实，而后才有认识，才可能有信息，信息再快，也有滞后性。信息的超前性是相对的，信息的滞后性是绝对的，即使是对几十年、几百年后事物发生、发展的预测，它也是人脑物质运动后的思维结果。

5. 可存储性和可处理性

信息能够以一定的方式存储在某种物质载体之中。人类除运用大脑进行信息存储外，一般要运用语言、文字、图像、符号等记载信息，并通过声波、光波、电波等信息媒体进行传递。如果要使信息长期保存下来以便日后查询，还必须采用纸张、胶卷、磁带、磁盘等实物作为它的载体加以存储。另外，信息还具有无限性、动态性、时效性、共享性等，这里不做详细解释。

（二）信息的内容和形式

1. 信息的内容

信息的内容非常广泛，如经济信息、政治信息、社会信息、政策法规信息、环境信息、文化信息等。文秘在收集信息时，不可能收集所有的信息，那么需要收集哪些信息呢？一是与领导工作有关的信息；二是与本单位职能、业务等有关的信息；三是其他相关的有用的信息。

2. 信息的形式

文字形态信息：以书面形式，包括文字、数字、图形、表格等表达的信息。

声像形态信息：录音带、录像带、电影片、模型、实物等表达的信息。

（三）信息的作用

（1）信息是文秘辅助领导决策的依据。决策是领导的主要职能，是领导工作的主题。信息是决策的依据，是决策的必要条件。没有信息，就没有科学决策。进行预测和确定目标，必须将过去和现在的各种信息进行收集、加工、传递和利用；拟订各种可供选择的决策方案，必须对收集到的各种信息进行归纳、推理、评价；决策方案的选择、实施、修正等，其客观依据依然是大量的信息。

（2）信息是文秘处理日常事务的依据。要办好机关各项公务，不仅靠领导意图、个人学识，还必须依靠各种信息作依据和借鉴。信息多，耳朵灵，综合判断、处理事务的能力就强。必须学会运用各种信息，把相关部门联系、协调起来，明确分工，消除矛盾，同步协作去完成共同的任务。另外，主动、认真地向部门领导反映各种情况，提建议、出主意，也是在运用信息为部门服务。

（3）信息是文秘起草文书的基础。撰拟公文不能闭门造车，而是要在掌握各种信息的基础上进行，根据领导的意图，经过分析、综合，形成更系统、更准确的新的书面信息。可以说，文秘撰拟公文，也是运用信息为机关服务。

（4）信息是文秘信访咨询、协调关系的依据。在接待群众来访、处理群众来信时，必须运用所掌握的政策精神、规章制度、领导意图、实际情况等信息，并经过分析、判断，正确接访，回复来信，或者把相关材料转有关部门处理。

二、信息的收集

（一）信息工作的基本要求

信息工作具有很强的原则性，要扎实做好信息工作，需遵照以下几个方面的要求：一是注重信息的及时性，要求信息的收集、处理、传递、反馈都及时迅速；二是确保信息的准确性，收集信息要及时可靠，处理信息要做到主观和客观相统一；三是保证信息的充足性，信息工作讲求充足全面，充足并不是说数量越多越好，而是追求全面，一定数量的信息只要能把事物完整真实地揭示出来，那就做到了充足；四是突出信息的适用性，信息要能服务于中心工作，适合本部门和机构的需要。

（二）信息工作的基本程序

（1）收集：文秘着重明确收集什么、到哪儿去收集、如何收集的问题；要善于利用一切可以承载信息的手段，收集一切有利于领导和基层耳聪目明的信息。

（2）加工：文秘对信息的编制，编制工作要严格遵循文秘文字编辑工作的原则。

（3）传输：信息的发送，有经验的文秘重视建立和完善信息的发送网络，重视报送领导、传送相关单位和发送下级部门的区别。

（4）利用：信息工作的目的，要使有关单位、部门接受信息，争取对他们有用。

（5）反馈：新一轮信息工作的开始。

三、信息的处理

（一）信息的分类

分类是根据信息所反映的内容性质和特征的异同，分门别类地组织信息的一种科学方法。具体可采用如下分类方法。

（1）字母分类法：按照作者姓名、单位名称、信息标题等的字母顺序分类组合。

（2）地区分类法：按信息产生、形成所涉及的地区或行政区域等特征，将信息分为各个类别。

（3）主题分类法：按照信息的主要内容进行分类的方法。

（4）数字分类法：将信息以数字排列，每一通信者或每一个专题给定一个数字，用索引卡标出所代表的类别。

（5）时间分类法：按信息形成日期顺序进行分类。

（二）信息的筛选

信息的筛选是对收集来的大量繁杂的信息通过鉴别和选择，剔除无用失真的信息，提取有效真实的信息。筛选工作对于提高信息层次、质量、效益等起着关键的作用。

1. 信息筛选的标准

（1）注意选择对现实工作有指导意义、与当前工作密切相关的信息。

（2）注意选择带有倾向性、动向性或突发性的重要信息。

（3）注意选择与本单位经营管理活动相关的新情况、新问题、新经验、新见解等信息。

（4）注意判定信息的真伪、价值大小，把握信息的"新鲜度"。对收集到的信息进行鉴别和选择，判断信息的价值，决定信息的取舍，提取真实、有价值、能满足需求的信息。

2. 信息筛选的方法

（1）甄别：运用知识和经验将已经初步分类的信息进行甄别，将其划分为真实信息和虚假信息；真实信息又应划分为有效信息和失效（过时）信息。

（2）佐证：对那些很难判明其真伪的信息，要使用其他实例、资料进行对照分析，以判断信息的真伪，剔除虚假信息和失效信息，保留真实有效的信息。

（3）逻辑分析：通过判断、推理等，查看信息是否有前后矛盾和与实际不一致的地方，要善于从大量的信息中识别信息的真伪，判定信息价值的大小，把握信息的"鲜度"，即掌握好信息的真实性、价值性和时效性。

（三）信息的加工

筛选之后的信息常常要经过初步加工形成初级信息。收集到的信息未必都有用，同时也不能将这些未经处理的、凌乱的原始信息直接提供给领导，这样不仅对领导没有用，而且会给领导带来额外负担。因此，要将有价值的信息提供给领导，就需要对信息进行加工处理。

加工的方法主要如下：文字加工，即用文字概括信息中实质性内容，提高其利用价值；信息提要，即将大量信息提炼出若干条信息要点，供深度加工或速报领导；信息分类，即按不同的内容、性质和作用，对信息进行分类，使其系统化、条理化，便于检索。

信息的加工包含如下环节。

1. 分类存储

分类标准有主题标准、地区标准、年度标准等。信息的收集和积累可以这么做：在电脑里建立若干个文件夹，用以保存不同的信息。例如，教学类信息、科研类信息、人事类信息、财务类信息等。

2. 信息分析

采用各种分析方法，如预测方法、比较方法、归纳方法、因果分析法等，根据自己的知识和经验，对所收集的信息进行分析，从而得出结论。

3. 传递给领导

通过口头传递、书面传递、图像传递等方式将有价值的信息和分析结论传递给领导，供领导决策参考。

4. 信息的综合处理

信息的综合处理，即对经初步加工所形成的信息进一步加以综合处理，从总体上进行系统分析、判断和归纳，提出比较系统、深刻的意见和建议，形成切合领导决策需要的、有深度的高层次信息。以下是几种比较常见的处理方法。

（1）定性定量结合：对收集到的信息资料进行数量分析，弄清事物"有多少"的问题；还要进行质量分析，弄清事物"是什么"的问题，从而保证对事物的判断的准确性和精确性。

（2）点面结合：信息的综合必须集中力量抓住主要矛盾，突出把握信息材料中最重要、最典型、最新鲜的内容。注意选择带有倾向性、苗头性、动向性或突发性的重要信息。同时，对其他信息材料也不能忽略，要反映事物全貌，做到突出重点。

（3）反映和预测结合：对信息的处理要做到反映和预测相结合。从大量分散的信息材料中提炼出来的信息要能反映事物现状。同时，还要注意信息的超前性。

（四）信息的传递

1. 信息的传递方式

按信息的载体形式可分为口头传递、书面传递、图像传递、实物传递。按传递的方向可分为单向传递、双向传递和多向传递。按信息传递的手段可分为电信传递、邮政传递和当面传递（含委托他人当面传递）。按保密要求可分为公开传递、半公开传递和秘密传递。

2. 传递的要求

（1）迅速：信息的传递应尽量减少周转，简化手续，尽可能地采用直达、先进的传递方式，使信息传递迅速，及时发挥其共享性。

（2）准确：信息传递无论是用口头方式、书面方式、电信方式还是电子邮件方式，都要发挥人和机器的积极因素，避免差错，排除故障或干扰，达到尽可能的准确。

（3）保密：有些信息具有共享性，无须保密，只要求准确和迅速，谁先抢到谁就能先发挥作用。还有些信息则具有专用性，需要保密。一旦泄密就会失去优势，甚至造成损失或危害。信息传递的保密包括传递人员保密、传递方式保密、传递内容保密、传递时间保密和传递过程保密。

在一般情况下，信息在单位内部按组织关系进行传递，如果能够建立健全信息传递系统，信息传递效率和服务效果将会大大提高。

不同的信息具有不同的流向，基本的信息流向有三种：一是单向传递，即信息由发出者向需要者传递，满足接受者利用的需要；二是相向传递，即信息传递的双方相对方互为传递信息；三是反馈传递，即信息使用情况由接受使用者向发出者进行传递。信息的传递方法则可以区分为口头传递、文书传递和电讯传递三种类型。

（五）信息的存储

1. 信息的存储方式

（1）原件储存：如原稿、正本、录音、录像、胶卷底片、实物等。

（2）目录、索引储存：量大的信息资料，应另外编制目录、索引，可置于原件之前一并储存，以便检索、查找。

（3）软件储存：将信息资料储存于软盘、光盘或其他电子介质中。

2. 信息存储的要求

安全：有专用的柜、橱或保险箱，具备防盗、防火、防高温、防潮、防虫的功能和条件。

系统：科学地存放排列，可按信息来源地区或篇名排列，按信息资料的内容分别排列，也可按信息的形式排列。

此外，信息存储需要注意以下几点。

（1）收集来的信息都要保存。

（2）信息的分类要合理，便于查找。

（3）信息的保存力求安全。

（4）尽量使用电脑存储信息资料。

第三节　调查报告的撰写

一、调查报告的含义与特点

（一）调查报告的含义

调查报告是以书面的形式向有关组织或领导汇报调查情况的一种应用文体。它是对某项工作、某个事件或某个问题，进行深入细致的调查研究后，对调查的材料加以系统地整理、分析，揭示出本质，寻找出规律，总结出经验或分清是非，写出的书面报告。它是以探求当前重要事件真相、总结工作经验教训、探讨事物发展规律为目的的一种常用新闻体裁。调查报告在报刊上发表后，也可称为新闻调查。

（二）调查报告的特点

调查报告是调查研究的成果反映，要写好调查报告，应充分把握调查报告的特点。调查报告有以下几个特点。

1. 针对性

调查报告一般有比较明确的意向，相关的调查取证都是针对和围绕某一综合性或专题性问题展开。调查报告反映的问题集中而有深度，其对象必定是某情况、某社会问题、某成功经验，引起了一定程度的注意，为了进一步得到它的详情、真相，认识它的性质，需要有人专门对它进行调查、研究，向有关机关提供报告。可见，调查报告是一种针对性很强的文体。

例如，在人口迅速老龄化、家庭养老功能弱化的背景下，为了解中国老年人对其自身养老的意愿、打算和安排，给相关部门决策提供依据，以积极应对人口老龄化，有学者开展了专题调查，形成调查报告《中国老年人口的养老意愿及其城乡差异——基于中国老年社会追踪调查数据的分析》[①]。

2. 写实性

调查报告是在占有大量现实和历史资料基础上，用叙述性语言实事求是地反映某一客观事物。充分了解实情和全面掌握真实可靠的素材是写好调查报告的基础。调查报告需要列举大量的相关事例、统计数字和各方意见，在此基础上提出作者自己的意见。例如《中国的低生育率与三孩政策——基于第七次全国人口普查数据的分析》[②]一文，通过列举事实和数据对中国 2020 年极低生育率的原因进行了分析。

"事实胜于雄辩"，在调查报告的写作中，通过列举事例、数据等形式，能够大大增强调查报告的说服力。

---

① 孙鹃娟，沈定. 中国老年人口的养老意愿及其城乡差异——基于中国老年社会追踪调查数据的分析[J]. 人口与经济，2017，（2）：11-20.
② 陈卫. 中国的低生育率与三孩政策——基于第七次全国人口普查数据的分析[J]. 人口与经济，2017，（2）：11-20.

3. 逻辑性

调查报告离不开确凿的事实，但又不是材料的机械堆砌，而是对核实无误的数据和事实进行严密的逻辑论证，探求事物发展变化的原因，预测事物发展变化的趋势，揭示本质性和规律性的东西，得出科学的结论。只列举种种现象，而缺少理论归纳的调查报告是肤浅的。调查报告的价值不仅在于调查和报告，更在于研究。研究的结果就是得出规律性认识，并把这些规律性认识提供给读者。规律性认识是在大量事实基础上得出的，又是大量事实的理论归宿点。

例如，在人口老龄化快速发展的背景下，社区居家养老服务蕴含巨大市场潜力，然而，我国养老服务产业发展举步维艰，有学者就此做了充分调查，研究城市老年人社区居家养老服务的需求现状及其影响因素，探索养老服务产业发展受到限制的原因，并形成调查报告《城市社区居家养老服务需求及其影响因素——基于全国性的城市老年人口调查数据》①。

二、调查报告的类型

调查报告的种类主要有以下几种。

（一）介绍典型经验的调查报告

某地区、某单位、某组织在贯彻落实党和国家的各项方针政策过程中，或在日常思想政治、经济建设、科学教育等方面取得了突出的成绩，为了把它们的具体做法和成功奥秘反映出来，可以对它们进行专题的调查，然后写出调查报告，这种类型就是介绍经验的调查报告。介绍经验的调查报告跟工作通信中那些以反映工作成绩为主的报道有些类似。区别在于调查报告重在调查，特别注重对调查过程和调查所得数据的叙述和列举。

例如，《光明日报》刊登的《新时代"枫桥经验"的"诸暨探索"》②，便是光明日报调研组前往诸暨枫桥等地，通过实地查看、集中座谈、单独访谈等方式，就诸暨发扬"枫桥经验"，创新基层社会治理的探索和实践进行深入调研后形成的调查报告。报告数据翔实、案例丰富，较好地总结了诸暨在创新基层社会治理等方面的经验。

（二）揭露问题的调查报告

揭露问题的调查报告是针对某种问题而展开的调查，以揭示这种问题现象和深层原因为主要目的的调查报告。它的主要功能是揭露和批判，探究问题产生的原因，分析问题的症结所在，提供解决问题的思路和方法，是一种比较多见的调查报告类型。

例如，2021 年 7 月 17~23 日，河南省遭遇历史罕见的特大暴雨，发生了严重的洪涝灾害，灾害共造成河南省 150 个县（市、区）1478.6 万人受灾，因灾死亡失踪 398 人（其中郑州市 380 人，占全省的 95.5%），直接经济损失 1200.6 亿元（其中郑州市 409

---

① 王琼. 城市社区居家养老服务需求及其影响因素——基于全国性的城市老年人口调查数据[J]. 人口研究，2016，40（1）：98-112.

② 佚名. 新时代"枫桥经验"的"诸暨探索"[N]. 光明日报，2018-08-10.

亿元，占全省的 34.1%）。灾害发生后，为查明原因、总结经验、吸取教训，经党中央批准，国务院成立河南郑州"7·20"特大暴雨灾害调查组，调查组对灾害原因及造成重大伤亡和社会关注的事件开展了全面深入调查，查明了主要原因和问题，总结了经验教训，提出了改进措施建议，形成了河南郑州"7·20"特大暴雨灾害调查报告，这是典型的揭露问题的调查报告①。

（三）反映新生事物的调查报告

反映新生事物的调查报告是针对社会现实中某种新近产生或新近有了长足发展的事物而撰写的调查报告。在现实社会中，新生事物总是不断涌现。这些新生事物，究竟是显示了社会发展的某种趋势，有着光明的发展前景，还是昙花一现的偶然现象？对这些新生事物，究竟应该肯定，还是应该引起警惕？反映新生事物的调查报告，就是全面地反映某新生事物的背景、情况和特点，分析它的性质和意义，指出它的发展规律和前景。例如，《"双减"政策在县域落实的现状、问题与对策——基于云南省×县"影子教育"机构治理的调查》②和《新生代农民工务工现状调查》③，都属于反映社会新生事物发展状况的调查报告。

（四）社会情况的调查报告

社会情况调查报告是针对一些社会情况所写的调查报告。这里所说的社会情况，主要是指社会风气、百姓意愿、婚恋、赡养、衣食住行等群众生活各方面的基本情况。这类调查报告虽然不直接反映政治、经济等重大问题，但百姓生活也是与政治、经济密切相关的。此外，这类报告反映的社会情况也是群众最为关心的一些问题。因此，各种新闻媒体都十分重视这一领域的报道，很多报刊等都曾开辟过公众调查专版。例如，《新冠疫情下"就地过年"幸福感的调查研究》④、《面对婚姻，年轻人在忧虑什么——青年婚恋意愿调查》⑤、《城市居民品牌大米消费认知与购买行为研究——基于苏南 5 地市的692 份问卷调查》⑥、《2022 冬奥会背景下北京区域居民参与冰雪运动消费调查》⑦，都属于反映社会情况的调查报告。

三、调查报告的结构

从外部形式上看，调查报告由标题、前言、主体、结尾四个部分组成。

---

① 河南郑州"7·20"特大暴雨灾害调查报告公布[EB/OL]. https://m.thepaper.cn/baijiahao_16390874[2022-01-21].

② 杨大川，李建明."双减"政策在县域落实的现状、问题与对策——基于云南省×县"影子教育"机构治理的调查[J]. 成都师范学院学报，2022，38（1）：1-8.

③ 殷小成，赖庆奎，颜霖弘. 新生代农民工务工现状调查[J]. 云南农业，2022（1）：23-26.

④ 徐戈，袁韵，贾建民. 新冠疫情下"就地过年"幸福感的调查研究[J]. 南开管理评论，2021，24（2）：204-215.

⑤ 佚名. 面对婚姻，年轻人在忧虑什么——青年婚恋意愿调查[N]. 光明日报，2021-10-08.

⑥ 焦翔，沈光宏，杨彬森，等. 城市居民品牌大米消费认知与购买行为研究——基于苏南 5 地市的692 份问卷调查[J]. 中国稻米，2022，28（1）：23-27.

⑦ 胡良平，骆秉全，张晚萌. 2022 冬奥会背景下北京区域居民参与冰雪运动消费调查[J]. 地理科学，2021，41（12）：2117-2126.

（一）标题

1. 单标题

（1）公式化写法。公式化写法就是按照"调查对象＋调查课题＋文体名称"的公式拟制标题。例如，《大学生在线学习效果调查研究》①，其中"大学生"是调查对象，"在线学习效果"是调查课题，"调查研究"显示文体是调查报告。这样写的好处是要素清楚，读者一看就知道这是写的什么单位，涉及的是哪些问题，文种也很明确。这样写的不足之处是太模式化，不够新鲜活泼。

（2）常规文章标题写法。具体方式灵活多样，可以显示作者自己的观点，如《建议增设重大医疗责任事故罪》②；可以直接叙述事实，如《乡村振兴背景下四川藏羌彝地区农民获得感调查研究》③；可以用形象画面暗示文章内容，如《为统计调查插上信息化"翅膀"》④；还有种种写法，在此不一一列举。

2. 双标题

双标题由正副标题组成，其中正标题一般采用常规文章标题写法，副标题则采用公式化写法，由调查对象、调查课题、文体名称组成。例如，《究竟是什么影响了导学关系——我国博士生导学关系影响因素调查研究》⑤、《嵌入与整合：乡村振兴战略下村落现代转型的实现机制——基于鄂西 L 村农业产业的调查》⑥、《求解人内在态度的谜题——关于教师队伍工作积极性问题的调查和分析》⑦。

（二）前言

调查报告的前言一般要根据主体部分组织材料的结构顺序来安排，常用的有以下几种类型。

1. 提要式

提要式就是把调查对象最主要的情况进行概括后写在开头，使读者一入篇就对它的基本情况有个大致了解。例如，《江苏铜山利国古代冶铁遗址初步调查》⑧的开头写法就属于提要式。

这篇调查报告的开头首先对江苏铜山利国古代冶铁遗址做了概括性介绍，使读者对调查对象的基本情况有大致的了解。

2. 交代式

在开头简单地交代调查的目的、方法、时间、范围、背景等，使读者一入篇就对调

① 胡久红，曾令涛. 大学生在线学习效果调查研究[J]. 办公自动化，2022，27（4）：26-29.

② 徐正辉. 建议增设重大医疗责任事故罪[J]. 人民检察，1995，（3）：61.

③ 李光早. 乡村振兴背景下四川藏羌彝地区农民获得感调查研究[D]. 成都：电子科技大学，2022.

④ 陆佳卉. 为统计调查插上信息化"翅膀"[N]. 中国信息报，2022-08-10.

⑤ 杜静，王江海，常海洋. 究竟是什么影响了导学关系——我国博士生导学关系影响因素调查研究[J]. 教育学术月刊，2022，（1）：43-50.

⑥ 严红. 嵌入与整合：乡村振兴战略下村落现代转型的实现机制——基于鄂西 L 村农业产业的调查[J]. 农林经济管理学报，2021，20（5）：660-668.

⑦ 程路. 求解人内在态度的谜题——关于教师队伍工作积极性问题的调查和分析[J]. 人民教育，2021，（20）：13-18.

⑧ 刘瑞，黄全胜. 江苏铜山利国古代冶铁遗址初步调查[J]. 有色金属（冶炼部分），2022，（2）：120-127.

查的过程和基本情况有所了解。例如，《中小学生"作业减负"政策实施成效及协同机制分析——基于全国 30 个省（市、区）137 个地级市的调查》①一文的开头即包括调查背景、目的、方法、范围和结论等几个方面，总的来说是属于交代式开头。

3. 问题式

在开头提出问题来，引起读者对调查课题的关注，促使读者对调查课题进行思考。这样的开头可采用提问的方式引出问题，也可以直接将问题摆出来。例如，《对网络民粹主义的感知调查及分析》②的开头就是以提问的方式引出问题；《新冠肺炎疫情对商业健康保险需求意愿的影响研究——基于河南省的调查分析》③的开头则是直接摆问题，也属于问题式写法。

（三）主体

前言之后、结尾之前的文字，都属于主体。这部分材料丰富、内容复杂，在写作中最主要的问题是结构的安排。其主要结构形态有以下三种。

1. 用观点串联材料

由几个从不同方面表现基本观点的层次组成主体，以基本观点为中心线索将它们贯穿起来。例如，《新时代"枫桥经验"的"诸暨探索"》的主体由四个部分构成，即"以德润心"强化社会治理的价值认同、法治建设为社会治理提供根本保障、"草根力量"激发社会治理活力、关于基层社会治理的思考。这四个部分是由标题所显示的基本观点贯穿起来。

2. 以材料的性质归类分层

课题比较单一，材料比较分散的调查报告，可采用这种结构形式。作者经分析、归纳之后，根据材料的不同性质，将它们梳理成几种类型，每个类型的材料集中在一起进行表达，形成一个层次。每个层次之前可以加小标题或序号，也可以不加。

例如，《"双减"政策在县域落实的现状、问题与对策——基于云南省×县"影子教育"机构治理的调查》④，分别从政策解读、政策落实情况调查、调查结果分析、问题揭示、对策建议这几个层面展开论证；《人口老龄化背景下居民的金融素养调查研究》⑤，分别从我国人口老龄化现状、老年人金融知识水平和行为特点分析、老年人金融教育的国际经验、推动我国老年人金融教育工作发展的建议这几个层面展开论证。

3. 以调查过程的不同阶段自然形成层次

事件单一但过程性强的调查报告，可采用这种结构形式。它实际上是以时间为线索来谋篇布局，类似于记叙文的时间顺序写法。例如，《人民日报》"记者调查"栏目发

① 宁本涛，杨柳. 中小学生"作业减负"政策实施成效及协同机制分析——基于全国 30 个省（市、区）137 个地级市的调查[J]. 中国电化教育，2022，（1）：9-16, 23.

② 贾立政，王慧，石晶. 对网络民粹主义的感知调查及分析[J]. 人民论坛·学术前沿，2021，（24）：68-73.

③ 谢明明，李琴英，吴国哲. 新冠肺炎疫情对商业健康保险需求意愿的影响研究——基于河南省的调查分析[J]. 金融理论与实践，2021，（12）：108-115.

④ 杨大川，李建明. "双减"政策在县域落实的现状、问题与对策——基于云南省×县"影子教育"机构治理的调查[J]. 成都师范学院学报，2022，38（1）：1-8.

⑤ 高雅柔. 人口老龄化背景下居民的金融素养调查研究[J]. 中国商论，2022，（3）：79-81.

表的《暗访北京站前发票非法交易》①一文，分别写了这样几层内容：12 月 6 日 15 时 35 分，记者在北京站东侧出站口遇到第一个卖发票的人；过马路前，又遇到四五个卖发票的小伙子；过马路后，被一个穿棕色皮衣的卖发票者拦住纠缠难以脱身；在站前丁字路口东北侧又遇到几个卖发票的男女。这种有清晰过程的写法，能够提高读者的阅读兴趣。

（四）结尾

调查报告通常在结尾部分显示作者的观点，对主体部分的内容进行概括、升华，因此，它的结尾往往是比较重要的一个部分。常见的写法有以下三种。

1. 概括全文，明确主旨

在结束时将全文归结到一个立足点上。例如，《我国企业内部控制有效性及其影响因素的调查研究》②，这篇调查报告的结尾较好地概括了报告的主要内容，亮出了观点，提供了清醒的理性认识。

2. 指出问题，启发思考

如果一些存在的问题还没有引起人们的注意，或者限于各种因素的制约，作者也不可能提出解决问题的办法，那么，只要把问题指出来，引起有关方面注意，或者启发人们对这一问题的思考，也是很有价值。例如，《暗访北京站前发票非法交易》③一文在结尾处表达了发票非法交易现象到底该由谁来管，怎么管等看法，希望能引起有关部门重视。

3. 针对问题，提出建议

在揭示有关问题之后，对解决问题提供一些可行建议。例如，《完善社会组织第三方评估工作机制研究——基于 5 市调查数据的分析》④这篇调查报告在总结了社会组织第三方评估工作存在的主要问题之后，在结尾提出了完善社会组织第三方评估工作机制的四点对策。又如，《乡村教师离职意向影响因素实证研究——基于重庆市 2505 名乡村教师调查数据的分析》⑤，这篇调查报告在分析了乡村教师的离职意向及其影响因素之后，结尾处从如何稳定乡村教师队伍的角度总结出四点建议。

四、撰写调查报告应注意的问题

（一）主题要突出

调查报告的主题思想要突出明确。要做到这一点，必须从选题过程就开始深入思考，对调查获取的感性资料深入分析研究，力求从事物的相互关系中找出其内部联系，揭示出事物运动、变化、发展的规律，努力提炼出具有一定深度的主题。

---

① 李忠辉. 暗访北京站前发票非法交易[N]. 人民日报，1999-12-16.
② 张杨. 我国企业内部控制有效性及其影响因素的调查研究[J]. 财会学习，2020，（8）：276-277.
③ 李忠辉. 暗访北京站前发票非法交易[N]. 人民日报，1999-12-16.
④ 徐双敏，崔丹丹. 完善社会组织第三方评估工作机制研究——基于 5 市调查数据的分析[J]. 中南财经政法大学学报，2016，（6）：52-57.
⑤ 李志辉，王纬虹. 乡村教师离职意向影响因素实证研究——基于重庆市 2505 名乡村教师调查数据的分析[J]. 教师教育研究，2018，30（6）：58-66.

（二）内容要实在

调查研究主要是在领导决策准备和决策实施这两个阶段起辅助作用，因此调查报告的内容必须真实可靠。如果内容不真、不准，向领导提供的情况脱离客观实际，容易造成领导决策出现失误。要写好调查报告，首先应搜集、占有第一手信息资料，同时对所写的人和事，要坚持公正客观地评价，不因领导或自己的好恶而随意褒贬，更不能歪曲事实，力争做到实事求是。

（三）逻辑要严密

调查报告要做到观点与内容高度统一，用调查获得的客观事实证明观点，用观点来统揽内容。调查报告离不开确凿的事实，但又不是材料的机械堆砌，而是对核实无误的数据和事实进行严密的逻辑论证，探明事物发展变化的原因，预测事物发展变化的趋势，揭示本质性和规律性的东西，得出科学的结论。同时，恰当地运用不同时期、不同类型、不同情况下的统计数字，增强调查报告的概括力和表现力，从而达到直接说明主题的效果。

（四）分析要深入

撰写调查报告时要做到深入分析，就要在摸准领导或决策部门欲知而未知之事的前提下，认真地对调查材料进行整理、分析，做到去粗取精、去伪存真，抓住问题要害，有理有据地进行分析，反映情况和问题时须有一定深度。唯有深才能创新。

（五）观点要新颖

观点是调查报告的灵魂。调查报告观点要新颖，对事物、对问题要有新的认识、新的见解、新的结论。

（六）语言要精练

文秘的调查报告多为信息性的，若文字不精练，写得冗长，容易让人抓不住重点，印象不深刻。文秘的调查报告要坚持用最简洁的语言、最少的文字量来表达和反映最丰富的内容。

本章小结

信息和调研工作在文秘辅助领导活动的过程中有着举足轻重的地位。本章在调查研究含义基础上，阐述了调查与研究的关系，指出了调查研究对于做好文秘工作的重要性，讲述了调查研究应遵循的原则，介绍了调查研究的方法和程序。信息是决策的依据，是决策的必要条件，对信息的处理特别重要，对信息的分类、筛选、加工决定了信息的质量和价值。最后系统介绍了调查研究报告的写法，掌握好调查研究的方法，对文秘工作有很大帮助。

☞ **思考与练习**

1. 调查研究的特点是什么？
2. 信息处理包含哪些环节？
3. 调查报告包含哪些主要内容？

☞ **本章推荐阅读书目**

风笑天，2021. 现代社会调查方法[M]. 6 版. 武汉：华中科技大学出版社.
郝大海，2019. 社会调查研究方法[M]. 4 版. 北京：中国人民大学出版社.
徐顽强，2017. 应用文写作[M]. 2 版. 北京：科学出版社.

☞ **阅读材料**

通过调查研究解决实际问题

毛泽东是身体力行、深入开展调查研究的光辉典范。关于调查研究，他有许多经典名言，如"没有调查，就没有发言权""我的经验历来如此，凡是忧愁没有办法的时候，就去调查研究，一经调查研究，办法就出来了，问题就解决了"。毛泽东的调查研究与众不同，观察、访问、座谈、表格调查等，都是他常用的调查方法。而且，他对人民群众有一股发自内心的真挚情感，非常注重在调查研究过程中帮助群众解决实际问题。

1933 年 4 月，临时中央政府从瑞金叶坪迁到沙洲坝。一天傍晚，毛泽东看到一位老伯从池塘里挑来的饮用水很不干净，了解到吃水难是多年来困扰村民的问题。于是，第二天一大早，他便到村里村外察看，思考如何将泉水引进村子里。毛泽东先是组织区乡干部、红军战士用大楠竹铺设了一条简易水管，暂时解决了打水难的问题。之后，他又带领干部和战士跋涉几十里去寻找水源，亲自勘定了数个水库坝址。为了方便乡亲长远生活，毛泽东又组织在村里打井。为了表达感谢，乡亲在井台上竖起一块纪念碑，碑上刻着"吃水不忘挖井人，时刻想念毛主席"。

中华人民共和国成立后，为详细了解各地农村情况，毛泽东发动身边警卫人员开展调查研究。于是，警卫部队组织干部战士分期分批回乡探亲搞调查。回京以后，毛泽东亲自听取他们的汇报，认真批阅他们的调查报告。同时，他还鼓励警卫干部和战士多同亲友通信，通过这种办法，详细了解农村和农民的情况。

调查研究就是要奔着问题去解决问题。毛泽东在社会调查中所探索的理论方法、所展现的精神情怀、所留下的经验成果，在新时代仍然具有重要价值，值得认真学习、研究和运用。

（笔者根据相关资料整理）

第十章 公 文 处 理

本章导言

随着文秘工作的不断发展，管理文秘对公文处理能力的要求越来越高。究其原因，主要是公文处理工作贯穿于整个管理文秘工作的方方面面，能否恰当地完成公文处理工作关系着管理文秘工作效率。公文处理能力非一朝一夕可以熟练掌握，出色的公文处理能力不仅需要理论知识，更需要实践锻炼。可以说，公文处理能力是区分不同层次管理文秘的试金石。

第一节 公 文 概 述

公文，是法定组织或个人在公共事务活动中依据规范体式形成并固定使用，以直接发挥其社会管理效能和法定效力的文字材料。公文有广义和狭义之分。广义公文，包括行政公文、规章文书、事务文书等机关常用应用文，是同私人文书相对而言的。狭义公文，专指行政公文，是党政机关在行政管理过程中所形成的具有法定效力和规范体式的公务文书，是依法行政和进行公务活动的重要工具。

中共中央办公厅、国务院办公厅于 2012 年颁布施行的《党政机关公文处理工作条例》规定：党政机关公文是党政机关实施领导、履行职能、处理公务的具有特定效力和规范体式的文书，是传达贯彻党和国家的方针政策，公布法规和规章，指导、布置和商洽工作，请示和答复问题，报告、通报和交流情况等的重要工具。党政机关公文有以下 15种，即决议、决定、命令（令）、公报、公告、通告、意见、通知、通报、报告、请示、批复、议案、函、纪要。

公文处理工作是指公文拟制、办理、管理等一系列相互关联、衔接有序的工作。公文处理工作应当坚持实事求是、准确规范、精简高效、安全保密的原则。公文起草应当做到：符合党的理论和路线方针政策和国家法律法规，完整准确体现发文机关意图，并同现行有关公文相衔接；一切从实际出发，分析问题实事求是，所提政策措施和办法切实可行；内容简洁，主题突出，观点鲜明，结构严谨，表述准确，文字精练；文种正确，格式规范。深入调查研究，充分进行论证，广泛听取意见；公文涉及其他地区或者部门职权范围内的事项，起草单位必须征求相关地区或者部门意见，力求达成一致；机关负责人应当主持、指导重要公文起草工作。

第二节 公 文 格 式

《党政机关公文处理工作条例》对公文格式的各方面作了明确而具体的规定：公文一

般由份号、密级和保密期限、紧急程度、发文机关标志、发文字号、签发人、标题、主送机关、正文、附件说明、发文机关署名、成文日期、印章、附注、附件、抄送机关、印发机关和印发日期、页码等组成。

（1）份号。公文印制份数的顺序号。涉密公文应当标注份号。

（2）密级和保密期限。公文的秘密等级和保密的期限。涉密公文应当根据涉密程度分别标注"绝密""机密""秘密"和保密期限。

（3）紧急程度。公文送达和办理的时限要求。根据紧急程度，紧急公文应当分别标注"特急""加急"，电报应当分别标注"特提""特急""加急""平急"。

（4）发文机关标志。由发文机关全称或者规范化简称加"文件"二字组成，对一些特定公文也可以使用发文机关全称或者规范化简称。联合行文时，发文机关标志可以并用联合发文机关名称，也可以单独用主办机关名称。

（5）发文字号。由发文机关代字、年份、发文顺序号组成。联合行文时，使用主办机关的发文字号。

（6）签发人。上行文应当标注签发人姓名。

（7）标题。由发文机关名称、事由和文种组成。

（8）主送机关。公文的主要受理机关，应当使用机关全称、规范化简称或者同类型机关统称。

（9）正文。公文的主体，用来表述公文的内容。

（10）附件说明。公文附件的顺序号和名称。

（11）发文机关署名。署发文机关全称或者规范化简称。

（12）成文日期。署会议通过或者发文机关负责人签发的日期。联合行文时，署最后签发机关负责人签发的日期。

（13）印章。公文中有发文机关署名的，应当加盖发文机关印章，并与署名机关相符。有特定发文机关标志的普发性公文和电报可以不加盖印章。

（14）附注。公文印发传达范围等需要说明的事项。

（15）附件。公文正文的说明、补充或者参考资料。

（16）抄送机关。除主送机关外需要执行或者知晓公文内容的其他机关，应当使用机关全称、规范化简称或者同类型机关统称。

（17）印发机关和印发日期。公文的送印机关和送印日期。

（18）页码。公文页数顺序号。

公文的版式按照《党政机关公文格式》国家标准执行。公文使用的汉字、数字、外文字符、计量单位和标点符号等，按照有关国家标准和规定执行。民族自治地方的公文，可以并用汉字和当地通用的少数民族文字。公文用纸幅面采用 A4 型，特殊形式的公文用纸幅面，根据实际需要确定。

第三节 公文写作

一、决议

决议适用于会议讨论通过的重大决策事项。决议是指党政领导机关就重要事项，经会议讨论通过其决策，并要求进行贯彻执行的重要指导性公文。它的适用范围与决定相比相对较小，只有党政高级会议才可以做出决议，发布文件，使下级机关或全体公民遵守。决议也可以是一些组织使用的公文之一。

（一）决议的特点

决议一般具有权威性和指导性。决议的权威性是指，决议是经过党政有关会议讨论通过才能生效并由党政领导机关发布，是党政领导机关意志的反映。决议内容事关重要决策事项，一经公布，下级党政机关、公民都必须坚决执行。决议的指导性是指，决议表述的观点和对事项的评价都具有指导意义。关于历史问题、个人功过的决议，做出的结论应成为党和国家工作的指导思想，全党必须遵从，作为决策、立法和编撰教科书的依据。

（二）决议的主要类型

决议一般分为公布性决议、批准性决议和阐述性决议三种类型。公布性决议是为公布某种法规、提案而写作的决议；批准性决议系为肯定或否定某种议案的文件；阐述性决议是对某些重大结论的具体内容加以展开阐述的文件。

（三）决议与决定的区别

决定是党政领导机关对重要事项或重大行动做出决策、安排和规定的指导性、指挥性公务文书。在实际运用中，还应对决议和决定做以下区分。

1. 从制作程序上区分

决议须经某一级机关或组织机构的法定会议对某一议题进行集体讨论，由法定多数表决通过，然后形成正式文件，并以会议的名义公布。决定不一定经过法定会议讨论通过这一程序。它既可以是某种会议讨论研究的成果，形成正式文件予以公布，也可由各级领导机关直接制作并予以公布。因此，凡未经有关法定会议讨论通过这一程序，而是以领导机关的名义发布的议决性文件，就只能使用"决定"。

2. 从作用上区分

"决议"一律要求下级机关执行。"决定"只有部署性决定才要求下级机关执行，宣告性决定只起知照性作用，一般不要求下级机关执行。

3. 从内容上区分

（1）在会议讨论通过的前提下，凡做了具体的规定和要求，履行法定的权力，强制有关部门贯彻执行的，用"决定"；若只是简要地表示肯定或否定的意见，履行法律程序，指导有关部门遵照办理的，用"决议"。

（2）由会议或领导机关直接制定发布行政法规，用"决定"。由会议审议批准某项议案、重要报告、法规，用"决议"，所审议批准的条文作为决议的附件。

（3）授予荣誉称号或给予处分，用"决定"。审议机构成立或撤销，用"决议"。

4. 从写法上区分

公布性决议、批准性决议一般写得比较简要、笼统。阐述性决议除提出指令性意见外，还要对决议事项本身的有关问题做若干必要的论述或说明，即做一些理论上的阐述。

决定着重提出开展某项工作的步骤、措施、要求等。决定要求写得明确、具体一些，措施也更具体，行政约束力强，可以直接成为下级机关行动的准则。决议概括性强，原则性条文多，下级机关在贯彻执行时，多数还要根据"决议"制定具体办法或实施措施。

（四）决议的写作

决议的基本结构，一般由三部分组成，即由标题、通过的会议和日期、正文等构成。

1. 标题

一般有两种写法。一是公文规范标题法，即由发文单位、事由和文件三部分构成，这种标题法最能体现决议的严肃性，使用这种标题法的频率较高。二是事由加文种或会议加文种标题法，这种标题简明扼要。

2. 通过的会议和日期

在标题下注明该决议是在会议主题、通过时间，并用括号括注。一定要写上"通过"二字，以表明它的生效时间。

3. 正文

正文的写法常因内容而异，从结构上看，它由开头、主体、结语三部分组成。

（1）开头通常简要写明由什么会议审议，批准了什么文件。有的还要简要说明批准文件的提出过程，或写出决议的起因。这部分内容虽然较简短，却表明了权力机关的意图，常用"批准""一致同意""一致通过"等词语。有的决议开头就仅用一句话表明经什么会议批准了什么。

（2）主体部分写决议事项，一般包括三个方面的内容：一是对审议批准文件的评价；二是对前一时期工作的回顾总结；三是对今后工作的决策性意见。这部分是决议的核心，内容较多，常分段表达，用"会议认为""会议同意""会议指出""会议强调"等词语换行领起。

（3）结语部分一般会提出希望、号召。语言要简练，要富有鼓舞力量。

决议一般没有落款，因为在标题或标题之下的注明中，已经把发文单位和时间写清楚了。

二、决定

决定适用于对重要事项或重大行动做出决策和部署、奖惩有关单位和人员、变更或者撤销下级机关不适当的决定事项。决定是党政机关普遍使用的一种下行文，具有稳定性和约束性的特点，适用范围也比较广泛。决定具有以下特点：第一，指挥性和指导性。

因为决定是对重要事项或重大行为做出的安排，因而对下级机关就有指挥性和指导性；第二，制约性。决定比较集中地体现了发文机关对重要的事项或重大行为的指挥和处置意图，要求下级机关无条件执行，决定的制约性和强制性虽然没有命令那么严格，但是比其他公文都要强，有些决定甚至具有法规作用。

（一）决定的类型

根据决定的适用范围，一般可以分为两大类型：一是知照性决定，一般指表彰决定、处分决定、机构设置决定、人事安排决定或某一具体事项的决定等。这类决定的主要作用是把决定的事项简要地传达给有关地区和单位，一般没有要求执行的具体意见。这类决定内容比较单一，简明扼要。二是指挥性决定，主要是指关于重大事项和行动的决定以及一些带规定性质的决定。变更或撤销下级机关不适当决定事项，也属指挥性决定。这类决定容量很大，篇幅较长，能充分体现领导机关的意图，详细阐述有关方针政策，对重大行动提出政策措施及要求，并要求在规定的范围内贯彻执行。

（二）决定的写作

1. 标题

决定的标题一般应写明发文机关、事由、文种，而且要规范、准确，特别是事由要准确地概括出来。例如，《中共中央关于全面深化改革若干重大问题的决定》。

2. 正文

决定的正文主要包括两方面内容：一是决定缘由，二是决定事项。篇幅随内容而定。知照性决定篇幅短小，内容单一，简单明了。指挥性决定应简明扼要，篇幅不宜过长。语言表达上，决定的语气坚决、鲜明、准确，不能模棱两可，含糊不清。在决定的详略处理上，有以下三种写法。

（1）略写缘由，详写事项。这是决定的一般写法。缘由部分不宜写得过长，把有关情况、依据、道理交代清楚就可以。

（2）详写缘由，略写事项。这种写法要求把情况写清楚，尽可能详细些，因为它是决定事项的依据和前提。

（3）不写缘由，只写事项。这种写法，一些重大决定经常使用。这种写法往往基于缘由是法定的，或是周知的，不写也不影响决定事项的权威和效用。

3. 时间

决定的时间标注要注意两个问题：一是成文日期要以会议通过日期或领导签发日期为准，不能以起草或打印时间为成文日期。二是决定的时间一般要标注在标题下方，可用括号括注起来。决定的时间不能标在文尾，决定一般不写抬头和落款。

三、命令（令）

命令（令）是依照有关法律规定发布行政法规和规章，宣布施行重大强制性行政措施，嘉奖有关单位及人员的公文。它是行政机关发布的，具有强制性、指挥性的公文。根据《宪法》规定，只有中华人民共和国主席、国务院总理、国务院各部部长、各委员会主任以及县以上各级人民政府首脑，才能发布命令，其他任何单位和个人均不得发布命令。因此，是行政公文中规格较高的一种文体，属于下行文。

（一）命令（令）的类型

命令可分为公布令、行政令和奖惩令三种。

1. 公布令

公布令，亦称"发布令""颁布令"，用于发布依照有关法律制定的行政法规和规章。一般行政法规以命令为载体发布，命令与法规合为一体，既不能把随命令发布的法规当附件，也不应把它们当作两份公文，法规已成为命令内容的组成部分。有些重要规定或重大决定也可以直接发布。

2. 行政令

行政令主要用于公布重大强制性行政措施。这类命令通常指中华人民共和国主席根据全国人民代表大会的决定或全国人民代表大会常务委员会的决定，采取重大强制性措施，发布特赦令、戒严令、动员令等；国务院根据宪法和法律的规定可以制定重大行政措施，决定各省、自治区、直辖市范围内部分地区的戒严并发布戒严令。

3. 奖惩令

奖惩令主要用于嘉奖和惩戒有关人员的命令，有嘉奖令和惩戒令两种类型。例如，《国务院对胜利粉碎劫机事件的民航杨继海机组的嘉奖令》。嘉奖令是奖励的最高级别，用于奖励贡献突出的个人或集体。它由先进事迹、性质和意义、奖励项目、希望和号召四部分组成。惩戒令由错误事实、错误性质、惩戒项目三个部分组成，在实践中已很少使用。

（二）命令的写作

命令的结构一般包括标题、发文字号、正文和落款四个部分。命令的写作突出在"简"和"实"上，一般命令篇幅简短，语言平实庄重，语气坚决。

1. 标题

命令（令）的标题主要有两种写法，一是由发文机关、事由、文种三部分组成，如，《中华人民共和国国务院关于北京市部分地区实行戒严的命令》。行政令、嘉奖令一般用这种写法。二是省略式标题，即只有发文机关和文种两部分，省略了事由，如《中华人民共和国主席令》《中华人民共和国国务院令》等。发布令较多使用省略式标题。

2. 发文字号

命令（令）的发文字号与其他行政公文的发文字号相同，也有一些命令（令）的发文字号不同于其他行政公文的发文字号。例如，命令（令）中的发布令的发文字号只标注顺序号"第××号"，没有机关代字、年号。命令"第××号"表示发令机关或发令人从任职开始编列的顺序号，到任职期满为止，下任再从头编号。这是命令的发文字号与其他公文不同的地方。有的命令发文字号直接使用文件的发文字号。例如，《国务院、中央军委关于授予钱学森同志"国家杰出贡献科学家"荣誉称号的命令》编国务院文件"国发〔1991〕51 号"。由此可见，命令（令）直接发布时，发文字号只编顺序号"第

××号"，命令（令）用文件发布式发布时，则按文件的格式，编文件的发文字号。

3. 正文

正文是命令的主体部分。正文的内容主要包括命令缘由和命令事项两部分。命令的语言表达精练准确，语气坚决，充分体现强制性、权威性的特点。因此，命令的写作，没有报告、请示或通知等公文的说理、详细阐述等语言，并多用陈述语气、祈使语气。

命令的缘由，是指为什么发布此命令，根据什么发布此命令。这部分有时也可以省略，直截了当地发出命令。

命令事项，是指命令的具体内容，需要执行的内容，有的命令事项比较简单。嘉奖令的事项则需要说明奖励谁，授予什么称号，发出号召等。

4. 落款

命令的落款，一般是署发令机关的名称，或发令人职务及姓名。其中发布令多数署发令人姓名。落款下方署发令年、月、日。

四、公报

公报，也称新闻公报。它是党政机关和人民团体公开发布重大事件或重要决定事项的报道性公文，是党和国家经常使用的重要文种。公报是应用写作的重要文体之一，适用于公布重要决定或者重大事项。公报具有权威性、指导性和新闻性。

（一）公报分类

公报包括会议公报、事项公报、联合公报三类。

（1）会议公报是用以报道重要会议或会谈的决定和情报的公报。这种公报一般用于党中央召开的会议。

（2）事项公报是党的高级领导机关用以发布重大情况、重要事件的文件。高层行政机关、部门向人民群众公布重大决策、重要事项或重大措施时有时也沿用此类公报。

（3）联合公报是一种特殊用途的公报，用以发布国家之间、政党之间、团体之间通过会议达成的某种协议。

（二）公报结构

公报包括首部、正文和尾部三部分。

（1）首部包括标题和成文时间。公报的标题常见的有三种形式：一是只写文种《新闻公报》；二是由会议名称和文种构成，如《中国共产党第十八届中央委员会第三次全体会议公报（草案）》；三是联合公报，由发表公报的双方或多方国家的简称、事由、文种构成。成文时间则用括号在标题之下正中位置注明公报发布的年、月、日。

（2）正文包括开头、主体两部分。开头即前言部分。事项公报要求用最鲜明、最精练的语言概述事件的核心内容，即何时、何地、发生了什么重大事件；会议公报要求概述会议的名称、时间、地点、参加人员等；联合公报要求概述公报的来由，即在何时、何地、谁与谁举行了什么会谈或谁对谁进行了什么性质的访问等。主体是公报的核心内容，要求把公报的内容完整、系统、有序地表达清楚。常见的有三种写作形式：一是分段式，即每段说明一层意思或一项决定；二是序号式，多用于内容复杂、问题较多的公报；三是条款式，多用于联合公报。

（3）事项公报和会议公报一般没有尾部；联合公报要在正文之后写明各方签署人的身份、姓名，签署的年、月、日，并写明签署地点。

五、公告

公告是向国内外宣布重要事项或者法定事项的文种，通常由国家立法机关或行政领导机关发布，也可以授权官方新闻单位或文秘部门发布，具有较强的权威性。

（一）公告的特点

（1）发布内容重要。公告发布的内容必须是重要事项或法定事项。要注意不要事无大小都使用公告。

（2）发布范围广泛。一般公文只向国内一定范围发布，公告则向国内外发布。我国经常是通过新华社来发布。

（3）发文机关级别高。由于公告有向国内外宣布的功能，发布多为较高级别的国家行政机关或权力机关，如全国人民代表大会，国务院，各省、市人民政府及人大等，也可由法定的职能部门来制发，如新华社经常被授权发布一些重大事项。企事业单位向社会宣布重要事情，也可使用"公告"，如一些单位向社会宣布有关本单位与社会公众有关或与国际有关的事项。

（二）公告的写作

1. 标题

公告的标题一般要求写明发文机关、事由和文种，也有一些公告的标题只写发文机关和文种，省略了事由，如《中华人民共和国全国人民代表大会公告》。有的公告是由事由和文种构成，如《关于一九九六年二年期三年期国库券的公告》。还有的公告连发文机关和事由都省略了，只有文种一项，如《公告》，这类公告一般是内容单一，范围较窄，事项不那么重要。

2. 正文

公告的正文主要由缘由、事项两部分组成。缘由指发布公告的根据和原因，一般写得精练，简明扼要。也有的公告省略了缘由，开门见山，直接写出公告事项。公告事项要根据内容多寡确定表达方式，如果内容较多，要分列条款；如果内容比较简单，也可不分条。文尾用"现予公告""特此公告"之类结束语。

3. 公告的落款和日期

公告的日期可以写在标题下方，也可写在落款下面。有的公告比较重要，落款处除签署发布机关和日期外，有的还写明发布地点。

六、通告

通告是国家机关、人民团体、企事业单位在一定范围内公布社会各有关方面应当遵守或周知的事项的公文。通告和公告都属于发布范围广泛的晓谕性文种。

（一）通告的特点

与公告相比，通告有如下特点。

（1）内容具体，业务性强。公告的内容通常是重要事项和法定事项。通告的内容重要程度比不上公告，而且多是业务工作方面。因此通告的使用频率比公告要高。

（2）有限制的行文对象。公告的告知对象广泛，"向国内外宣布"；通告的告知范围则是面向"社会各有关方面"，一般适用于国内。

（3）广泛的发文机关。通告的内容是一般事项，发文单位比较广泛。党政机关、企事业单位、人民团体都可发布通告。公告的发文机关级别较高，多由国家机关发布。相比之下，通告的发文机关比公告广泛。

（4）独特的发布方式。一般公文是用文本形式印发。而通告一般不用文本形式印发，而是张贴或登报。

（二）通告的写作

1. 通告的结构和写法

（1）标题。通告的标题通常有三种写法：一是写明发文机关、事由、文种；二是省略了事由，只写明发文机关和文种；三是省了发文机关、事由两项，只写《通告》。一般来说，高级机关发布了比较重要事项的通告，标题都使用前两种，企事业单位、基层单位发的通告，事项比较具体，不那么重要，一般可用第三种。

（2）正文。通告的正文包括缘由、事项、结尾三部分。缘由是发布通告的原因、根据、目的，回答为什么发此通告。事项，即通告的具体内容。内容比较简单、单一的，可不分条来写；如果内容比较多，则应分列一条一条来写。结尾，也叫结语。一般写"特此通告"之类的话，以示强调。有些通告干脆不用结语，干净利落。通告是对公众的，一般不用写抬头，标题已有发文机关，并在标题下方署上了日期，则可不用落款。如果标题没有发文机关，又没有日期，落款必须签署清楚发文机关名称和日期。

2. 写通告须注意的问题

（1）不要把通告写成通知。通告与通知是两种不同的公文，其特点、作用和受文对象范围都不相同。有的单位往往以为让人们知晓的事项都可用通告来行文，结果把一些该用通知的，用了通告，该用通告的则用了通知。

（2）发文目的要明确。发布通告的目的或原因一般要在缘由部分扼要地交代清楚。

（3）通告的事项，应该符合法律、法令和有关政策规定，不能违反法令政策。例如，一家房地产公司发出通告，告知回迁户在期限内来办手续，"限期于×××年×月×日前到我公司办理进住手续，否则，视为已有住房，不予安置"。这是不符合有关法律和政策规定的。

（4）语言要通俗简洁。通告是一种周知性公文，一般用张贴和登报的方式发布，使全社会都知道通告的内容。因此，写通告要注意语言通俗和简洁，篇幅不宜过长，便于张贴和阅读。

（三）公告和通告的区别

公告和通告都是告知性公文，但它们属于两个不同的文种，有着十分明显的区别，主要有以下几个方面。

（1）发布机关不同。公告一般只有国家最高领导机关及其有关职能部门发布，基层机关和企事业单位均无权发布公告；通告的制发机关则非常广泛，各级国家机关、人民团体和企事业单位均可制发通告。

（2）内容特点不同。公告的内容大多是已发生或确定的，是事后告知，因而具有很强的告知性特点；通告则多用于事前制定某些规定或提出某些要求，让有关方面和广大公众遵照执行，因而具有很强的强制性。

（3）使用范围不同。公告公布的范围是面向国内外的，因为公告的知晓范围比较广泛；而通告公布的范围则限制在一定范围，通告的知晓范围则相对窄小。

七、意见

意见是对重要问题提出见解和处理办法。行政公文的意见不同于日常用语中的"意见"，如同志之间互相提意见，是指一种不同的看法。行政公文的意见，是指各级行政机关对重要问题提出建议、主张和处理办法。意见可以用于上行文、下行文和平行文。作为上行文，用于下级机关向上级机关上报建议性意见，由上级机关做出处理或给予答复。作为下行文，用于上级机关向下级机关下发指导性意见，文中对贯彻执行有明确要求的，下级机关应当遵照执行；无明确要求的，下级机关可参照执行。作为平行文，提出的意见供对方参考。

（一）意见的特点

1. 行文形式的多样性

意见既可独立行文，也可与其他文种搭配行文。例如，《国务院办公厅关于促进内外贸一体化发展的意见》是独立行文，《国务院办公厅转发国家发展改革委等部门关于加快推进城镇环境基础设施建设指导意见的通知》则是与通知搭配使用。下行意见多采用加通知批转（转发）、印发的形式下发，例如，《财政部、国家计委、卫生部印发〈关于卫生事业补助政策的意见〉的通知》。

2. 行文效力的可变性

下级机关上报的意见，上级机关可以作为内部掌握的材料，供在处理问题或决策时参考，也可以批转下发。一经批转，下级机关上报审批的意见就转变为下发执行的意见，意见的效力发生了变化。

（二）意见的结构和写法

1. 作为上行文意见的结构和写法

（1）标题。上行文的意见，其标题由发文机关、事由和文种三部分组成。一般可以省略发文机关。例如，《关于切实解决市县财政拖欠工资问题的意见》，是省财政厅上报省人民政府的上行意见，标题省略了发文机关"××省财政厅"。

（2）主送机关。上行文意见一般有主送机关，俗称抬头，表明意见要上报给哪个机关。如果意见没有标明主送机关，一般要在意见前面加上报告或报送上级机关。下行文意见因为一般有通知批转或印发，所以意见的主送单位和落款可有可无。

（3）正文。正文一般包括缘由、具体意见和结尾三部分。缘由是开头部分，又叫导语，一般是概括地写明针对什么问题、根据什么精神、实现什么目的等。具体意见是正文的核心内容，要对重要问题提出建议、主张、处理办法等。上行文意见的结尾经常使用"以上意见，请审阅""以上意见如无不妥，请批转各地各单位执行"等习惯用语。

（4）日期和落款。上行文意见如果独立行文，成文日期标在正文之后，一般有抬头、有落款，落款可用印章代替。如果与报告搭配使用，以报告为载体上报意见，则意见部分可以省略抬头、落款和成文日期。

独立行文的上行意见，如果上级机关同意批转，可以与通知搭配使用，行文下发，意见部分保留抬头、落款和日期，也可以没有抬头，落款和成文日期。

2. 作为下行文意见的结构和写法

（1）标题。独立行文的下行意见，标题由发文机关、事由和文种三部分组成。与通知搭配行文的下行意见，意见的标题可省略发文机关。

（2）正文。下行意见的正文一般包括缘由、具体意见两个部分。缘由的写法与上行意见大致相同。具体意见是全文的主体内容，针对重要问题提出解决办法和具体要求，要求下级机关按照执行；有的虽无明确要求，但对下级机关有指导和参照作用。

（3）与通知搭配行文的下行意见，抬头、落款和成文日期在通知中体现。意见部分则不再有抬头、落款和日期。

3. 作为平行文意见的结构和写法

平行文意见的标题、抬头、落款的写法与上行文相似，标题有时可省略发文机关，一般都有抬头和落款。但正文的结尾部分一般使用"以上意见，仅供参考"等习惯用语。

（三）意见写作应注意的事项

（1）目的要明确。针对什么问题，达到什么目的，在意见中要写清楚。

（2）理由要充分。无论是上报建议还是下发指导意见，都应充分阐明其必要性及政策、法律依据。

（3）内容明确。建议、措施切实可行，能够解决实际问题。不论是上行文或下行文，如果所提意见涉及其他部门职权范围的事项，主办部门应主动与有关部门协商，取得一致意见后方可行文。如不能协商一致，不能作为下行文下发；但作为上行文时，主办部门可以列明各方理据，提出建设性意见，并与有关部门会签后报请上级机关决定。

（4）问题要抓准。意见一般一文一事，紧紧围绕某一方面重要问题，提出建议和办法措施。

八、通知

通知是机关单位向特定的受文对象告知有关事项的晓谕性文种。作为各级党政机关、企事业单位使用最普遍的一种文种，通知主要用于批转下级机关的公文、转发上级机关和不相隶属机关的公文、发布规章、传达要求下级机关办理和有关单位需要周知或共同执行的事项、任免和聘用干部等。

（一）通知的特点

（1）使用范围的广泛性。在发文机关方面，上至最高领导机关和行政机关，下至基层单位、企事业单位都可有通知行文。在通知的内容方面，大到全国性重大事项、法规、规章，小到单位内部告知一般事项，都可用通知行文。在发布方式上，可用正式文件印发，也可印白头通知，甚至可以写在小黑板上，让有关人员知晓，非常灵活。

（2）文种功用的指导性。上级机关和组织向下级机关、组织用通知行文，都明显体现出指导性，特别是部署布置工作、批转和转发文件等，都明确阐述处理某些问题的原则和方法，说明需要做什么事情，怎么做，达到什么要求等。

（3）行文方向的不确定性。通知一般作为下行文，是上级机关向下级机关行文。在平级单位之间，不相隶属单位之间，必要时也可用通知行文，此时的通知便是平行文。平行文的通知不能带有指示性和指导性，只能表述告知性或周知性的内容，特别重要的通知，除了下发，还要抄送上级机关，让上级机关知道下级机关就某重大事项发了通知。

（二）通知的分类

根据通知的内容、性质和作用，一般可以分为如下四种。

（1）转发性通知：又称批示性通知，包括转发公文的通知、批转公文的通知。前者是指转发不相隶属单位和上级机关的公文；后者是批转下级机关的公文，主要有请示、报告、意见和会议纪要等。被批转公文的下级机关意见实际已转为上级机关意见。批转公文的通知与转发公文的通知同样具有指导作用。

（2）事项性通知：发文机关要求办理、阅知的事项。这种通知的作用主要是用来布置部署工作，安排活动，解决实际工作中某些具体问题。

（3）会议通知：组织召开会议的机关向参加会议的机关、单位行文，告知会议内容、时间、地点和会议要求的公文。这种通知内容单一，要求把参加会议的有关事项写清楚。一般包括会议名称、内容、时间、地点、参加范围、会期、需要的文件材料等。

（4）任免通知：按干部管理权限，由上级机关决定任免干部，然后把任免决定用通知行文，向指定的范围公布。这种通知，内容单一，篇幅简短，写明决定任免的时间、机关、任免人员的具体职务即可。

（三）通知的写作

1. 标题

通知的标题有完全式和省略式两种。完全式是发文机关、事由、文种齐全的标题；省略式则是根据需要省去其中的一项或两项。

（1）省略发文单位。标题太长，则可省略发文机关。这种省略发文机关的通知标题很常见。如果是两个以上单位联合发文的，一般不能省略。

（2）省略文种。公文的标题一般是不能省略文种的。转发性通知的标题由"发文机关＋批转（转发）＋被批转（转发）标题＋通知"构成，有时由于被批转、转发公文标题中已有"通知"二字，或者被批转、转发的公文标题比较长，通知的标题一般要省略文种，省去"通知"，否则会出现"……的通知的通知"的现象。例如，《广东省人民政府转发国务院〈关于国营企业厂长（经理）实行任期制度的通知〉》。如因层层转发而出现长标题的情况，如《××县人民政府关于转发〈××地区关于转发《省人民政府关于转发〈人事部关于×××同志恢复名誉后享受××级待遇〉的通知》的通知〉的通知》，则可以把这个标题改为《××县政府转发人事部关于×××同志恢复名誉后享受××级待遇的通知》。至于被省、地区等转发过的内容，则在批转、转发意见中予以交代。

（3）省略发文机关和事由。如果通知发文范围很小，内容简单，甚至张贴都可以，这样的通知标题可以省略发文机关和事由，只有文种"通知"二字。

2. 正文

通知的正文包括缘由、事项、要求三部分。主体在事项部分。

（1）转发性通知，称为"批语"，把被发布、批转的文件看作通知的主体内容，批语表明发文机关的态度，提出贯彻执行的要求，一般起提示、按语的作用。

（2）事项性通知，多数用于布置工作。事项性通知正文的写作，要使受文单位了解通知的内容，即事项，做什么、怎样做，有什么要求。正文一般分三部分：第一部分为开头，该部分一般是通知的缘由和目的，说明为什么要发此通知；第二部分为正文的主体部分，即事项部分，该部分把通知的具体内容一项一项列出来，把布置的工作需周知的事项，阐述清楚，讲清目的、要求、措施、办法等；第三部分是结尾，该部分提出贯彻执行要求，如"请遵照执行""请认真贯彻执行""请研究贯彻"等，也有的通知结尾没有习惯用语。

（3）会议通知。一般包括会议名称、时间、地点、内容、参加人员、需要携带的材料等。会议通知的格式比较固定，只要把上述内容写清楚就行。

（4）任免通知。一般有固定的格式，举例如下。

××××关于×××等同志任免的通知

×××：

　　经研究，决定任命：

×××同志为××局局长，同时免去其××职务。

×××同志为××处处长，同时免去其××职务。

××××
×年×月×日

九、通报

通报属于下行文，是上级领导机关或主管部门对所属下级机关的一种行文，是用来表彰先进、批评错误、传达重要精神或情况的一种公文。通报作为一种宣传教育、通报信息的工具，有着表彰、惩戒、知照等作用。

（一）通报的特点

（1）内容的真实性。通报任何情况、事例必须是真实的，不能有差错，更不能编造假情况，否则会起反作用，严重损害制发文单位的威信。

（2）目的性、晓谕性。表彰先进的通报，对被表彰单位是一种鼓舞、激励，对其他单位是一种教育，对后进单位是一种鞭策。批评性通报的目的则是让人们知道错误，认识错误，吸取教训，改正错误，引以为戒。交流情况的通报，是让人们了解通报事项。

（二）通报与通知的区别

1. 内容范围不同

通知可以发布行政法规和规章，批转和转发公文，告知需办理和周知的事项；通报只是表扬先进，批评错误，传达交流重要情况、信息。两者虽然都有告知作用，但通知告知的主要是工作情况，以及共同遵守执行的事项；通报则是告知正反面典型，或有关重要情况。

2. 目的要求不同

通知的目的是告知事项，布置工作，部署行动，内容具体，要求受文机关了解要办什么事，该怎样处理，不能怎样办理，有严格的约束力。通报的目的是通过正反面典型去教育人们，宣传先进的思想和事迹，提高人们的认识。

3. 表现方法不同

通知的写作主要是直叙式，告知人们做什么、怎样做，具体明白，语言平实；通报的表现方法则常常兼用叙述、说明和议论，有较强的感情色彩，根据需要陈述事实，分析意义，做出评价，使人们了解事实真相，受到教育。

（三）通报的写作

1. 通报的结构和写法

通报包括标题和正文两大部分。

（1）标题。通报的标题可省略发文机关，比较重要的通报则不省略。在拟写通报标题时，特别要注意准确、简明地概括出事由。例如，《关于必须严肃处理党员干部中的违法乱纪案件的通报》，就省略了发文单位；《国务院关于一份国务院文件周转情况的通报》则写明发文机关、事由和文种。

通报的署时可以在标题下方，通报不需要写抬头和落款；通报也可以有抬头、落款，时间在发文机关下面。

（2）正文。通报根据使用情况，一般分为以下三种。

其一，表彰性通报。一般包括介绍事迹、分析评价事迹意义、概括主要经验、做出表彰决定、提出希望等。表彰性通报的正文大致包括以下三个部分：一是叙述事迹。事迹要典型，叙述时尽可能简明扼要。把人物、时间、地点、事情的主要经过和结果交代清楚。根据篇幅，抓住主要特征和梗概来写，不必叙述全过程，只要概括介绍就行。通报还常常在介绍事迹的基础上再加上简要评价和意义分析，节省笔墨，点到即止。二是表彰决定。凡表彰性通报都有表彰的具体决定。这部分一般是略写，写清楚给予什么奖励即可。三是希望和要求。发通报的目的是表彰先进，号召人们向先进单位和个人学习。通报的结尾一般有希望和号召的内容。

其二，批评性通报。批评性通报将典型的不良行为、倾向，或重大事故公布出来，旨在使大家从中吸取教训，受到教育。写法与表彰性通报大致相同，正文内容主要包括错误事实、根源和教训、处理决定、希望和要求四部分。

其三，情况通报。情况通报是为使下级机关单位了解某阶段的工作情况，或某重大事件、活动情况，从而用通报将有关情况予以公布。这种情况通报具有很强的针对性。

2. 通报写作要注意的问题

（1）注意时效性。发通报必须有很强的时效性，要抓住时机，及时将先进典型和经验向社会宣传推广，对反面典型予以揭露，引起警戒，或对某些重大事项和重要情况，及时予以通报，以起到交流情况，传达信息，指导工作的作用。

（2）注意指导性。不是事无巨细都要发通报，要选择对面上工作有普遍指导意义的事项来发通报。

（3）注意真实性。通报所涉及的事例必须是客观存在的。

十、报告

报告是向上级机关汇报工作、反映情况、答复上级机关询问的公文。它是一种机关单位经常使用的上行文。

（一）报告的类型

根据内容划分，报告可以分为综合性报告和专题性报告。

（1）综合性报告是反映本机关全面情况，以便了解全局，全面指导本机关工作的报告。由于这种报告所反映情况比较全面，常常与部门工作总结、工作计划和打算结合比较紧密。

（2）专题性报告是下级机关向上级机关反映本机关某项工作、某个问题或某一方面情况，以使上级机关对此有所了解的报告。写专题性报告做到迅速及时，一事一报①。

（二）报告的写作

1. 报告的结构和写法

报告的结构包括标题、缘由、事项、结尾四部分。

（1）标题：可根据需要省略发文机关，但事由和文种是不能省略的。报告的标题最容易出问题的就是事由。有的报告标题乱且长，内容不集中，中心不突出。例如，某单位给上级政府的一份报告《关于××共建文明村和开展植树造林情况的报告》，把"共建文明村"和"植树造林"两种不同性质的事项写在一个标题当中。

（2）缘由：又叫导语。报告的缘由是事项的依据，一般写得较为简略，但有关情况

---

① 徐顽强. 应用文写作[M]. 2 版. 北京：科学出版社，2017.

要写清楚，说明报告的原因。导语提出观点，说明情况，摆明依据，为下文叙述报告事项设立前提，增强报告的说服力和逻辑性。

（3）事项：正文的主体，也是报告的核心，是向上级机关报告的具体内容。在写作时，要抓住主要内容，突出重点，有层次有条理地展开，用最准确、最简洁的语言把报告事项写出来。

（4）结尾：一般报告结尾都有提出要求的习惯用语，根据报告的不同内容使用不同的习惯用语。例如，常用的有"特此报告""以上报告如无不妥，请批转各地和各单位执行""专此报告""请审阅""请批示"等。

2. 报告的写作要求

报告写作一般要求在掌握充分材料基础上，进行综合分析，提炼出正确和新颖的观点，然后用简洁的语言来表述，具体要求做到以下几方面。

（1）立意要新。提炼主题，应该在占有大量材料基础上进行分析研究，归纳出新颖的观点，从而形成主题。

（2）内容要真实、具体。报告的内容必须真实，实事求是，绝不能造假。

（3）重点突出。报告内容要根据主题的要求来安排，分清主次轻重，重点、主要方面的内容要安排在前面详写；非重点、次要方面的内容可略写；可写可不写的内容就不写。同时，要注意处理好点和面的关系，如既要有典型事例，也要有面上的综合性情况，做到点面结合，眉目清楚，说服力强。

（4）报告中不能夹带请示事项。报告属陈述性文体，或汇报工作，或反映情况，或提出建议，或答复上级的有关询问。对于报告，受文单位不用答复，如果夹带请示事项就不便处理，甚至会贻误工作。需要上级机关解决一些问题，则应该另外用"请示"行文。这样，才能做到一文一事，专文专用。切忌请示、报告不分，更不能出现"请示报告"的文种。

十一、请示

请示是向上级机关请求指示、批准用公文，是机关单位经常使用的一种请求性上行文。

（一）请示与报告的区别

（1）行文内容的请求性。请示是向上级机关请求指示和批准用的公文，具有请求的性质，而报告是向上级机关汇报工作、反映情况、答复上级机关的询问或要求的公文，具有陈述性质。

（2）行文目的的求复性。请示的目的是请求上级批准，解决某具体问题，要求做出明确答复，而报告的目的则在于让上级知道、掌握某方面或阶段的情况，不要求批复。

（3）行文时机的超前性。请示必须在事前行文，等上级机关做了答复之后才能付诸实施。报告则可在事后行文，也可在工作进行过程中行文，一般不在事前行文。

（4）请求事项的单一性。请示要求一文一事，报告则可以一文一事，也可以一文数事。

由于请示与报告的特点不同，因此不能将请示与报告混淆使用。

（二）请示的类型

根据行文目的和内容的不同，请示通常分为以下三种。

（1）请求批准的请示。下级机关请求上级机关审核批准某事项或开展某项工作的请示，属于请求批准性的请示。此类请示多用于机构设置，审定编制，人事任免，重大决策，大型项目安排等事项，这些事项按规定本级机关无权决定，必须请示上级机关批准。

（2）请求帮助的请示。下级机关在工作中遇到人力、物力、财力等方面难以解决的事项，用请示请求上级机关给予帮助、支持。

（3）请求解答的请示。下级机关往往在工作中碰到某一方针、政策等不明确、不理解的问题，或者遇到新问题和情况。要弄清楚和解决这些问题，可用请示行文，并提出解决意见，请求上级机关给予明确解释和指示。

（三）请示的写作

1. 请示的结构与写法

请示一般由标题、主送机关、正文、落款、署时等部分组成，下面主要介绍标题和正文部分。

（1）标题：一般要写明发文机关、事由和文种，发文机关有时可以省略，如《关于丹霞山风景名胜区列为国家重点风景名胜区的请示》。写标题时不能将请示写成报告或请示报告。

（2）正文：包括缘由、事项、要求三部分。

其一，缘由。请示的缘由是请示事项和请示要求的理由及依据，要写在正文的开头，先把缘由讲清楚，然后再写事项和要求，这样才能顺理成章，有说服力。请示的缘由很重要，写得好不好，直接关系到请示事项能否成立、是否可行，以及上级机关审批请示的态度，等等。因此，缘由要写得有理有据、实事求是、具体、明白，写缘由时容易出现的问题是，缘由部分过于简单，没有把要求解决的问题、理由、根据、情况交代清楚，或者写得不具体，含糊不清。

其二，事项。请示的事项是指请求上级机关批准、帮助、解答的具体事项。一般包括方针、政策、办法、措施、主张、看法等。请示的事项要符合国家法律、法规，贴合实际，具有可行性和可操作性。因此，事项要写得具体、明白。如果事项内容比较复杂，要分清主次，逐条写出来，条理清楚，突出重点。事项应避免不明确、不具体，避免把缘由、事项混淆在一起，否则，受文单位不清楚究竟要解决什么问题。

其三，要求。为了使请示事项得到答复，发文机关一定要提出请示要求。要求一般有如下写法："以上请示，请批复""以上意见当否，请指示""以上请示，请审批"等。话虽简单，但它是请示要求中不可或缺的内容。

2. 请示的写作要求

（1）一文一事。一份请示只能写一件事。如果一文多事，很可能导致受文机关无法批复，如果性质相同的几件事须写在一份请示中，必须是同一机关有权批复，又可以批复的。一些单位向上级机关请示，经常把好几个问题写在一起，认为只要能解决一个问题就行了，结果一个也解决不了，因为"一文多事"牵涉的单位多，涉及的政策规定也多，任何一个上级机关都很难答复，几个单位同时答复更不可能。

（2）单头请示。一份请示，只送一个上级领导机关或上级主管部门，不能同时主送两个及以上单位。如有需要，有关单位可用抄送的形式。这样可避免出现推诿、扯皮现象。受双重领导的机关需向上级机关请示工作时，要根据请示内容的性质，主送一个上级领导机关，抄送另一个领导机关。一些单位以为多头分送比较保险，结果常常是谁都有关系，但谁都不管，失时误事。

（3）不得越级请示。请示与其他公文一样，一般不得越级请示，因特殊情况或紧急事项必须越级请示时，要同时抄送越过的机关。一般来讲，公文是单位组织之间联系工作的一种方式，许多事情需要集体决策，所以包括请示在内的所有流转公文，一般不直接送领导个人，除个别领导直接交办的事项外。如果把应由文秘部门统一办理的请示直接送领导个人，容易误事，甚至会造成领导班子之间的矛盾。

（4）不得同时发下级机关，更不能要求下级机关执行上级机关未批准和批复的事项。

十二、批复

批复是适用于答复下级机关请示事项的公文，由上级机关对下级机关单位的请示做出明确具体的批示和答复。

（一）批复的特点

（1）被动性。批复必须以请示为存在条件，先有请示后有批复。任何一份批复都是因为有请示才形成，这一点和大多数主支行文的行政公文不同。

（2）针对性。批复内容有很强的针对性，请示什么事项，就批复什么事项，不能离开请示内容进行批复。因此，批复的内容是根据请示的内容决定，批复的针对性还体现在批复的主送单位只能是请示单位，涉及的有关单位可以抄送，而范围必须有一定限制。

（3）权威性。机关单位向上级机关请示，上级机关用批复给予回复。请示的事项往往是要求批准一些政策、措施，处理一些重大问题的办法，或者要求解释、答复一些政策性、复杂的问题。上级机关表态并回复准许怎样做，不准许怎样做。批复带有明显的权威性。

（二）批复的写作

1. 批复的结构和写法

（1）标题。批复的标题一般要求写明事由和文种，格式是《关于××××的批复》；有些重要的批复，标题要写明批复单位，格式是《××××关于××××的批复》，标题的事由要把请示的事项概括出来。

（2）正文。批复的正文包括批复缘由和批复事项两部分。主体部分是批复事项。批复缘由，即指批复的原因和根据，一般在正文开头用一句话说明请示日期、标题和发文字号以及收文情况。例如，《上海市人民政府关于同意(胜瑞电子科技（上海）有限公司

"4·22"较大生产经营性火灾事故调查报告)的批复》文件中,上海市人民政府批复的缘由如下:"沪应急〔2021〕48号文收悉",没有引述请示标题。批复事项,即批复的具体内容。批复事项必须紧扣请示事项,逐条批复。批复事项的内容包括批复态度和批复意见。要求写得态度鲜明,意见具体,或完全同意,或部分同意,或不同意,有的批复还提出具体意见。批复不能含糊不清,或回避不复。

2. 批复的写作要求

(1)全面掌握请示的内容。批复是针对请示来写,要求写作人员认真研究请示的事项,是否符合近期工作需要,以及党的方针政策,国家的法律法令等;还要研究请示事项的可行性,是否符合客观实际。

(2)态度鲜明,批复清楚。批复内容要简单明了。对请示事项哪些同意,哪些不同意,有什么具体要求,都要在批复中讲清楚,不能含糊不清;如果不同意,要说明原因。

(3)语言精练准确,篇幅简短。批复的语言要精练准确,简明扼要,语气坚决、肯定,使请示单位一看就明白。批复一般表明态度,提出具体要求,不需长篇叙述和说理。批复的篇幅不宜过长。

十三、议案

根据《党政机关公文处理工作条例》规定,议案是各级人民政府按照法律程序向同级人民代表大会或者人民代表大会常务委员会提请审议事项的公文。议案是一种上行文,有特定的适用范围。

(一)议案的特点

(1)内容的法规性和政策性。凡纳入法律程序的,人民政府无权决定,须提请国家权力机构人民代表大会审议的事项,一般是关于国家主权、权力和利益,重要法律法规,国家机关主要领导人任免等事项,须经人民代表大会或人民代表大会常务委员会审议后立法或立案,并形成相关法律性文件。

(2)行文的定向性。议案不是普发性公文,在行政机关只能由人民政府进行行文时,发文机关可署政府主要负责人姓名。政府的工作部门不能使用议案。同时议案只能向同级人民代表大会或人民代表大会常务委员会行文,不能向别的任何部门和单位行文。

(二)议案的类型

根据议案内容及适用范围,议案一般有以下三种类型。

(1)立法议案:用于提请审议法律和法规的议案。人民代表大会是国家的权力机构,但省级以上人民代表大会以及全国人民代表大会授权的地方人民代表大会才有立法权,党的机关、国家行政机关、企事业单位都没有立法权。许多法律法规(草案)首先由政府提出,提交人民代表大会或人大常委会审议通过后,予以确立。这样的议案就称为立法议案,简称法案。

(2)政治议案:用于提请审议办理重大政治事项和重大问题方案或意见的议案。例如，外交方面的重大原则问题、民族问题、国家主权问题、民主法制问题等。

（3）任免议案：用于提请审议决定政府和国家机关主要领导人，国家驻外机构主要负责人任免的议案。

（三）议案的写作

1. 议案的结构

议案的结构一般包括发文字号、标题、主送机关、正文、签署、日期、主题词、印刷版记等部分。发文字号可以在标题的右上方，也可以在标题的右下方，甚至可以省略。

2. 议案的写法

（1）标题。议案的标题由发文机关、事由、文种构成，也能省略其中的任何一项。提请国家权力机构审议的事项，都是重大事项，涉及法律法规和大政方针的事项，标题必须写明发文机关，事由也要概括得清楚明确，如"国务院关于提请审议《中华人民共和国税收征收管理法（草案）的议案》"。

（2）正文。正文议案内容的主体，包括以下三部分。

其一，缘由。议案的缘由是提请审议批准事项的理由和依据，即为什么提出议案。

其二，事项。议案的事项是在议案中提出要求审议的具体事项。行文时，把需要审议的草案随文附上。

其三，结语。议案的结语主要是提出请求，一般有"现提请审议""现提请审议，并请做出批准的决定""请审议决定"等。

3. 议案的签署

议案的签署，与其他公文有所不同。其他行政公文一般用单位名称签署，议案则多要用行政机关负责人名义签署。如以国务院名义提交的，署国务院总理的姓名。

4. 写作要求

（1）要熟悉国家的法律、法规和党的方针政策。由于议案的政治性、政策性很强，涉及立法事项及重大方针政策，议案必须以法律、政策为依据。

（2）语言要求准确、精练、庄重。议案篇幅不宜过长，缘由要简明扼要，抓住要点，言简意赅，不必展开论述，事项是什么就说什么，有几项就说几项。

十四、函

函是不相隶属的单位之间相互商洽工作，询问和答复问题，请求批准和答复审批事项的公文。函也叫信函，作为公文的函是指机关使用的公函，与其他主要文种同样具有由制发机关权限决定的法定效力。

（一）函的特点

（1）适用范围广泛。既可用于相互商洽工作，询问答复问题，也可以用于向主管部门请求批准事项，还可用于答复审批事项。

（2）行文方向的多向性，既可平行又可以上行、下行，但其基本性质，应看作平行文。

（3）短小精悍，简便灵活。一般的函是很短小的、内容单一、语言简洁，有的便函只有三言两语，因此，函又被称为公文"轻骑兵"。

（二）函与请示、批复等的区别

（1）函与请示的区别。函与请示都有"请求批准"的用途，函和请示容易混淆。函与请示的区别在于，函主要用于平级单位之间、不相隶属单位之间，以及有业务主管和被主管关系的单位之间。向主管单位请求批准有关事项，主管单位用函答复批准请求事项。请示则是用于有隶属关系的上下级机关，下级机关用请示向上级机关行文请求批准重要事项。因此，在使用请示和函时，要先弄清发文机关和受文机关的关系。

（2）函与批复的区别。函有发函与复函之分，复函是用于回复来函单位商洽的事项，用于平级单位、不相隶属单位，也可回复上级单位的来函。批复则是用于批准答复下级机关的请示，批复的事项一般比较重要。从使用范围来看，函比批复更广泛，使用更灵活。

（三）函的类型

从行文目的及内容看，函可分为商洽函、问答函、请批函和批答函四种。

（1）商洽函。商洽函是相互商洽工作的函，单位之间有事项需要联系商洽，用其他公文联系不合适的，都可用函来联系商洽。

（2）问答函。问答函是机关单位之间用来相互询问和答复问题的函。

（3）请批函。请批函是向有关主管部门请求批准的函。这种函多是向业务主管部门或归口管理部门请求批准的事项。

（4）批答函。批答函是主管部门或经授权的部门以函的形式对有关单位请求审批的事项进行答复，既可用于批准同意的答复，也可用于不同意批准的答复。

（四）函的写作

1. 函的结构与写法

公函的结构与其他行政公文一样，由标题、受文机关、正文、落款等部分组成。有的函可以没有标题，有的函可以不打印、不编号、不盖印，这种函叫便函。因为联系的事情比较简单，三言两语便可以说清楚。因此，有的单位在转送文件时就用这类函。下面主要介绍标题和正文部分。

（1）标题。函的标题有多种写法，一种是发文机关、事由、回复函对象、文种，如《国务院办公厅关于悬挂国徽等问题给湖北省人民政府办公厅的复函》，这是较重要复函常用的标题。另一种是只写事由、文种、省略发文机关，如《关于请求增拨设备维修费的函》《关于拨款举办"民间艺术节"的复函》，前例为发函标题，后例为复函标题。还有一种是省略事由的，如《××省高级人民法院函》，这种情形不多见。

（2）正文。函的正文包括缘由、事项、结语三部分。

其一，缘由，即发出本函的原因，一般简明扼要。如复函的缘由一般写："你单位××××年×月×日关于××××的来函收悉。"

其二，事项，即函的主体内容，根据需要把内容写出来，或商洽，或请求批准，或询问，或答复等。不管使用哪种函，事项必须清楚、具体、明确、扼要，切忌在函中长篇大论。

其三，结语，即函的结尾。一般使用公文术语，如"特此函告""特此函达""请复""特此函复""此复"等。

2. 函的写作要求

（1）开门见山，直叙其事。这是函写作最基本的要求。因为函是一种比较简便的行政公文，讲究快捷，函一般写得很简短，简明扼要，切忌空话、套话，不能含糊其词，不知所云。

（2）措辞得体，平等待人。函是一种多向平行文的公文，可以在任何单位之间行文。因此，语言表达非常讲究，要以诚恳合作的态度，平等待人，对上要尊重、谦敬，但不恭维逢迎；对下，要严肃，但不自傲训人；对平行单位，不相隶属单位，要以礼待人，用商量口气，不能盛气凌人。

十五、纪要

纪要适用于记载会议主要情况和议定事项。会议纪要是记载、传达会议情况和议定事项的公文。它根据会议记录、会议文件和其他会议资料，分析归纳而成，它既可上呈，也可下达，被批转或转发有关单位遵照执行。它的主要作用是沟通情况，交流经验，统一认识，指导工作。

（一）会议纪要的特点

（1）纪实性。会议纪要如实反映会议的内容和议定事项，不能把没有经过会议讨论的问题写进会议纪要。

（2）简要性。会议纪要通常是通过摘要式将会议的主要内容和议定事项写出来，要有条理、有重点地简明扼要地陈述事项，说明问题。

（3）独特的发布方式。会议纪要没有独立行文功能，如需将会议纪要报送上级机关，必须用一份报送报告加以说明，随会议纪要一并上呈。如需将会议纪要印发下级机关，就要附一通知在前面，才能发至辖属各级机关。

（二）会议纪要的写作

（1）标题。会议纪要的标题通常由会议名称和文种构成，如《全国农村爱国卫生运动现场经验交流会纪要》。有的会议纪要标题还可写上召开会议的单位名称，使会议纪要更明确、清楚，一看标题就知道这个会是什么单位召开的。标题也可以由正标题和副标题构成，正标题反映会议的主要精神和内容，副标题写会议名称和文种。

（2）正文。会议纪要的正文由导言、主体和结尾三部分组成。

其一，导言。导言即会议纪要的开头部分。一般用比较简要的语言概括会议基本情况，包括会议的名称、目的、内容、时间、地点、规模、参加人员、主要议题和会议成果等。导言不能写得过长，要简明扼要，让人们看了对会议有个总体了解。

其二，主体。主体是会议纪要的核心部分。它根据会议的中心议题，按主次有重点地写出会议的情况和成果，包括对工作的评价，对问题的分析，会议议定的事项，提出的要求，等等。主体的写法一般有三种：一是条项式，就是把主体的内容包括讨论的问题和议定的事项，按主次分条列出来，使其条理化，一目了然。二是综合式，就是把会议的内容或议定的事项，进行综合概括，分成若干个部分。这是一种比较普遍的写法，有利于突出主要内容，主次分明。用于批转的会议纪要，多用于这种方法。三是摘要式，就是把与会者的重要发言要点摘录出来，按发言顺序或按内容性质安排先后写出。这种写法的好处是，保留发言人谈话内容的完整性和风格，避免一般化和千篇一律，比较客观、具体。

其三，结尾。结尾一般表示对与会者的希望和要求，但是在实际运用中，多数的会议纪要没有专门结尾的用语。

（三）会议纪要的写作要求

（1）掌握会议的全部情况。写作会议纪要首先要弄清楚会议的目的、任务、内容和形式，掌握会议纪要的所有文件材料，了解、参加会议的全过程。

（2）抓住要点，突出会议主题。会议纪要应该有主有次，有中心，有重点，详略得当，准确、详尽、扼要地反映会议要解决的问题。

（3）文字简洁明了。

本章小结

本章主要讲解了行政公文的分类、特点，并且重点介绍了行政公文的写作方法以及需要注意的问题。本章第一节简要介绍了行政公文概况，包括公文的分类和特点等；第二节详细介绍了行政公文各部分的作用以及写作规范；第三节则对实际使用过程中常用行政公文的格式、特点、适用范围、写作方法以及应注意的问题进行详细介绍。

本章联系实际，以理论为基础，实用为落脚点，对行政公文进行了全方位的介绍，对文秘公文写作能力的提高有一定的指导意义。通过本章的学习，文秘能够对工作中遇到的公文写作任务有一定的认识，对其工作中遇到的公文处理工作有一定的指导意义。

☞**思考与练习**

1. 行政公文有哪几个种类？各自的特点是什么？
2. 公告与通告的区别是什么？
3. 会议纪要的写作要求是什么？

☞**本章推荐阅读书目**

唐坚. 党政机关公文写作[M]. 北京：电子工业出版社，2020.

徐顽强. 应用文写作[M]. 2版. 北京：科学出版社，2017.

岳海翔，舒雪冬. 公文写作范例大全：格式、要点、规范与技巧[M]. 2版. 北京：清华大学出版社，2018.

张浩. 新编行政公文写作与规范处理大全[M]. 北京：北京工业大学出版社，2016.

☞阅读材料

国务院关于同意设立中国—菲律宾
经贸创新发展示范园区的批复

国函〔2023〕3 号

福建省人民政府、商务部：

　　你们关于设立中国—菲律宾经贸创新发展示范园区的请示收悉。现批复如下：

　　一、同意在福建省漳州市设立中国—菲律宾经贸创新发展示范园区（以下简称示范园区）。原则同意示范园区建设总体方案，请认真组织实施。

　　二、示范园区建设要以习近平新时代中国特色社会主义思想为指导，深入贯彻党的二十大精神，立足新发展阶段，完整、准确、全面贯彻新发展理念，加快构建新发展格局，统筹发展和安全，加强战略对接，对标高标准国际经贸规则，开展体制机制创新，深化中菲经贸合作，推动产业高效协同发展。要发挥与东盟国家经贸合作互补优势，探索产业链、供应链、价值链深度融合的国际分工合作模式，打造与东盟国家经贸合作交流新高地。

　　三、福建省人民政府要切实加强组织领导，健全机制、明确分工、落实责任，有效推进示范园区建设发展。要尽快制定、完善具体实施方案并抓好组织实施。示范园区建设应符合国土空间规划，涉及的重大政策和建设项目按程序报批。

　　四、国务院有关部门要按照职能分工，加强指导和服务，支持示范园区建设发展。商务部要会同有关部门加强统筹协调、跟踪评估和督促检查，注重总结经验。重大问题及时向国务院报告。

国务院

2023 年 1 月 11 日

（此件公开发布）

来源：http://www.nrra.gov.cn/art/2023/1/20/art_1461_198477.html.

第十一章　新媒体与管理文秘

本章导言

本章介绍了新媒体的概念及其主要传播特征，介绍了新媒体时代下，信息管理的主要困境和应对思路。随后阐述了新媒体环境下当代文秘工作的新特征、新形态，以及面临的机遇和挑战。最后提出了以信息处理、数字办公为主线，通过学习信息技术的基本知识和操作技能，培育和提升信息素养，学习了解现代办公技术和文秘工作的知识，培养既能适应现代办公室事务管理，又具有较强信息处理能力的新型文秘人才。

第一节　新媒体的界定及其主要特征

一、新媒体的源起与发展

新媒体概念源于 1967 年，美国哥伦比亚广播公司（Columbia Broadcasting System，CBS）技术研究所所长戈尔德马克（P. Goldmark）的一份商品开发计划。随后，美国传播政策总统特别委员会主席罗斯托（E. Rostow）在向尼克松总统提交的报告书中，也多处使用了 new media（新媒体）一词。由此，新媒体一词便开始在美国流行并不久应用至全世界。

关于新媒体的概念，尚无统一界定。联合国教育、科学及文化组织早期对新媒体定位为新媒体就是网络媒体，即"以数字技术为基础，以网络为载体进行信息传播的媒介"。关于新媒体的界定，可从以下几个角度去理解。

（1）新媒体是一种通俗的说法，严谨的表述是"数字化互动式新媒体"。从技术上看，新媒体是数字化的；从传播特征上看，新媒体具有高度的互动性。"数字化""互动性"是新媒体的根本特征。新媒体的传播过程具有非线性的特点，信息发送和接收可以是同步的，也可以异步进行。但楼宇媒体、车载电视等传播媒体由于缺乏互动性，则不属于新媒体范畴。

（2）新媒体是相对于传统媒体而言的，指"今日之新"。新媒体是一个相对概念，其内涵会随着传媒技术的进步而有所发展，但从人类传播史的角度而言是一个时代范畴，特指"今日之新"而非"昨日之新"或"明日之新"。新媒体之所以叫"新"媒体，在本质上是与传统媒体相比较的结果。这些新兴媒体能承担起媒介变革后一段漫长时期的主要传播功能，并能以特殊的媒介形式展现时代特征。由此可见，新媒体是一个相对概念。传统媒体时代的主流媒体正是上一个时代的"新媒体"。

（3）新媒体也是一个宽泛的概念，是利用数字技术，通过计算机网络、无线通信网、卫星等渠道，以及计算机、手机、数字电视机等终端，向用户提供信息和服务的传播形态。目前，新媒体主要包括网络媒体、手机媒体、网络电视等媒体形态。

（4）新媒体是以数字信息技术为基础，以互动传播为特点、具有创新形态的媒体。新媒体的交互功能与即时传播功能颠覆了传统媒体的特性，其海量资讯共享性扩大了传播的深度和广度，其多媒体性与超文本性提供新兴的阅读接受方式，以其个性化社群化的特点确定其特殊受众群体。相对于报刊媒体、户外媒体、广播媒体、电视媒体四大传统意义上的媒体，新媒体被称为"第五媒体"，共同揭示了新媒体的新兴特性。

二、新媒体的传播特征

相对于传统媒体，新媒体的传播有以下四个特征。

（1）无限化的信息量。在传统媒体时代，信息的产生需要经过创作、编辑、印刷、出版的过程。这样漫长的过程某种程度上限制了信息传播和接收数量。新媒体在信息的制造和生产中显示了强大的生命力。新媒体环境下，人人都能成为信息提供者，而且提供的信息种类是多种多样的。例如，上传视频或信息的普通人、网红主播、各类微博和博客的博主、官方公众号等，都能参与信息的制造与生产，这种信息提供者的多样性变化直接导致信息量的无限化。同时，新媒体对于既有信息有保存和延时再现功能，新媒体平台（如论坛、博客、微博、微信公众号等平台）信息的快速更新和同步展现出"信息爆炸"的趋势，信息繁多，真假信息混乱等现象层出不穷。在这个趋势中，传统媒体的传播权威在不断被消解，传统媒体的传播主导地位也受到了挑战。这考验着文秘的信息鉴别能力、表达能力和筛选能力。

（2）互动性的传播方向。在传统媒体信息传播过程中，信息是通过报纸、杂志、广播、电视等形式传播到大众当中，大众仅是信息的被动接受者，信息来源于权威部门的官方，传播内容和方向都由信息提供方决定，信息来源方、提供方与接收方基本不存在互动，这极大地影响了信息的互动功能。新媒体环境下，这种互动性是新媒体的显著特征。例如，大众可以利用手机等设备在各种互联网平台、微博平台、微信平台、抖音平台等与他人沟通、分享个人生活或发表个人观点；并通过各种平台搜索、查阅获取自己需要的资讯。这需要文秘重视信息的互动性传播特点，站在信息接受者角度思考工作，提供符合服务群体的文秘工作服务。

（3）移动化的传播方式。新媒体环境下，传播媒介的移动性越来越强。手机作为大众最常随身携带的通信工具，不断有更多新功能被整合进来。无线网络让人们摆脱地域限制，可以随时随地随心地进行表达和交流。新表达渠道也不断强化移动性的特点，如微博、博客、微信等即时通信软件的移动终端客户体验正在不断完善。移动化传播方式颠覆了传统线性表达，非线性叙事方式和阅读方式都为表达方式的改变带来了巨大影响。文秘要保持时刻"在路上"的状态，善于运用最新方式接受、筛选并传送信息。

（4）个性化的信息服务。无限化的信息生产带来了"信息爆炸"。如何甄别选择有利于工作开展的信息成为新媒体时代文秘的重要素质。这种选择既包括商家、运营商、交流对象主动推送的信息，也包括根据单位工作性质而主动选取的信息。信息服务逐渐变得个性化，需要适应目标人群的需要。有时一种表达方式也许只针对一类人群，而对于其他人来说有更适合的表达方式。这种少数人形成的特殊编码和解码规定必然会弱化传统媒体的规范化、体系化的表达。

第二节　新媒体平台下管理文秘工作的特点及转变

在新媒体时代，传播的主体、客体、技术、内容、形式，以及传播信息的数量、速度、传播观念等都发生了革命性变化。平等、自由、互动、开放的传播特点使几乎所有的社会组织和个人都可以通过新兴媒体获取信息和表达自我。

在这一变化影响下，文秘在信息管理中遭遇了双重"洗礼"，一方面，新媒体提升了信息传输的效率，新媒体支持点对点和互动性的传播，改善了政民沟通，并创造了资源共享；另一方面，新媒体使政府、企事业单位的权威和可信度都受到了影响，因为新媒体信息的产生与传播使其舆论压力前所未有地增加，某些程度上动摇着其舆论影响力，管理者一旦丧失了舆论影响力的主导权，会处于一种劣势，一种失语的危险状态，他的权威性和信任度就会受到挑战。新媒体对管理特别是信息管理来说是一把双刃剑，新媒体时代将是信息管理不可回避的现实和未来。

一、新媒体平台的特点

（一）信息较易获得，权威不在

随着网络信息检索方式的发展，人们获得信息的方式发生了巨大的变化，人们随时随地随心可以利用碎片时间获取自己需要的信息。更多的信息意味着更丰富的知识，人们轻松获得比政府及其代言人发布的更全面、更丰富、更有趣的知识。对于自身所关注的问题，可以方便快捷地在网络上找到新鲜、详尽和全面的资讯，人们对政府、企事业单位及其代言人的信息依赖感大幅下降，相对地知识权威感也减弱了。人们不再依赖于政府及其管控的传统媒体发布的信息来做出判断，转而依赖网络搜索。

然而，数字化的媒体内容及其带来的便捷复制和即时传播等特点，使信息量远远超出人们的分析处理能力范围，信息内容的多样性也对人们的分辨理解能力提出更高要求。

（二）信息传播快速，全球同步

新媒体使信息传播模式由传统的"一对多"转变为"多对多"。普通个人、机构能简单、便捷地运用新媒体，使媒体发挥更大效能。人们通过发短信、发微博、发微信朋友圈、写博客、发起群聊等方式就可以在任何时候、任何地点、对任何人进行信息传播，这极大地突破了传统主流媒体的话语权壁垒。同时，新媒体还使传播的信息内容与信息主体分离，促使信息主体更能把握话语权，发表言论更为大胆和随意。在新媒体时代，信息秘密边界越来越模糊，保密性也越来越短暂。

（三）信息沟通渠道多样，效果不佳

过去，政府和普通民众进行信息沟通，只有通过书信、电话和面谈等有限的方式。在新媒体时代，信息沟通是轻而易举，电子邮件、短信、QQ、微信等聊天工具使政府和

普通民众之间的沟通变得随时、随地和随心。

新媒体时代的沟通方式在当代信息社会中扮演着越来越重要的角色，成为政府和普通民众乃至人们之间增强理解和信任的重要手段，但信息沟通渠道多样化带来了沟通性质边缘化趋势。具体表现如下：一方面，新媒体的普及使这些正式沟通方式越来越个人化，传播内容越来越私密化，正式沟通方式成为私人沟通和休闲娱乐冠冕堂皇的掩护；另一方面，新媒体时代下媒体之间关联的强化和单个媒体边界的弱化使人们用于正式沟通的方式多元化，传统的正式沟通方式逐渐被新的沟通方式替代。事实上，带来的问题是尽管沟通渠道越来越多，实现双向沟通目的越来越便捷，但是效果越来越差。因为沟通变成更加容易和随意，民众往往通过最简单、最低成本的方式和政府进行沟通，如网络上的上访行为、检举行为，短信报警等。因为操作简单，所以其存在大量的误报和虚报行为。另外，由于新媒体的普及性和快捷性，越级沟通成为家常便饭，结果是越需要承担处理普通民众事务任务的基层政府机构越是得不到需要的信息，而越高级的宏观管理机构则更容易被普通民众选为沟通的对象。

二、新媒体平台下管理文秘工作的转变

新媒体时代，信息管理工作必然面临诸多挑战和机遇，作为文秘工作者，务必及时调整工作思路，以适应新媒体、新文化的发展，以更佳的姿态应对新媒体带来的挑战与机遇。

（1）由手工操作向多样化操作手段转变。传统文秘工作主要依赖手工操作，随着系统网络、专用网络的建立，电子邮件、传真以及明传电报等操作手段的运用；事务信息化的全面推行，文书传递变得快捷高效，使与之相对应的文秘工作操作手段实现了多样化。传统文秘工作手工操作方法下，文稿是用笔在草稿纸上起草，经反复修改、誊清后，交给打字员打字，再打出纸样进行校对。新媒体平台下，如果采用以微处理器为核心的文字处理，则可以使用键盘将文稿输入，利用文字处理的增、删、改等编辑功能，在屏幕上进行修改。完稿后的文件可以存入硬盘，以备随时调用。这样"键盘操作—屏幕编辑—自动打印"的过程，就代替了"纸笔起草—修改誊抄—打字—核对—修改—印出"这一烦琐的过程，从而提高了办公效率。硬盘归档后可随时检索、自动打印等，也提高了办公质量和文秘的工作积极性。

（2）由单一收发文流程向多样化归档方式转变。如今，很难再见到以往塞满办公室的档案柜、文件匣了；也基本上看不到成堆的表格和纸张了。办公所需的文件内容，往往都存放在硬盘中。文秘日常工作就是使办公桌上的计算机按照指令做着各式各样的工作。从此，显示屏幕代替了纸张，鼠标、键盘代替了笔和书写，打印机代替了大量的抄写和复印工作。电子设备的改进，新媒体等高新技术的出现与运用，促进文书工作的处理手段更加先进。收文中的签收、登记程序，发文中的缮印、用印以及分发程序已由办公一体化、自动化系统运营，通过敲打键盘和点击鼠标来完成，电子文档的整理也变成了利用计算机软盘、硬盘、光盘等形式进行分类、编目、上架的过程。作为文秘，在归档工作上，应顺应信息化办公发展的潮流，严格按照材料归档相关规定，主动学习高新技术在档案领域的推广与应用，促进完善归档工作。同时，应对多样化、复杂化的文书

工作，努力加快单一归档方式向多样化转变。

（3）由文档分块管理向文档一体化管理转变。传统的文书工作和档案实行分块管理，但在办公自动化环境下，这种模式会拉大文书工作和档案工作的距离，甚至会使二者在衔接过程中出现脱节等问题。当前，办公事务信息化已成为不可逆转的趋势，这就要求文书工作和档案工作从组织制度到具体程序都要交融在一起，要求文秘加强对文本管理的超前控制，树立文档一体化意识，强化文档工作一身二任，以实现文档工作流程科学化、合理化。

第三节　新媒体平台对管理文秘的要求

随着新媒体技术的快速发展，文秘工作也面临许多新情况、新特点、新问题，文秘必须不断改革创新，与时俱进，开拓进取，才能适应新形势发展的需要。新媒体环境下，文秘工作的综合性日趋复杂，对从事文秘工作的人员综合素质要求越来越高。要想成为一名合格的现代文秘，除必须具备刻苦的学习态度、良好的职业道德、扎实的文字功底、敏锐的政治头脑、较强的协调能力、务实的工作作风外，还必须增强新媒体意识，熟悉新媒体技术，掌握新媒体运用技巧。其中新媒体意识主要是指信息意识。在信息时代，信息就是财富，信息的全面性、精准性对于领导决策具有决定性意义。文秘作为领导的参谋和助手，自身工作离不开对信息的收集、处理、传递、反馈和调节，因此，增强信息意识是文秘提高工作效率的重要保证。众所周知，文秘工作接触的各种公文、请示、报告等材料中含有大量信息，理应在材料的收集、归类、处理过程中对各种信息进行严格的筛选，辨别处理，挑选全面、准确的信息提供给领导，辅助领导科学决策。

一、新媒体与文秘工作的关系

新媒体环境对文秘工作提出了更高的要求，一般意义上的参谋、助理性工作再也不能满足日常工作需要。新媒体时代优秀的文秘必须是高素质的复合人才，应成为领导的得力助手和出色参谋，成为能创一流业绩的一把好手。

当今社会的文秘工作是一个完整体系，这个体系的有序进行离不开信息传播系统的参与，尤其是新媒体。一方面，文秘工作离不开新媒体系统的参与。新媒体出现以来，利用新媒体手段进行办文办事办会的范围越来越大，效率也是越来越高，受到越来越多人员和单位的关注与重视。新媒体时代的到来，极大地促进了文秘工作的发展和提升。另一方面，新媒介系统的快速发展又加速了文秘工作的发展与进步。在新媒体交互性、高效性的促进下，办公室不少工作可以在新媒体设定的框架内完成。计算机或其他文字处理设备取代了以往的手工操作，大大提高了文秘工作效率。众多办公管理软件系统，极大地促进了办公自动化的实现。此外，通过计算机和其他尖端技术设备对文字、图像、语言等信息进行编排、换算、筛选和合成，形成有效信息，极大地拓宽了信息的来源和视野，也能快速及时地传送和交流信息。

二、新媒体时代文秘工作面临的机遇和挑战

随着计算机网络技术的高速发展，电子化、信息化已经渗透到社会生活各个领域并深刻影响着人们的工作方式与生活方式。在此背景下，公文在草拟、流转到归档管理的全过程中，从产生到运转到办结的各个环节都发生了很大变化。许多领域越来越多地推行或实行了无纸办公，"电子化""信息化"渐成一种趋势。相应地，文秘工作也面临新的挑战和机遇，因此，文秘必须及时调整，进行适当的改变，才能迎合时代的需要。

（一）机遇

信息化背景下，利用电子政务系统实现网上办公，给文秘工作带来新的机遇：一是可以实现文档工作流程计算机化。电子文件使档案检索和利用效率得以快速提高。传统档案以案卷为单位，内容覆盖面广，整理程序复杂，工作量大，查阅和利用仍靠手工操作，速度慢，效率低；电子文件则以件为单位，利用计算机进行文档一体化管理，可以完成文件的自动编录、自动标引、自动检索、自动借阅和自动统计，缩短文件归档的运作周期。实现网络环境下的文档运作，文档的收集、鉴定、统计、编目、检索、利用等日常服务工作都可以实现计算机程序化。二是可以利用网络和其他部门实行信息共享，实现文档利用服务网络化。利用先进的网络技术和丰富的网上信息资源可以提供全方位、高效率的文档信息服务，扩大文档信息资源，并针对利用者的需求对文档信息进行筛选、过滤、加工，满足服务对象多方面的需求。

（二）挑战

新媒体时代的最大特点是每个公民都有了对公众的发言机会，不仅是媒体形式的创新，更多的是媒体与消费者、读者关系的创新。过去的媒体受到传媒工具和手段的限制，基本上是单向传播，而且是少数精英的传播，如今每个人都有机会利用新的传媒发表观点，只要你的观点能成为社会主流观点，即使没有媒介帮助也可以成为主流。

新媒体带来的二次传播是对文秘行业一个很大的挑战。用户看到一个轰动新闻后很可能转发给亲朋好友，这种二次传播的力量非常大，会使更加庞大的人群得到消息。鉴于当代文秘承担着为领导出谋划策的责任，信息安全以及新媒体二次传播危机对文秘工作人员的应对能力也会是一个很大的挑战。

三、新媒体平台对管理文秘的具体要求

（一）少"管"多"理"

信息管理永远需要与时俱进。在新媒体时代，以管治人将越来越乏力，而以理服人既是需要也是出路。以"理"服人最重要的是"理解"，站在受众的角度了解、理解他们的行为，才能够找出合理的管理办法。强制性管理措施在更加民主和自由的新媒体时代不仅导致效果下降，还可能激起民众的逆反心理和过激行为。因此，管理文秘要站在受众的角度去体验其行为，才能找到适宜的管理办法。首先，对于普通民众来说，每个

人都有沟通的需求，传播消息也是满足需求的一种方式；其次，人们越是从正常渠道得不到的信息，越容易相信它；最后，传播信息只是一种手段，它既可以传播小道消息，也可以传播科学知识和先进文化。

（二）以"导"代"禁"

媒体本身只有功能之别而无好坏之分，能为民众所爱同样能为管理所用。因此，与其花心思设置屏障、监视网络，文秘应在自身工作中多考虑如何利用新媒体为民众或者顾客服务、提升服务的效率。一般而言，很多政府、机构都建立了自己的网站，开通了微信公众号，开设有电子公告牌、留言簿、电子邮箱等，这样的做法无疑具有积极意义。同时，也可以利用广场等公共场所的电子公告牌直接发布重要信息，甚至公开内部行政会议决议等。通过微信、QQ、钉钉等平台发布信息，已成为许多党政机关和企事业单位传递资讯的常用方式，大大提高了信息传递的速度和效率。

（三）以"诚"取"信"

既然新媒体时代的传播开放性使信息管控能力越来越弱，主动传达正确信息以获得社会的信任和支持，是新媒体时代有效的信息管理方式。新媒体不仅能带来沟通便利，更是传统媒体的有益补充，它不仅能强化"正式沟通"的某些长处，也能弥补其现代化沟通中的功能缺失，开通微博、微信公众号就是不错的举措。越来越多的民众乐于写微博、建立并更新个人公众号，并吸引了众多读者。组织不妨开设自己的信息平台，向社会展现自己的思想魅力，交流自己对于问题的看法，以扩展组织与社会的沟通渠道，加强互动和沟通。

另外，新媒体技术虽然给文秘工作带来了不少便捷，但也使人们忽视了现代文秘隐藏的深层危机。首先是计算机技术自身发展的限制。例如，层出不穷、种类繁多的计算机病毒将严重影响文秘工作文字处理的程序和信息整合过程，给文秘工作带来混乱和无序，导致工作效率下降甚至严重损失。其次是现代文秘越来越受计算机技术的统治，将使文秘职业本身的深层发展受到一定程度的限制。这主要表现在文秘工作受到计算机技术的制约，如在各种应用程序、文字处理软件、信息管理系统、多媒体技术、网络技术等包围之下，文秘职业本身容易受到控制。这是因为文秘一般不具备专业水平的计算机知识，一旦系统功能不能满足使用者的要求或者系统自身也难以保证其稳定性，文秘会处于被动状态，甚至可能束手无策。这也是文秘需要不断提高计算机技术水平的重要原因之一。

第四节　新媒体环境下管理文秘的信息素养培育

随着经济的发展和技术的进步，文档门类将更加繁杂多样，文档数量也大幅增加，文字和文档工作渗透到社会建设的各个领域，迫切需要专业文秘人才。计算机和网络技术的发展为革新工作方式提供了充分的硬件支持。网络与网络文化不仅给文秘的工作创造了前所未有的环境条件，而且带来了技术手段更新和思维方式、价值观念、生活方式的全面变化，而这一切改变都要建立在良好的个人信息素养基础上。在新媒体环境下，传统的办公方式和办公技术已发生了重大变化，原有的固定工作模式已难以适应新环境的需求，新媒体技术的不断发展对文秘人员信息素质要求也越来越高。新时代的文秘工作发展必须与时俱进，及时转型，培养和提升信息素养，以适应时代发展的需要。

一、信息素养及其特点

一般认为，信息素养是指，人所具有的对信息进行识别、加工、利用、创新和管理的知识，以及相应的能力与态度，是驾驭信息资源的能力，强调个人在进行有关信息活动时个人与信息环境的协调和身心发展的总水平。它不仅反映人们利用信息的意识和能力，也反映了人们面对信息的心理状态。

信息素养在技术层面包括信息知识和信息能力。信息知识是人们在利用信息技术工具、拓展信息传播渠道、提高信息交流效率中逐渐积累的认识和经验，是构成信息素养的基础。信息能力是指操作信息工具、检索获取信息、加工提炼信息、传播信息的能力，是构成信息素养的基本内容。可见，信息能力更多的是体现一种对这种知识的有效运用和创新的能力。

在人文层面，信息素养的基本内容包括信息意识和信息伦理。信息意识是指个人具有信息需求的意念、有寻求信息的兴趣，有利用信息为个人和社会发展服务的愿望。信息伦理则是指个人在信息活动中的道德情操，要求人能够合法、合情、合理地利用信息解决问题，使信息产生真正的价值。文秘应当热爱文秘工作，有为促进工作而获取新信息的强烈意愿，能够主动地查找、探究新信息；具备使用信息所需要的科学和政策法律知识，能够科学地对获取的信息进行判断、选择、分析和评估；充满自信地运用各类信息去解决问题，形成较强的创新意识和进取精神。总之，要求文秘能够善于把接收信息、把握信息、处理信息、辅助领导决策和搜集反馈信息的能力结合起来。

二、信息的重大价值决定了文秘需要良好的信息素养

互联网的兴起，扩大了人们对信息资源的开发和利用范围，扩大了领导决策对信息的需求，文秘必须顺应时代发展潮流，改变传统观念和工作方式，努力提高信息素养，提高辅助决策能力和水平。信息时代环境下，文秘要做到以下几点。首先，信息服务的综合性增强。文秘必须树立信息意识，尽可能地提供大范围、综合性的信息，力求做到只要是领导与决策需要的信息，都能够提供。其次，信息传递物流与人流的静态与动态情况，领导需要面对形势的发展变化而做出不一样的决策，因此文秘不仅要掌握既成事实，也应当关注各种动态及变化，扩展动态性信息的收集与服务范围。最后，网络系统是非常丰富的资源，网上信息资源的开发和利用日益成熟，并逐渐深入日常生活的各个领域，为文秘信息素养的培养提供了良好的机遇。

信息所具有的重大价值是培养人的信息素养的直接动因，信息素养体现着信息时代每个成员的基本生存能力，是评价人才综合素质的一项重要指标。在网络文化背景下，具有这种综合能力的人相应地就会具备较强的实践能力和创新能力。文秘的地位与工作性质决定了培养与提升信息素养的重要性，在当今社会，如果不具备良好的信息获取、

分析、加工、利用和交流能力，就意味着文秘脱离了网络文化这一客观环境，难以成为有思想、懂管理、能参谋的智能型文秘人才。强大的网络文化与网络信息，不但为文秘的工作提供了便利，更为关键的是对他们提出了拥有良好的信息素养的要求。

三、管理文秘信息素养培育的核心内容

信息技术对人才需求分不同层次。随着网络通信、电子商务、电子政务等领域的蓬勃兴起，信息技术对传统办公方式的影响越来越大。办公系统已从传统的单纯处理日常办公事务，逐渐发展为实时办公、协同办公、远程办公等一体化的新技术，进而发展为支持领导决策、知识管理、群体协作事务处理等多功能系统。为此，原来的文秘专业人员通过学习办公自动化课程，掌握几个常用办公软件，已远远不能满足企事业单位和社会其他领域对信息处理的要求。为此，当代文秘工作人员要重点学习信息技术在现代办公领域中的运用和使用技巧，熟练掌握信息化办公技能，结合文秘工作的基本训练，使自己尽快熟悉、掌握办公室事务处理和管理工作，熟悉、了解办公信息处理系统的构成和发展，成为熟练应对办公自动化和文秘工作的复合型人才。

对于掌握现代办公技术的复合型人才来说，办公自动化是一种内在素质要求，重点是掌握以信息处理、"数字办公"为主线，通过采用各种现代办公技术提高企事业单位的办事效率和管理水平，并为领导决策提供及时可靠的信息支持。

这种复合型文秘人才要掌握计算机系统基本知识，具备熟练的计算机操作技能和现代办公设备使用技能，熟练运用计算机软件进行文字处理、信息查询、数据统计和分析等工作，熟悉和掌握信息系统的建立和维护知识，了解办公室事务管理和文秘工作的职责及具体内容。要具有较强的现代信息发布、收集、组织和管理能力，要有较强的人际沟通、人机沟通能力，还要有较强的英语及其他外语交流能力。

在新媒体时代背景下，领导的信息助理或"信息文秘"是管理文秘新的培养目标。这一要求意味着文秘人才不能仅停留在计算机文字处理、电子邮件的发送接收，以及办公室电脑和其他设备的使用维护等低层次信息处理技能上，而应具有较强、可持续发展的信息处理素质。例如，应具有参与创建和维护单位内部的信息交流通信平台、建立和管理维护对外信息发布平台、建立和维护单位的行政业务数据库系统、实现文件和档案资料管理现代化、实现工作流转现代化等实际能力。要有更长远的目标，有能力参与单位现代化办公系统的建设和管理，助力本单位实现从事务型办公系统向管理型办公系统乃至决策型办公系统发展。

本章小结

新媒体时代的到来，引发了诸多领域的深刻变革，带来了工作方式、生活习惯上的改变。现代文秘工作者必须适应、融入新媒体时代，熟悉掌握基本的新媒体技术，把新媒体作为文秘工作不断完善和优化的有效工具。在运用新媒体的同时也要注重科学的信息管理方法，特别要树立信息安全意识，保障信息安全。要针对新媒体的主要特点，建立更加完善、更加适用的信息管理制度，实实在在地享受新媒体时代带来的便利。总之，文秘要牢牢握住新媒体这把利剑的剑柄，并能朝着一个正确的方向挥动这把利剑，在这

个变幻莫测的时代，做到眼观六路，耳听八方，掌握真实、必要的信息，帮助组织和领导趋利避害，稳步前进。

☞**思考与练习**

1. 新媒体给管理文秘工作带来了什么影响？
2. 试论述管理文秘在新媒体时代下所面临的机遇和挑战。
3. 管理文秘如何在新媒体环境下培育信息素养？

☞**本章推荐阅读书目**

宫承波，2016. 新媒体概论[M]. 5 版. 北京：中国广播影视出版社.

匡文波，2019. 新媒体概论[M]. 3 版. 北京：中国人民大学出版社.

李修远，张毅，吕灵凤，2021. 新媒体概论[M]. 哈尔滨：哈尔滨工程大学出版社.

刘小华，黄洪，2016. 互联网+新媒体：全方位解读新媒体运营模式[M]. 北京：中国经济出版社.

仇勇，2016. 新媒体革命：在线时代的媒体、公关与传播[M]. 北京：电子工业出版社.

孙莹晨，2018. 企业新媒体运营发展策略调查研究——以海尔新媒体为例[D]. 杭州：浙江大学.

赵屹，汪艳，2015. 新媒体环境下的档案信息服务[M]. 上海：上海世界图书出版公司.

周茂君，2016. 新媒体概论[M]. 重庆：西南师范大学出版社.

☞**阅读材料**

秘书信息不畅引起的"悲剧"

2008 年 9 月 15 日 10 点，拥有 158 年历史的美国第四大投资银行——雷曼兄弟公司向法院申请破产保护，消息瞬间通过互联网传遍地球的各个角落。

德国国家发展银行与雷曼兄弟公司一直有着资金交易，10 点 10 分，德国国家发展银行通过计算机自动付款系统，向雷曼兄弟即将冻结的银行账户转账 3 亿欧元。自此，3 亿欧元"打了水漂"，10 分钟里德国国家发展银行上演了一场无法挽回的悲剧。是什么导致这一"愚蠢的"悲剧的发生？

德国经济评论家哈恩说，这家银行上到董事长，下到操作员，没有一个人是愚蠢的，却共同创造出了令人唏嘘的行为。

涉及转账事件的两个秘书人员分别是董事会秘书史里芬和文员施特鲁克。史里芬在这关键的 10 分钟里曾给国际业务部打电话催要风险评估报告，因电话占线而放松了跟踪，想着过一会儿再联系；而施特鲁克的上司希特霍芬是负责处理与雷曼兄弟公司业务的高级经理，他提醒过施特鲁克要及时上网浏览与雷曼兄弟公司相关的消息并及时向其报告。10 点 03 分施特鲁克看到雷曼公司申请破产的网络新闻，第一时间到希特霍芬办公室，可希特霍芬不在，施特鲁克留了便条便离开了。由于两个人没有及时将有关雷曼兄弟公司的重要信息及时传达出去，德国国家发展银行出现了巨大的资金损失。

众所周知，信息是领导进行决策的基础，是指导工作顺利开展的依据。秘书是信息工作的主要经手人，上述德国国家发展银行这两名秘书人员对悲剧的发生有着不可推卸的责任。前者作为高级秘书，缺少关注重要信息的自觉性和主动性，信息敏感度十分迟钝；后者虽及时获悉到有价值的信息，但却对其风险性评估不当，导致没有将信息及时传达到位，贻误了最佳时机。秘书如何做好信息工作是秘书工作的重难点，值得秘书工作者不断探索。

（笔者根据相关资料整理）

后 记

管理文秘是一门实践性较强的学科，其理论基础管理学、文秘学也都来源于实践而指导实践。因此，本书在编写过程中也是从不断发展变化的实际出发，着重介绍文秘工作中所需具备的实务技能及视野，期望读者在阅读本书后不仅能够掌握文秘工作的基本技能，同时能对文秘工作有更深层次的认识，这样才能适应新形势、新挑战和新要求。

《管理文秘》自 2014 年首次出版以来，承蒙广大高校师生厚爱，将该书选作文秘类和公共管理类专业的本科生和研究生教材，也有管理能力培训机构将该书作为培训教材，经多次重印，仍需求旺盛，编者在此表示衷心感谢。由于管理文秘学科的不断发展和新的形势，我们对《管理文秘》进行了多次修订。

本书在修订过程中，依然在章节安排方面和之前出版的《管理文秘》保持了一致。在内容组织方面，仍以文秘所需的各项管理和沟通能力为主线，详细介绍了在各个不同领域所需具备的理论知识和实践技能。本书除了更新陈旧的章节外，还对全书语言表述进行了优化。此外，为深入学习贯彻党的二十大精神，根据新时代最新实践发展，本书更新了每章后面的推荐阅读书目和阅读材料，更新后的阅读材料内容更加新颖、可读性更强，对于正文知识点的学习也可以起到更好的辅助作用。

本书的修订集合了众人智慧。第一版写作过程中，徐顽强、王守文、孙丹、李琴南、罗乐、赵然、陈小丽、刘帅、严华和王斐做了大量工作。第二版修订过程中，徐顽强、宋信强、张伟伟、向彦、蒋栩、王德莉、胡经纬和杨雨鸣做了大量工作。第三版修订过程中，徐顽强继续负责统筹全书框架，为修订工作树目标定方向，并对全书书稿进行终审；宋信强负责修订具体实施与协调工作，并承担第一章修订，对全书书稿进行校对；张伟伟承担了第二章、第五章的修订工作；刘明杰承担了第三章修订工作；高秀秀承担了第四章修订工作；王宝莹承担了第六章、第七章的修订工作；黄理裕承担了第八章的修订工作；郭兰亚承担了第九章的修订工作；吴伟佳承担了第十章的修订工作；罗志君承担了第十一章的修订工作；宋信强、郭兰亚、蒋桂芹、刘鸿华、刘明杰在后期对全书校对做了大量细致的工作。

本书在第一版、第二版和第三版编写过程中，均参考了学界和业界已有著述和大量资料，试图集近年来尤其是新时代管理文秘领域学术研究之大成，力争为读者提供内容更全、更新、实用性更强的管理文秘教材。编者团队尽管做了大量努力，但由于水平有限，再加上时间仓促，仍然可能存在不当之处，敬请学界同仁和广大读者批评指正。